南京旅游职业学院"酒店管理与数字化运营"
国家级职业教育教师创新团队、江苏省教学名师项目建设成果

STUDY ON DEVELOPMENT
OF RURAL TOURISM FROM
THE PERSPECTIVE OF
CULTURAL CAPITAL

文化资本视角下乡村旅游发展研究

卢凤萍　张骏　著

旅游教育出版社
·北京·

图书在版编目（CIP）数据

文化资本视角下乡村旅游发展研究 / 卢凤萍，张骏著. -- 北京：旅游教育出版社，2023.12
ISBN 978-7-5637-4646-0

Ⅰ. ①文… Ⅱ. ①卢… ②张… Ⅲ. ①乡村旅游－旅游业发展－研究－中国 Ⅳ. ①F592.3

中国国家版本馆CIP数据核字(2024)第011353号

文化资本视角下乡村旅游发展研究
WENHUA ZIBEN SHIJIAOXIA XIANGCUN LÜYOU FAZHAN YANJIU

卢凤萍　张　骏　著

责任编辑	何　玲
出版单位	旅游教育出版社
地　　址	北京市朝阳区定福庄南里1号
邮　　编	100024
发行电话	（010）65778403　65728372　65767462（传真）
本社网址	www.tepcb.com
E - mail	tepfx@163.com
排版单位	北京旅教文化传播有限公司
印刷单位	北京虎彩文化传播有限公司
经销单位	新华书店
开　　本	787毫米×1092毫米　1/16
印　　张	11
字　　数	187千字
版　　次	2023年12月第1版
印　　次	2023年12月第1次印刷
定　　价	69.00元

（图书如有装订差错请与发行部联系）

前 言

民族要复兴,乡村必振兴。乡村文旅业发展是促进乡村振兴的重要抓手,也是文旅业转型升级的排头兵和旅游者所青睐的重要业态。乡村文旅深度融合,以乡村文化的创造性转化和创新性发展促进乡村旅游业的健康、可持续发展是大势所趋,也是必由路径。

目前,文旅融合研究的开展如火如荼,但总体而言,还是以经验总结式的分析为主,缺乏成熟的理论支撑,对乡村文旅融合发展,尤其是对乡村振兴背景下乡村文旅产品开发与旅游目的地管理的提升,缺乏系统探索,尚未形成完整的研究脉络。本书所基于的文化资本理论,源于法国社会学大师皮埃尔·布尔迪厄对总体性实践经济学的再认识。布尔迪厄从隐喻层面指出文化资本泛指任何与文化及文化活动有关的有形及无形资产,是表征文化本身能够发挥哪些作用的功能性概念,主要分为身体形态、客观形态、制度形态三种类型。继布尔迪厄之后,学者们进一步发展了文化资本理论,说明了文化资本再生产的动因和路径等。布尔迪厄的文化资本理论在理论界产生了重要的影响,各国学者从各个角度对文化资本理论进行了不同的解读和研究,取得了丰富的理论成果,加深了学术界对文化资本理论的认识和理解。本书在坚持马克思主义基本立场、观点和方法的基础上,吸收该理论的相关观点,以此为理论基础,开展乡村文化促进乡村旅游发展的理论、机制、路径研究。

本书认为乡村文化促进乡村旅游提升发展的总体机制,本质上就是文旅融合的产业促进机制,即在文旅融合背景下,通过乡村文化的资本性特征,促进乡村旅游产品的价值提升和管理升级,实现以文促旅,以旅彰文的发展目标。"文旅融合的产业促进机制"又依循文化资本类型的不同,及其与旅游产业发展的对应关系,在不同维度表现为活化机制、表征机制和协同机制三种类型。

在这一观点的指引下,本书具体分为五章。第一章为"文化资本促进乡村旅游发展总体机制与策略"。该部分在开展研究背景分析与文献综述的基础上,从布尔迪厄文化资本理论的资源属性、价值转化属性等角度分析乡村文化的文化资本属性，以及文化资本在乡村旅游产品创新、景观打造、管理优化等方面的重要作用，从而对文化资本视角下乡村文化与乡村旅游发展的耦合关系进行深入探析，架构起乡村文化促进乡村旅游发展的机制体系和策略体系。

第二章为"身体形态文化资本视角下乡村旅游活态产品创新"。该部分以农耕与民俗类文化为中心，分析了乡村文化的身体形态文化资本属性，探索了乡村文化促进乡村旅游主要活态产品：农事体验类、民俗表演类，以及以餐饮和民宿为代表的旅游服务类产品创新机制和策略。并以"乡村美食旅游的开发"为典型实例，开展了针对性研究。

第三章为"客观形态文化资本视角下乡村旅游物态产品创新"。该部分以生态与生活类文化为中心，分析了乡村文化的客观形态文化资本属性，探索了乡村文化促进乡村旅游主要物态产品：三生景观类（生态、生产、生活景观）、文化场所类，以及文创商品类产品提升机制和策略。并以"乡村旅游景观设计"为典型实例，开展了针对性研究。

第四章为"制度形态文化资本视角下乡村旅游经营管理优化"。该部分以费孝通所提出的"熟人社会治理类文化"为中心，分析了乡村制度形态文化资本的属性，探索了通过乡村文化协调乡村旅游原住民、经营者、旅游者等利益相关者关系，实现乡村旅游优化管理机制和策略。并以"乡村旅游行业管理领导力体系的构建"为典型实例，开展了针对性研究。

第五章为"文化资本视角下乡村旅游发展新趋势"。该部分结合当下乡村旅游发展的趋势，从文化资本视角分析了乡村旅游促进乡村振兴的时代新使命、疫情防控优化调整后乡村旅游发展的新挑战、乡村旅游声景观开发的新资源、"慢城"型乡村旅游目的地建设的新发展、乡村旅游生态价值观内化促进文化再生产的新路径、乡村旅游职教课程改革的新模式六个具有时代性和针对性的新问题。从乡村旅游发展的时代责任、面临的问题、建设的趋势、创新的方法、人才的培养等角度对当前文化资本视角下乡村旅游发展的重点和热点问题进行了深入分析。

本书架构起了文旅融合的乡村旅游产业促进机制体系，在理论上，进一步丰富和完善了文化资本理论、文旅融合发展理论、乡村旅游产业和文化产业发展的相关理论等，拓展了此类研究的视野和范畴，促进了文旅融合系统研究的深入发展。在实践上，本研究成果一方面可以促进乡村旅游目的地的建设，进一步丰富产品体系，提升产品质量，优化管理模式，增强目的地黏性，提升乡村旅游区域竞争力，加强乡村旅游人才培养，另一方面，也可以通过乡村旅游业的发展，促进乡村文化的传承和发展，反作用于文化资本的提升与再生产。本书综合使用了文化学、旅游学、产业经济学、资源学、社会学、人类学等多学科的研究方式，采用了文献分析、田野调查、因子分析、语义分析等多种研究方法，使得研究具有定性与定量的双重品质。

本书得到了江苏省文化和旅游厅、南京旅游职业学院领导和同事们的大力支持与帮助，得到了江宁区文化和旅游局"江宁区文旅行业管理与服务提升课程设计与实施综合项目""南京市江宁区红色文化讲解研究及课程开发"等研究课题的支持，也是南京旅游职业学院国家级职业教育教师创新团队立项项目和江苏省教学名师项目建设成果。

全面建设社会主义现代化国家，最艰巨最繁重的任务仍然在农村。一个国家、一个民族的强盛，总是以文化兴盛为支撑的，在乡村振兴的道路上，以乡村文化建设促进乡村旅游发展，以乡村旅游发展反哺乡村文化建设，还有很多需要研究、需要实践的工作。在全面推进乡村振兴的道路上，我们要不断奋斗，砥砺前行！

作　者
2023 年 10 月

目 录

第一章 文化资本促进乡村旅游发展总体机制与策略 …………………… 1
　一、研究背景与文献综述 …………………………………………………… 1
　二、文化资本促进乡村旅游发展总体机制 ……………………………… 13
　三、文化资本促进乡村旅游发展总体策略 ……………………………… 23

第二章 身体形态文化资本视角下乡村旅游活态产品创新 …………… 33
　一、乡村文化促进乡村旅游活态产品创新发展机制分析 ……………… 33
　二、身体形态文化资本视角下乡村农事体验型旅游产品创新发展分析 …… 40
　三、身体形态文化资本视角下乡村民风民俗型旅游产品创新发展分析 …… 45
　四、身体形态文化资本视角下乡村食宿服务型旅游产品创新发展分析 …… 48
　五、案例分析：身体形态文化资本视角下乡村美食旅游开发研究 …… 51

第三章 客观形态文化资本视角下乡村旅游物态产品创新 …………… 57
　一、乡村文化促进乡村旅游物态产品创新发展机制分析 ……………… 57
　二、客观形态文化资本视角下乡村旅游三生景观创新发展分析 ……… 61
　三、客观形态文化资本视角下乡村旅游文化场所创新发展分析 ……… 64
　四、客观形态文化资本视角下乡村旅游商品创新发展分析 …………… 70
　五、案例分析：客观形态文化资本视角下乡村旅游景观设计分析 …… 74

第四章 制度形态文化资本视角下乡村旅游经营管理优化 …………… 79
　一、乡村文化促进乡村旅游经营管理优化发展机制分析 ……………… 79
　二、制度形态文化资本视角下乡村旅游利益相关者调和的特征与策略 …… 82
　三、制度形态文化资本视角下乡村旅游公权力与乡土权利调和的特征与策略 …… 88

四、制度形态文化资本视角下社会认定体系对乡村旅游发展的激励特征与
　　　　实施策略 ··· 92
　　五、案例分析：制度形态文化资本视角下乡村旅游行业管理领导力体系分析 ······ 96

第五章　文化资本视角下乡村旅游发展新趋势 ································ 103
　　一、时代新使命：文化资本视角下的乡村振兴与乡村旅游发展分析 ·········· 103
　　二、应对新挑战：文化资本视角下疫情防控措施优化调整后乡村旅游发展
　　　　分析 ··· 109
　　三、资源新开发：文化资本视角下的乡村旅游声景观开发 ··················· 118
　　四、创新性发展：文化资本视角下的乡村型"慢城"旅游建设研究 ··········· 125
　　五、文化再生产：文化资本视角下乡村旅游生态价值观内化研究 ············ 134
　　六、人才新培养：文化资本视角下乡村旅游职教课程改革模式与路径 ········ 142

主要参考文献 ·· 161

第一章　文化资本促进乡村旅游发展总体机制与策略

一、研究背景与文献综述

（一）研究背景

1. 全面推进乡村振兴战略

党的二十大报告提出"全面推进乡村振兴。全面建设社会主义现代化国家，最艰巨最繁重的任务仍然在农村"。中国特色社会主义进入新时代，城乡发展不平衡、乡村发展不充分等问题日益突出，实施乡村振兴战略是解决人民日益增长的美好生活需要和不平衡不充分的发展之间的矛盾的必然要求。按照产业兴旺、生态宜居、乡风文明、治理有效、生活富裕的总要求，建立健全城乡融合发展体制机制和政策体系，加快推进农业农村现代化是新时代发展的必然趋势，也是全面建设社会主义现代化国家的题中之义。

乡村产业振兴是乡村振兴的经济基础，没有产业振兴，其他方面的振兴也就成为无源之水、无本之木。乡村产业振兴就像一个"火车头"，要想"乡村振兴"这列火车跑得快，就必须依靠"产业振兴"这个火车头起带动作用。要推动产业振兴，需要做好"一条主线""两个围绕""三个体系"。"一条主线"就是以农业供给侧结构性改革为主线，"两个围绕"就是紧紧围绕发展现代农业、围绕农村一二三产业融合发展，"三个体系"就是加快构建现代农业产业体系、生产体系和经营体系。扎实做好产业振兴，为乡村振兴奠定坚实的经济基础。

乡村人才振兴是乡村振兴的重要支撑。由于城乡融合发展进程还存在上升空间，农村的青年劳动力为了更好地发展选择"抛弃"家乡，久而久之，农村因缺少青年劳动力而失去活力。因此，乡村振兴的关键是要打破人才"瓶颈"，即努力打造一支懂农业、爱农村、爱农民的"三农"工作队伍。这不仅需要培育新型职业农民，发挥新型职业农民的带头作用，更要发展小农户，促进小农户与现代农业发展及农业相关产业的有效衔接，从而积极投身乡村振兴，[①]还需要通过职业教育，培育具有"大国三农情怀"、知识广、思维新、技能强、办法多的高水平技术技能型人才队伍。

乡村文化振兴是乡村振兴的精神动力。文化作为一种精神的力量，贯穿并作用于经济、政治、社会、生态等各个方面，乡村振兴离不开乡村文化的振兴。乡村文化振兴是以社会主义核心价值观为引领，从农村的思想道德建设、优秀传统文化、公共文化服务以及移风易俗等方面入手，培育乡土文化人才，提升农民文化自信，从而不断提高乡村社会文明程度的过程。留住"乡愁"，以乡村文化振兴助推乡村振兴，可以为农民留住记忆，更为乡村全面振兴"铸魂"。

乡村生态振兴是乡村振兴的关键因素。良好的生态环境是乡村可持续发展的关键，从"村容整洁"到"生态宜居"均能体现出对人与自然和谐共生关系的追求。推动乡村生态振兴，就是要在"两山理念"的指引下，坚持走绿色发展道路，加强农村绿色生产方式和生活方式的转变，并对农村突出的环境问题进行综合治理，并保护乡村特色原始风貌，打造农民安居乐业的美丽乡村。

乡村组织振兴是乡村振兴的政治保障。乡村组织振兴是以农村基层党组织为领导核心，建立自治、法治、德治为一体的有效的、有活力的乡村治理体制。基层党组织是农村基层组织的核心，与人民群众密切联系，发挥着战斗堡垒作用，是实施乡村振兴战略的政治优势和组织保障。乡村治理既要加强基层党组织建设，更要注重发挥农村农民在村民自治中的主体作用，并结合法治、德治，探索出一条治理有效、充满活力的治理体制之路。乡村组织振兴在形式上不仅仅包括基层党组织，涉及农民参与的还应有村民自治组织、农村经济合作组织，以及一些文化组织、社会志愿组织等。

"五个振兴"即乡村产业、人才、文化、生态和组织振兴与"产业兴旺、生态宜居、乡风文明、治理有效、生活富裕"的乡村振兴总要求互为表里，为"三农"问题的解决提供了思路与方法。同时在目标和路径方面，"五个振兴"突出了乡村振兴的战略意义，进一步丰富了乡村振兴的科学内涵，也为中国式现代化背景下的乡村发展指明了方向。乡村振兴是一个长期战略任务，需要重视不同乡村地域发展的差异性，明确不同乡村地域类型的功能与定位，合理引导和把握乡村振兴发展趋势；树立城乡融合、"多规合一"的规划理念，强化各类规划的统筹管理和系统衔接，发挥乡村振兴规划的战略引领作用；强化城乡基础设施和公共服务体系建设，补齐乡村发展短板，促进城乡融合发展；加大乡村义务教育信息化基础条件投入和优质资源配置，推动城乡义务教育均等化发展。实施乡村振兴战略是实现城乡、区域均衡发展的必要条件，是解决新时代中国社

---

① 汪倩倩.乡村振兴中发挥农民主体作用研究［D］.杭州：浙江农林大学，2021.

会主要矛盾的迫切要求①。

乡村旅游与乡村振兴战略的全面实施具有密切的关系,发展乡村旅游能够有力地契合和服务新时代国家发展战略,促进农业提质增效、农民增收致富、农村繁荣稳定,加快统筹城乡融合发展步伐,是实现乡村振兴的重要途径。通过乡村旅游目的地的建设和文旅业态的开发,可以有效地促进一二三产业的融合发展,提升乡村的整体风貌和治理水平,从产业振兴的角度出发,带动人才振兴、文化振兴、生态振兴、组织振兴,成为乡村振兴总要求达成的助推器,发挥愈加凸显的重要作用。

2. 促进文化自信与文化繁荣

在全球一体化背景下,不同文化相互交融相互碰撞,文化认同危机也随之产生,逐渐成为当前重要的现实问题。我国以文化自信作为提升国家软实力的重要抓手,着力构建社会主义核心价值观,落实文化强国战略,推动社会主义文化繁荣兴盛,不断促进国民的文化认同。习近平总书记在纪念马克思200周年诞辰大会上的讲话指出:要学习和实践马克思主义关于文化建设的思想,就是要坚持理论自觉、文化自信,就是要坚持价值先进、思想解放。国家之魂,文以化之,文以铸之。要立足中国,面向现代化、面向世界、面向未来,巩固马克思主义在意识形态领域的指导地位,发展社会主义先进文化,加强社会主义精神文明建设,把社会主义核心价值观融入社会发展各方面,推动中华优秀传统文化创造性转化、创新性发展,不断提高人民思想觉悟、道德水平、文明素养,不断铸就中华文化新辉煌②。

作为中国文化自信的根与魂,中华优秀传统文化经过了上下五千年的积累和沉淀,是先辈和当代人共同创造的精神文化成果,也是中华民族历史美德、精神观念、意识形态的集合体。传统文化包括了古往今来人民群众的理想、家国情怀、处世方法和仁义道德,这些都是中华民族十分宝贵的精神财富和文化标志,也是坚定文化自信的重要源泉和动力,同时也是文化自信的主题命脉。中华优秀传统文化是整个传统文化中的优秀和精华内容,产生和形成于中华民族的历史进程与中华土地上,张岱年曾经说过:"中国优秀传统文化的核心是关于人生意义、人生价值、人生理想的基本观点,可以称为人本观点。"③面对当前的世界局势,许多国家不断提高对文化软实力的关注,并将其放在了综合国力中的重要地位。延绵几千年的中华优秀传统文化,蕴含了中华民族较长时间的发展过程中的精神活动、理性思维等,包含丰富而厚重的集体记忆,建立了科学的思想资源和独特的价值模型。中华优秀传统文化是民族的优秀基因,深深地扎根于每一个国民的心里,在潜移默化中改变和制约着国民的行为准则和思想意识。优秀传统文化有利

---

① 陆林,任以胜,朱道才,等.乡村旅游引导乡村振兴的研究框架与展望[J].地理研究,2019,38(01):102-118.
② 王晓军.文化认同视角下中国文化软实力建设研究[D].石家庄:河北师范大学,2020.
③ 张岱年,方克立.中国文化概论[M].北京:北京师范大学出版社,1994.

于推动国家的发展、民族的复兴，在维护团结统一、巩固多民族、鼓舞中华儿女树立文化自信等方面有着十分重要的意义，在一定程度上也促进了社会的进步和发展①。

中华优秀传统文化博大精深，蕴含着丰富的精神追求和价值观念，如"贫贱不移、富贵不淫、威武不屈、宠辱不惊"的坚强意志、"和而不同、求同存异"的开放观念、"中庸为度、过犹不及、物极必反"的辩证方法论，"实事求是、求真务实"的科学理念等，都是我国上下五千年人类智慧的结晶和中华儿女在修身、齐家、治国、平天下的追求中精神文化层面的实践总结。尤其在现阶段的世界形势下，人类的精神文明和物质文明都获得了长足的进步和发展，也面临着诸多的难题和挑战。不仅要充分运用当今时代的方式和方法，更要加强对古往今来历史长河中积累的智慧与力量的应用。另外，中华优秀传统文化是整个民族基本价值追求的具体体现，蕴含着中华民族的民族精神，有着独特的民族特质。"天人合一"的人与自然的关系、"协和万邦"的中国与世界的关系等，涉及国家、社会、个人发展的各方面。这些基本的中华传统文化的主流价值理念，对解决当今时代的社会问题具有极大的借鉴意义。

习近平总书记指出在五千多年中华文明深厚的基础上开辟和发展中国特色社会主义，把马克思主义基本原理同中国具体实际、同中华优秀传统文化相结合是必由之路。这是我们在探索中国特色社会主义道路中得出的规律性认识，是我们取得成功的最大法宝。在新的起点上继续推动文化繁荣、建设文化强国、建设中华民族现代文明，是我们在新时代新的文化使命。要坚定文化自信、担当使命、奋发有为，共同努力创造属于我们这个时代的新文化，建设中华民族现代文明②。

乡村不仅蕴含着丰富的中华优秀传统文化，还承载着中华民族的现代文明。可以说乡村是中华文化的宝库，也是中华文化生长的沃土。乡村旅游建设需要对乡村文化进行创造性转化和创新性发展，一方面利用乡村的传统文化和现代文明更好地促进旅游目的地的管理与建设、旅游产品的打造与开发，持续提升旅游吸引力，另一方面，在旅游业发展的过程中，潜移默化地促进乡村文化的再生产和持续发展，助力文化自信，实现文化繁荣。

3.乡村旅游业蓬勃发展

乡村旅游是以旅游度假为宗旨，以村庄及其野外为空间，以人文无干扰、生态无破坏、游居和野行为特色的村野旅游形式。我国发展乡村旅游具有资源的优势，又有旺盛的需求。从旅游资源角度，我国幅员辽阔，是世界上著名的农业大国，乡村自然资源和人文旅游资源极其丰富，田地众多，河流广布。同时，我国还是多民族国家，不同地区的村庄拥有各自的民族特色，包括特色村寨、民风民俗等，乡村旅游资源丰富多彩。从旅游需求角度来看，近年来，旅游者的需求逐渐趋于多元化，在压力增大、节奏加快的

---

①② 王亚雄.中华优秀传统文化视域下文化自信研究［D］.延安：延安大学，2020.

城市化进程加速过程中，人们更想要体验乡村的风土人情，再加上特色农业的开展以及农业生产现代化发展，为乡村旅游提供了强有力的支持。

20世纪90年代以来，随着中国改革开放的深入和产业结构的调整，中国的旅游业获得较快发展，而且在重视城市旅游和风景区旅游的同时，积极推动乡村旅游和农业旅游的发展。1998年，原国家旅游局推出"华夏城乡游"，提出"吃农家饭、住农家院、做农家活、看农家景、享农家乐"的口号，有力地推动了中国乡村旅游业的发展[①]。后期又推出"生态旅游年"，全国各地抓住新机遇，充分利用和保护乡村生态环境，开展乡村农业生态旅游，又进一步促进了中国乡村旅游业的发展[②]。走进新时代，在乡村振兴背景下，各地政府更是纷纷出台了各项政策加大乡村旅游扶持力度，以乡村旅游为抓手，促进乡村振兴战略全面实施。乡村旅游已经成为推动新型城镇化的重要动力，是实现乡村振兴的重要路径。乡村旅游引导乡村振兴是对中国长期以来以工业化、城镇化单向驱动乡村线性发展理念的重大突破，是对"望得见山、看得见水、记得住乡愁"和"绿水青山就是金山银山"的中国特色乡村振兴道路的科学论证与理论建构，对破除城乡分割的二元体制障碍，实现城乡融合发展具有重要的理论价值和重大的实践意义[③]。

目前，我国乡村旅游发展已经进入了高速发展期，在乡村旅游业的带动下，区域产业要素高度融合，使得相关产品的内容和类型日益丰富，出现了许多全新的融合性乡村旅游产品。观赏、品尝、购物、劳作、娱乐、研学、生活体验等相关旅游项目不断创新；在"两山理论"指导下，"人与自然和谐"的特点在乡村旅游发展中愈发得到重视；乡村旅游区域也由原来集中在经济比较发达的大城市郊区、特色农业区和风景名胜区周边转向多元、多地分布。但是，由于进入门槛低、创新性不足等诸多原因，乡村旅游在高速发展的同时也呈现出了产品及产业结构的雷同化，乡村旅游目的地治理水平仍需提高，乡村旅游产业对乡村振兴战略实施贡献度有待提升等一系列问题。锚定市场定位，促进乡村旅游产品功能的多元化发展，提升特色，凸显文化内涵，提高品牌效应，进一步发挥产业带动作用，是我国乡村旅游进一步优化发展的方向。

（二）文献综述

1. 文化资本相关研究

传统经济学领域将资本分为三种类型：物质资本（有形资本）、人力资本和自然资本。而第四种资本的形态——文化资本的研究近年来随着文化事业和文化产业的发展愈加受到重视。文化资本被认为是具有文化价值的财富。布尔迪厄（Bourdieu）在其著名

---

① 张定芳.乡村旅游可持续发展模式：江西省的案例研究[J].江西社会科学，2008（05）：248-251.
② 郭焕成，韩非.中国乡村旅游发展综述[J].地理科学进展，2010，29（12）：1597-1605.
③ 陆林，任以胜，朱道才，等.乡村旅游引导乡村振兴的研究框架与展望[J].地理研究，2019，38（01）：102-118.

的论文《资本的形式》当中,第一次完整地提出了文化资本理论。他认为,社会界是一个积累的世界,为了理解社会界的积累性,必须引入资本的概念,因为"资本是积累的劳动……是一种镶嵌在客体或主体的结构当中的力量,也是一种强调社会界内在规律的原则"①。布尔迪厄是从资本的本质意义去观察作为资本的文化,所谓的本质意义,指的是一种资本所具备的能够创造剩余价值的潜能。从这个意义上来讲文化资本这个理论具有很大的普遍性。

布尔迪厄的文化资本理论主要内涵包括:一是具体化的状态,表现形式为精神和身体的持久"性情",例如经生活环境所影响的内化于个人身上的学识和修养,常常表现为文化、教育、素养,可被理解为自身附带的文化能力。二是客观化的状态,指的是文化资本转变为图片、工具、影像、书籍等客观化的方式,今天我们大多数称其为文化产品。三是体制化的形式,譬如学位证书、资格认证等,通常也称为文化制度。

内化的文化资本不能在不同个体之间相互传递,内化于个人的文化资本既不能赠予更不能买卖。即文化能力的获得必须由亲力亲为而得。既然文化能力是一种内化的文化资本,那么它很大程度上就是固定财富,甚至成为一个人确定的组成部分,也可被理解为内在素质,是伴随着个体成长的固有财富。布尔迪厄称之为从"实有"到"实存"。

客观化形式存在的文化资本以物质的形式存在,具有传递性,可被直接理解为文化产品。大部分的文化产品总能过渡到商品,因而具备交易属性。布尔迪厄认为:文化产品的存在法则不同于内化的文化资本,它的主要特征并没有体现在主体占有性。相反,这一形式的文化资本具备普遍性,例如文化遗迹、遗址不具有个体归属性,人们有共同的机会使用该文化资本。然而,只有当文化产品被占有并作为一种投资参与到文化生产的竞争中,才能获得象征性利润,此时才是作为一种有效的资本存在。

体制化的文化资本是文化能力进行资格授权认证的结果。体制化的力量通过对文化资本制度化来干预和控制文化资本,文化资本成为具备社会认同性的一种标签,这种资格认证实际上使得文化资本的拥有合法化。但所谓合法化可以看到更多的是体制性权力的力量,某种程度上培养了人们渴望被认可,不断证明自己的文化能力的习惯。布尔迪厄在书中言及,文化资本需要不断去证明自身的合法性。在此情况下,我们可以清楚地看到的力量,一是体制性权力,二是自我表达的权力,三是捍卫信仰的权力。总而言之,"社会人"离不开"社会认同性",出于对社会认同性的追求,我们不断寻求所谓的共同标准的认证,认证结果自然而然成为一种社会化的标签②。

布尔迪厄之后的"文化资本"理论以古德纳(Goodner)和思罗斯比(Throsby)的研究为代表。其中,古德纳试图用文化资本理论解释在后工业社会的新阶级的崛起。在社会学领域,古德纳其实和布尔迪厄一样用"文化资本"内涵来揭示阶级变化和社会结构力量

---

① 布尔迪厄.文化资本与社会炼金术[M].包亚明,编译.上海:上海人民出版社,1997.
② 陈卫微.文化资本视角下昆曲的保护和传承[D].南京:南京大学,2018.

的变化。但他对文化资本的认识有所发展，他提出文化资本的文化政治经济学，并指出文化资本在社会阶层的分化中居于主导作用。① 澳大利亚经济学家思罗斯比关于文化资本的观点可以说是文化经济学领域的范本。他认为，意图用文化资本来解释和把握文化经济领域发展规律，必须联系社会学构建的文化资本和经济学领域，他将文化资本定义为"一种资产，除了可能拥有的全部经济价值外，文化资本还体现、贮存并提供文化价值"②。思罗斯比的文化资本的概念构架了经济学与文化之间的桥梁，是文化经济学或文化创意产业的基础解释工具，也是在今天国内文化产业发展领域学者最为倾向使用的解释框架。

在经济全球化的浪潮之下，资本全球化成为学者日益关注的热点，特里格拉夫小组首席经济学家约瑟夫·多尔蒂（Joseph）通过论证文化资本与全球化的关系，强调开发和利用文化资本的必要性。在《跨国投机的文化资本》一书中，约瑟夫指出，在失衡的全球化中，从政治、经济、社会、环境和安全的维度开发文化资本，显得非常迫切。沿着布尔迪厄研究的思路，思罗斯比还在著作《经济学与文化》中对文化资本概念内涵进行再次区分，划分了有形和无形两种样态——"有形的文化资本通常指积累和存在于被赋予了文化意义的建筑、遗址、艺术品等文化遗产上，无形的文化资本存在于系列与既定人群相符的思想、实践、信念、传统和价值中。"③

在文化资本本土化研究方面，国内学者薛晓源和曹荣湘认为，布尔迪厄对文化资本三种形式的论述"大体与人力资本、文化产品和文化制度相对应，相互之间有一定的重合和一致之处"④，文化资本无论从学术资格或文化制度等角度，对个人、公司、社会乃至世界层面的经济发展都有不容忽视的影响。施炎平则认为文化盘活经济资本，不能把文化与文化资本相等同，只有转换为文化产品来满足和引导人们的需求，产生价值增量效应的那部分才可被称为文化资本。⑤ 陈珏、何伦志指出文化资本是经济增长的生产函数变量，与其他要素一起构成了经济利益主体核心竞争力等。⑥

随着国内学界对文化资本认知程度的深化，其应用范围也不断拓展，从文旅产业角度而言，相关研究可总结如下：

（1）旅游产业运用

宋振春、李秋以济南市为例，从城市文化资本的视角出发，就路径积累、系统化开发、传承创新、形象定位等方面提出旅游目的地建设的构想。⑦ 吴启焰、王兆杰认为在

---

① 古德纳.知识分子的未来和新阶级的兴起[M].顾晓辉，蔡峨，译.南京：江苏人民出版社，2002.
② 思罗斯比，潘飞.什么是文化资本？[J].马克思主义与现实，2004（01）：50-55.
③ 思罗斯比.经济学与文化[M].王志标，译.北京：中国人民大学出版社，2011.
④ 薛晓源，曹荣湘.文化资本、文化产品与文化制度：布尔迪厄之后的文化资本理论[J].马克思主义与现实，2004（01）：43-49.
⑤ 施炎平.从文化资源到文化资本：传统文化的价值重建与再创[J].探索与争鸣，2007（06）：50-54.
⑥ 陈珏，何伦志.文化资本、文化产业与经济发展[J].新疆大学学报，2007（04）：5-8.
⑦ 宋振春，李秋.城市文化资本与文化旅游发展研究[J].旅游科学，2011（04）：1-9.

旅游经济中，文化以"能力、产品、制度"的形式形成文化资本，旅游规划者应该重点关注这三种形式的文化资本。①陈倬、梁欣基于乡村旅游"文化人"的假设，调整文化资本相应权重，并重新考察乡村旅游生产、投资的过程。②余汝艺等人结合社会学的现代性理论，分析旅游研究视野下宗教文化资本化的现象，并认为宗教型景区上市有着不可调和的内在矛盾，应借鉴现代非营利性组织的模式③。

（2）文化产业运用

吕庆华将文化资源的开发细分为"文化历史资源和文化现实资源"两方面，并从资源与资本之间内在的关系，分析文化资本对国民经济增长的作用④。孙维认为通过测量文化资本积累的动态过程以及文化资本的存量，可以测定文化资本的价值⑤。孔祥林从意象结合的角度，阐明文旅市场中的文化资本的运作方式。⑥徐明生受到思罗斯比观点的影响，从"无形"和"有形"文化资本这两方面选取若干指标，通过测量文化资本与经济发展的协调性，构建地区文化资本和经济发展关系的评价体系⑦。

2. 乡村旅游建设相关研究

2018年初，乡村旅游作为乡村振兴的重要内容出现在中央一号文件中。在党的二十大报告中，也多次提到乡村振兴战略全面实施的重要性。乡村文化的振兴是乡村振兴的一项重要内容。旅游又是人与人之间传播文明、交流文化的桥梁，是人们生活水平提高的一个重要指标。作为生态、绿色、健康旅游方式的代表，乡村旅游近年来引起了业内广泛关注。

国内研究方面，主要集中于乡村旅游发展的类型、模式、路径等理论方面的研究，取得了丰富的成果。关于乡村旅游发展模式的研究方面，周扬认为乡村旅游发展应该与实际情况相结合，通过政府、社会投资以及农民等多方面的合作形成合力，不断推进乡村旅游发展，也通过乡村旅游发展促进城乡一体化⑧。姜玉辉认为政府主导型、企业为市场主体型、社区与居民积极参与型的乡村旅游发展模式是实现乡村旅游发展的主要方式⑨。王乐通过研究认为乡村旅游作为现代新型的旅游模式及载体，是推动农村经济发展，实现城乡一体化，提高农民收入的重要发展模式⑩。李巧玲认为，基于自然景观背

---

① 吴启焰，王兆杰.布尔迪厄的文化资本理论在旅游规划中的应用[J].人文地理，2011，26（01）：113-117.
② 陈倬，梁欣.乡村旅游中文化资本的经济分析[J].武汉工业学院学报，2012，31（04）：105-111.
③ 余汝艺，梁留科，朱国兴，等.从宗教景区上市透视宗教文化资本化[J].旅游学刊，2014（05）：51-57.
④ 吕庆华.文化资源产业开发的若干问题[J].商业研究，2006（12）：94-96.
⑤ 孙维.中国区域文化资本的测度[D].广州：华南理工大学，2010.
⑥ 孔祥林.旅游文化资本运作的策略选择[J].科技资讯，2009（06）：239-240.
⑦ 徐明生.我国文化资本与经济发展的协调性研究[J].厦门大学学报（哲学社会科学版），2011（01）：30-37.
⑧ 周扬，史旭.规划视角下的半城市化现象与破题：以汕头为例[C].中国城市规划学会.多元与包容：2012中国城市规划年会论文集.昆明：云南科技出版社，2012：690-699.
⑨ 姜玉辉.乡村旅游发展模式研究：以长沙市乡村旅游发展为例[D].湛江：广东海洋大学，2014.
⑩ 王乐.山东省乡村旅游发展模式研究[D].青岛：中国海洋大学，2014.

景的乡村旅游模式主要包括农村农业旅游模式、农村自然风情体验旅游模式、农家乐旅游模式等，这些独特的旅游模式极大地满足了游客的需求，促进了乡村旅游的发展[1]。李俊楼等认为"互联网+"的乡村旅游模式是实现乡村旅游绿色健康高效集约化发展的有效模式[2]。颜佳、陈永吉（2017）研究认为集聚化发展是进一步推动乡村旅游持续健康发展的有效模式，它可以在促进农民增收和促进农村经济发展方面发挥作用[3]。

有关乡村旅游发展问题的研究方面，有学者研究认为旅游管理制度不完善、服务配套设施不齐全、服务质量不高、各区域乡村旅游发展不均衡、宣传不到位等问题是制约乡村旅游不断壮大和深化的短板[4]。唐松研究认为我国乡村旅游发展处于成长初级阶段，在发展过程中存在对乡村旅游概念认识不到位、经营管理不科学、乡村旅游基础不完善、服务素质有待提高等问题，阻碍和限制了乡村旅游的发展[5]。徐海瑞通过研究江苏省乡村旅游发展问题，认为江苏省乡村旅游发展还存在特色不鲜明、模式创新度低、品牌意识较差等问题，不利于乡村旅游高质量发展[6]。还有学者认为乡村旅游产品特色不足、竞争力较低、乡村生态环境破坏等问题阻碍了乡村旅游的健康稳定持续发展等[7]。

关于乡村旅游发展对策方面的研究，有学者认为要因地制宜，突出乡村特色，促进乡村旅游可持续发展，进而推动乡村旅游质量化发展。刘国斌则以城镇化为研究背景，提出乡村旅游发展有助于推进当地城镇化进程，在发展地区乡村旅游业过程中，要把重点放在对一些特色乡村旅游地的开发与保护上，加强政府的监管力度，开发具有乡村特色的旅游品牌，在不断发展的城市化过程中，推动乡村旅游的可持续发展[8]。蔡永海、孙垚的研究主要关注经营者谋划乡村生态旅游的持续发展确保项目开发的连续性问题，通过经营者本身的生态文明观念来引导旅游者对于生态旅游的行为价值导向，以及大量开展乡村旅游的文化特色活动来吸引旅游者的积极参与，从而促进乡村生态旅游的持续发展[9]。王婷婷等的研究主要是教育功能的乡村旅游发展对策，他们认为在推动乡村旅游的发展过程中，要加强宣传引导，提高旅游者的自觉性，注意开发中的科学性，充分

---

[1] 李巧玲.基于自然景观背景的乡村旅游发展模式、问题及对策探析[J].中国农业资源与区划,2016(09):176-181.
[2] 李俊楼,张骏,马卫,等."互联网+"时代下乡村旅游O2O融合发展及对策分析[J].电子商务,2016(10):4-5.
[3] 颜佳,陈永吉.乡村旅游集聚化开发模式研究[J].住宅与房地产,2017(03):278-279+284.
[4] 张玲.乡村文化旅游发展策略研究[D].舟山:浙江海洋大学,2020.
[5] 唐松.乡村旅游:问题、困境与出路[J].中国乡镇企业,2014(01):10-13.
[6] 徐海瑞.浅析我国江苏省乡村旅游发展问题研究[J].农家顾问,2014(15):14-15+22.
[7] 陈国宏,刘竹.东北振兴背景下乡村旅游产业发展路径[J].沈阳师范大学学报（社会科学版）,2019,43(01):17-23.
[8] 刘国斌.中国乡村旅游发展战略思考[J].学习与探索,2012(11):119-121.
[9] 蔡永海,孙垚.基于生态文明视角的乡村生态旅游对策：以四川省达州市为例[J].农村经济,2014(03):70-73.

挖掘旅游资源中的教育功能，加大政府的政策支持与引导。①彭顺生认为我国乡村旅游发展要做到以下几个方面：第一，在乡村旅游的发展中要秉持科学健康的发展理念；第二，注重乡村旅游产品的特色性；第三，进一步提高乡村旅游地区的旅游服务质量和水平②。

国外学者对于乡村旅游的研究起源于20世纪80年代，伯纳尔德·莱恩（Bernard Lyne）的《什么是乡村旅游》一书拉开了乡村旅游理论研究的序幕，并提出了"乡村旅游"的概念。在实践中，乡村旅游在欧洲发展较早，法国是现代化乡村旅游发展的领军者，开创了各种各样的乡村旅游形式，比如提供乡村住宿、农家体验游活动、具有特色文化的集市、多种乡村旅游线路等。经过分析梳理，国外的学者对于乡村旅游方面的研究主要集中在乡村旅游的供给、乡村旅游发展产生的影响、当地村民对于乡村旅游发展的态度以及乡村旅游的可持续发展等方面。

从乡村旅游供给层面来看，经营和开发乡村旅游的经营者和当地的农村居民共同为旅游者提供相应的旅游产品，也分别在乡村旅游的开发中各自承担着相应的角色，是乡村旅游发展不可或缺的重要一环。农民各自拥有的宝贵乡村旅游资源就是推动乡村旅游发展的重要因素，旅游的开发者对于乡村旅游未来的发展前途有很大的影响力。这两个方面的具体研究组成了国外对乡村供给研究的主要内容③。

在当地村民对乡村旅游的态度层面研究上，此类研究的重点在当地村民是否支持开发乡村旅游、乡村旅游的发展给当地居民造成的影响等。影响村民对乡村旅游的态度的有关研究主要有由各地不同的经济发展情况决定、由大多数居民的受教育程度决定、由旅游业在不同地域的发展情况综合决定等观点。

从乡村旅游的影响层面看，西方国家进入城市化进程时间较早，开发乡村旅游对乡村的社会经济发展情况、乡村的环境卫生造成了或多或少的影响。因此，乡村旅游的影响问题研究也就成了国外学者研究乡村旅游发展的重要内容。不支持者认为乡村旅游的发展会破坏环境，长期开发对生态环境保护有百害而无一利。支持者则指出，乡村旅游的发展壮大有利于促进旅游工作者或是当地村民对于环境保护的信心，会自觉维护当地的乡村环境。

3. 乡村文化促进旅游发展相关研究

经济的繁荣、文化需求的提升及乡村振兴战略的全面实施，引起学者对乡村文化与乡村旅游关系的高度关注。通过文献梳理，国内学者关于乡村文化、乡村文化与旅游发展关系的研究主要集中在以下几个方面：

---

① 王婷婷，林敏，章明卓，等.突出教育功能的乡村旅游发展对策研究[J].安徽农业科学，2014，42（01）：150-152.
② 彭顺生.中国乡村旅游现状与发展对策[J].扬州大学学报（人文社会科学版），2016（01）：94-98.
③ 张玲.乡村文化旅游发展策略研究[D].舟山：浙江海洋大学，2020.

文化促进乡村旅游发展意义研究。旅游业在我国发展的初期，已经有部分学者认识到以乡村文化促进旅游产业的发展对农村经济具有巨大的带动作用，提出了以地域文化开发乡村旅游可以带动农村地区其他产业发展、活跃当地的文化经济、弘扬中国传统文化等相关观点。随着党和国家对"三农"问题的越加重视，以及文旅融合深度发展，乡村文化对乡村旅游发展的重要意义已经得到了普遍认同。马勇认为乡村旅游已经成为乡村经济发展的重要增长点，乡村文化的创新发展可以补齐乡村旅游短板，激发乡村发展原动力，助推乡村振兴[①]。有学者指出以文化促进乡村旅游开发是实现中国乡村振兴发展的有效途径。还有学者提出乡村文化的旅游开发可以加速城镇化进程，比如莫志明等就认为乡村文化的旅游开发让我国城乡差距越来越小，让农村居民可以实现从第一产业和第二产业转向第三产业寻求发展，投入到服务业中，增加农村居民收入水平，改善农村地区生活环境，推动城镇化进程[②]。

乡村文化的旅游开发问题研究。乡村旅游发展中的诸多问题受到了广大学者的关注，例如，吴杰在我国乡村文化旅游面临的问题及因素分析中指出相同的服务与产品、乡村文化开发的肤浅，造成乡村旅游缺少特色与文化内涵，消费者回头率明显降低，影响乡村旅游的可持续性发展。[③] 刘新秀、徐珊珊等以上海市崇明生态岛为例，认为乡村旅游产品开发模式单一，文化资源利用率不高，缺少乡村田园特色。在乡村旅游发展的案例中，旅游产品同质化问题普遍存在且导致此类问题的原因主要为地域文化开发不到位，缺乏创新性，忽视自身文化特色。[④] 除旅游产品同质化问题外，乡村旅游行业人才缺失问题及乡村文化之间的关系同样引起众多学者的关注，例如，赵送琴、冯怡等学者在乡村人力资本问题的研究中发现随着城镇化水平的提升，乡村地区人口比重快速下降，乡村地区人口的流失导致乡村旅游行业发展人才缺失严重，文化消散情况严重[⑤]。翟向坤、郭凌认为乡村旅游的文化开发面临开发理念错位、开发技术良莠不齐、居民参与度不高等问题。[⑥]

乡村文化促进乡村旅游发展的模式研究。此类研究关注乡村文化以何种方式促进乡村旅游的发展。李勇军、王庆生从文化角度将乡村旅游的经营模式以投融资参与主体的文化特点进行划分，并对不同模式下乡村旅游的文化形态进行分析。[⑦] 朱桃杏、陆林等

---

① 马勇.非物质文化遗产视阈下的乡村振兴：基于传统工艺的发展[J].黔南民族师范学院学报，2019（02）：15-19.
② 莫志明.旅游引导的乡村新型城镇化模式及其效应研究[J].农业经济，2019（05）：43-45.
③ 吴杰.乡村振兴视角下郑州市乡村旅游提升路径研究[J].太原城市职业技术学院学报，2021（10）：40-42.
④ 刘新秀，徐珊珊，曹林奎.崇明岛乡村文化旅游资源及其开发策略研究[J].上海农业学报，2018，34（05）：126-132.
⑤ 赵送琴，冯怡，彭迪云.乡村振兴背景下中部地区乡村人力资本的问题与对策研究[J].南昌大学学报（人文社会科学版），2019（06）：45-55.
⑥ 翟向坤，郭凌.乡村旅游开发中乡村文化生态建设研究[J].农业现代化研究，2016，37（04）：635-640.
⑦ 李勇军，王庆生.乡村文化与旅游产业融合发展研究[J].财经理论与实践，2016，37（03）：128-133.

人以徽州古村落群与江南六大古镇为例,研究不同传统乡村的古镇旅游模式,认为因地制宜,吸收特色文化的古镇旅游模式是发展乡村旅游的成功路径。[①] 王昆欣、张苗莹在《乡村旅游新业态研究》一书中列举了民宿、休闲农产、庄园经济、乡村露营、乡村博物馆、国家农业公园、乡村旅游综合体七种发展模式,并且提出我国乡村文化促进旅游发展的模式尚不成熟,应融入全域旅游,推动乡村文化的旅游开发与农业、生态、城乡建设等产业融合发展。[②]

乡村文化促进乡村旅游发展对策研究。为推动乡村文化促进旅游产业的发展,学者们针对具体问题提出了相关对策与路径。庞筑丹认为要注重科学规划,充分利用乡村地区的文化资源进行特色开发,打造属于本地区的特色乡村旅游品牌,才能有效解决乡村旅游发展过程中的产品同质化问题[③]。郑自立认为在乡村旅游开发中应当推进文化资源差异性整合与保护性开发,形成特色文化品牌[④]。宋增文以北京市为例,进行乡村旅游新业态发展机制研究,认为北京市应该根据自身发展情况,因地制宜探索文化促进乡村旅游发展的新业态。[⑤]还有众多学者将大数据平台下的"云旅游"与"互联网+"也融入乡村旅游新业态,认为乡村旅游的发展也应该与时俱进,追随科技发展的步伐,融文化与科技为一体[⑥]。比如张莹探索郑州市特色乡村旅游发展路径时强调互联网与乡村旅游产业发展的融合推动了旅游新业态、新文化的诞生,"互联网+乡村旅游"的模式可以实现乡村旅游产业的转型与升级,促进地方乡村旅游的可持续发展等。[⑦]

国外关于乡村文化促进乡村旅游发展的相关研究成果也很丰富。学者们认为乡村文化的开发可以由乡村的行政管理部门主导,为了一定的社会和经济目的,引导乡村居民提供文化性休闲服务,并修建可供游客游玩的设施设备。佩吉·佩泽尔卡(Peggy Petrzelka)与理查德(Richard S Krannich)通过调查农村居民对乡村旅游的态度得出结论:发展乡村旅游要重视保护当地传统文化,反对过度开发出售农业用地以促进发展。[⑧]阿玛丽亚·马斯蒂卡(Amalia Mustika)与迈克尔·阿迪特里亚(Michael Khriana Aditrya)以卡彭塔琼尔(Kampung Tajur)村落为例,开展实地研究与访谈,进行SWOT分析,认为乡村文化是旅游业发展的重要组成部分,通过合理地统筹规划,在促

---

① 朱桃杏,陆林,李占平.传统村镇旅游发展比较:以徽州古村落群与江南六大古镇为例[J].经济地理,2007(05):842-846.
② 王昆欣,张苗莹.乡村旅游新业态研究[M].杭州:浙江大学出版社,2019.
③ 庞筑丹.如何破解乡村旅游同质化难题[J].人民论坛,2020(04):84-85.
④ 郑自立.人文地理学视域下乡村文化旅游开发的问题与对策[J].现代经济探讨,2019(06):128-132.
⑤ 宋增文.基于供给侧改革的京郊乡村旅游提升策略研究:以北京市昌平区为例[J].农学学报,2019,9(08):85-91.
⑥ 王秋爽.河南省永城市芒山镇文化旅游发展研究[D].武汉:华中师范大学,2021.
⑦ 张莹."互联网+"时代郑州市特色乡村旅游发展路径研究[J].农业经济,2017(10):50-52.
⑧ PEGGY PETRZELKA,RICHARD S KRANNICH. Rural tourism and gendered nuances[J]. Annals of Tourism Research,2005,32(4):1121-1137.

进农村区域发展中可以发挥作用，从而实现国民经济的多样化发展。[①] 艾哈姆（Cigdem Kaptan Ayham）等人认为乡村文化的开发是在农村地区实施旅游产业发展的有效战略，其中可持续利用的文化观念对于乡村旅游的成功至关重要，既能促进农村经济发展，也能保留现有的传统结构。[②] 乔茨纳（J H Jyotsna）与毛里雅（Upendra Kumar Maurya）通过对三个印度村庄的游客评价进行分析，并对游客的消费兴趣进行研究，认为现代游客更喜欢参加能够真实体验乡村景观与文化生活的旅行等。[③]

中国乡村地域辽阔，乡村类型复杂多样，不同乡村地域之间存在显著差异，亟须采用地理学、旅游学、经济学、社会学、管理学等学科的研究理论与研究方法，开展不同乡村地域类型的乡村旅游引导乡村振兴的综合性、动态性和区域性研究，揭示乡村旅游引导乡村振兴的一般特征和一般规律，探索乡村旅游引导乡村振兴的典型发展模式，为实现乡村振兴提供理论指导和实践指南。而通过以上对国内外学者的研究成果进行梳理与分析，可见相关研究从分析乡村文化促进乡村旅游发展的意义，到乡村旅游发展面临的问题等方面进行了多维度探索，为本研究的开展奠定了基础。但目前明确从文化资本角度，结合文旅融合背景，开展乡村旅游发展的研究尚不多见，这也是本研究的主要范畴。

二、文化资本促进乡村旅游发展总体机制

文化资本视域下，乡村旅游产品的开发离不开乡村文化的利用，乡村文化的开发过程也是文化资本的转化过程。文化是乡村旅游产品开发的资源性基础，乡村文化资本的存量为乡村旅游开发提供了可能，乡村旅游的开发也为乡村文化资本的新发展提供了契机。

从文化资本的视角来看，乡村旅游的可持续发展，是指能为乡村文化资源向文化资本的转换提供持久、良好、有序的支撑，无论是满足旅游文化需求还是经济发展需求，这个过程都需要遵循文化资本的内在逻辑，平衡好文化价值与经济价值的关系，协调好各方利益，使得乡村旅游开发既满足文化的原真性、发展性以及系统性原则，同时又满足代际和代内公平原则，使旅游发展惠及当地居民。简言之，文化资本视角下乡村旅游发展重在构建乡村文化资源向文化资本持久、良好、有序转换的机制，实现文化资本的

---

① AMALIA MUSTIKA, MICHAEL KHRIANA ADITRYA. SWOT Analysis of Rural Tourism Development: Case Study of Kampung Tajur, Purwakarta [C].Proceedings of the 2nd International Conference on Tourism, Gastronmy, and Tourist Destination, 2018.

② CIGDEM KAPTAN AYHAM, TULAY CENGIZ TASLI, FERAH OZKOK, et al. Land use suitability analysis of rural tourism activities: Yenice, Turky [J].Tourism Management, 2020（6）: 76.

③ J H JYOTSNA, UPENDRA KUMAR MAURYA.Experiencing the real village anetnographic examination of perceived authenticity in rural tourism consumption [J].Asia Pacific Journal of Tourism Research, 2019, 24（8）.

经济价值与文化价值的平衡。这当中既要避免文化资源被闲置、浪费甚至破坏,同时也要避免文化资源被过度、无序甚至毁灭性地开发。

(一)乡村文化的文化资本属性

在文化资本视域之下,首先,可以对乡村的文化资本属性进行分析。以文化资本的视角审视乡村文化,其包含着身体形态文化资本、客观形态文化资本以及制度形态文化资本。身体形态文化资本,在农村通常体现为文化传统、民间故事、神话传说、风俗习惯、节庆活动、艺术表演等技能和习俗的掌握;客体形态文化资本往往由具体物质直接体现,比如雕塑、雕花、壁画、祠堂、寺庙、茶楼、客栈、书祠、门牌、诗集文稿、风水塘、传统食物、手工艺品等;制度形态文化资本通常包括乡村治理法律法规、社会公认性的权力所赋予的文化标签和符号等,是乡村文化资质的体现。

从表现形态角度而言,文化资本又可以分为两种类型:有形(tangible)资本和无形(intangible)资本。其中客观形态文化资本属于典型的有形资本;主观身体形态文化资本和制度形态文化资本属于无形资本[①]。

有形文化资本主要是指农村物态的文化产品,这些产品客观可感。以非遗产品为例,非遗产品是非遗核心技艺的体现,如一把工艺剪刀包含了独特的剪刀锻造技艺,一座乡村建筑包含着搭建技艺等。非遗有形文化资本中剪刀的材料、实用功能本身就具有经济价值。因此农村有形文化资本的经济价值是文化价值与农村实物载体的经济价值的结合,其中文化价值所占比重因产品而异,但是无一例外,文化价值是产品价值的关键[②]。农村有形文化资本的经济价值主要是实物文化价值的体现。通过把当前的资源投入生产中,其数量会得以增加,通常可以用于买卖,具有可以度量的资金价值。

无形文化资本则是文化资源的创意运营。它是农村制度、习俗以及民族文化心理的资本呈现。所以,农村无形文化资本与智力资本相似,表现为某个群体所共享的思想、习惯、信仰和价值观等。农村的无形文化资本主要是指没有实物载体的风俗、观念、语言等,包括民间音乐、传统舞蹈、传统戏剧、传统体育、游艺与杂技、民俗。这些农村无形文化资本本身具有很高的文化价值,但是不具有经济价值。以农村音乐和风俗为例,大部分乡间音乐原本是人们生活中用于休闲娱乐或者人际社交的工具,用于表达和维系感情[③]。因此,乡间音乐是不参与经济场域的竞争的。但是乡间音乐如果加入新的投资,如加入科技、加入新的音乐元素、加入舞台设计等现代设备,那么它不仅可以走上舞台成为一场吸引人的演出,也可以成为流行的音乐,还可以成为电影中的素材、旅游体验的对象等。这些农村无形文化资本因为本身就是无形的,主要是以人作为载体的,很容易因为人们的忽略而失去价值,当然也会因为新的投资而成为新的产品或服务

---

① 包亚明.文化资本与社会炼金术:布尔迪厄访谈录[M].上海:上海人民出版社,1997.
②③ 朱晓华.文化资本视域下非物质文化遗产的文化创意产品开发模式研究[D].南京:南京师范大学,2019.

并投入市场竞争,从而获得文化资本增量。因此,无形文化资本也可以通过投资而获得价值,增加价值。乡村文化资源和文化资本的关系可通过图1-1加以对应。

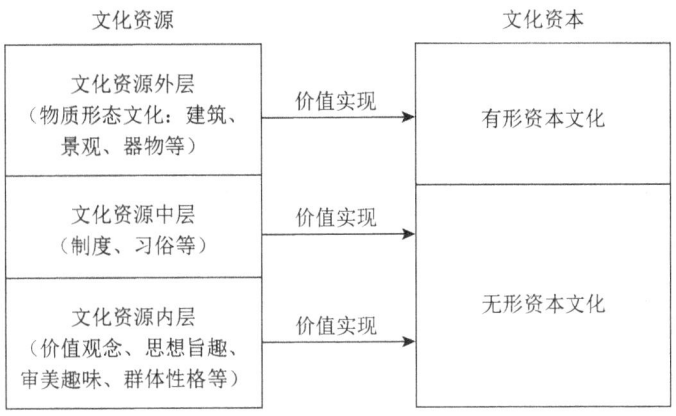

图1-1 文化资源和文化资本关系图

不同的乡村文化资本以市场为纽带进行整合、博弈与竞争,竞争的关键是通过"资本转换"与"资本流通"获得更多的资本增量。以乡村旅游活态产品、以乡村旅游经营管理制度为主要表征的无形文化资本以及乡村旅游物态有形文化资本之间相互转换、相互制约的关系也体现了文化资本与市场经济之间的紧密性。

在乡村文化资本属性不断外释的过程中,乡村文化资本会利用文化功能和文化内在的逻辑去发展文化本身。在农村中,身体化文化资本是最重要的。身体化文化资本的多少也决定了所创造出的乡村旅游产品的价值,如一个技艺精湛的乡村技艺师傅和一个刚入门的新人所生产的文创商品自然是有差异的。旅游产品是身体化文化资本展示的途径和渠道之一,也是传统手工艺技艺者安身立命的途径,只有用自己的技艺生产出产品并且卖出去才能够更好地生存下去。人是物质产生和制度建设的根本,拥有不同水平身体文化资本的人在从事物质生产和制度建设与实施的过程中,自然会导致物质产品本身质量的差异及制度制定与实施水平的高低,从这一点出发,一定程度上,农村身体化文化资本是产生客体形态文化资本以及农村制度性文化资本的基础。这一特点与布尔迪厄对三类文化资本关系的阐述是一致。

(二)乡村文化在乡村旅游发展中的运用现状

随着乡村振兴战略的持续推进,乡村文化的深度开发,以及对乡村旅游的促进作用已经在实践领域逐渐彰显。以江苏省为例,江苏省作为农业大省,有着良好的农业基础,是乡村文化产业发展的"领头军",目前已经拥有相当的产业基础和产业规模,且江苏乡村文化产业发展多样化,又结合乡村自身优势因地制宜,跨界联合,构建出一批高效、多能的产业链。以乡村旅游中的农事节庆文化开发为例,扬州市甘泉长塘村的

"爱情小镇"是江苏乡村文化旅游的典型代表。以民俗文化为代表的乡村旅游文化开发为例,淮安市淮阴区徐溜镇以文旅融合为指导,结合村镇特色举办了"挖掘传统产业、塑造徐溜品牌"活动,让优秀的传统文化起到引领作用,助推乡村文化产业向上向好发展。以农村手工艺产业为代表的乡村非遗文化开发为例,徐州贾汪区潘安湖街道马庄村的"马庄香包"这一文化产业就带动当地妇女就业和当地旅游业发展,香包产品年销售及旅游收入超千万元,做到了真正的文化富民[①]。但是在文旅融合背景下,乡村文化在推动乡村旅游高质量发展中尚存在以下一些困境和问题。

1. 乡村文化内涵挖掘不够,导致旅游产业发展内生动力不足

乡村文化内生动力决定了乡村文化在与旅游业融合发展的过程中能否实现优化升级,乡村文化内生动力不足的问题制约了乡村旅游的可持续发展。产业的发展价值核心是文化内涵,外部建设诚然重要,但不注重深入挖掘文化内涵而一味地追求外部物质形式,无异于本末倒置。即使模式、路径设计得再好也只能是千篇一律的没有"灵魂"的空壳产业。只有具备高品质、有深度、有吸引力的文化内涵才能适应旅游者的需求升级,提升消费层次,打开旅游市场。而当下的部分乡村旅游发展忽略了优质乡村文化对乡村旅游的推动作用、教育作用、带动作用,导致发展过程中出现了产业模式趋于雷同、产业结构缺乏创新、文化产品类型单一、市场供应出现偏差等问题。产业的扩展势头受限,发展理念也与旅游者的个性化需求相违背,使得旅游者的消费需求降低、消费动能不足。这种缺乏文化内涵的旅游产业发展让乡村失去了原有的淳朴韵味,变得寡淡而偏向"城市化"[②],不能提高乡村文化对旅游者的吸引力,从而影响乡村旅游的高质量发展。

2. 乡村旅游市场运作乏力,乡村原住民参与度不足

乡村原住民既是乡村文化的创造者、维持者和传承者,也是乡村文化呈现的重要载体。乡村旅游发展过程中,当地居民大多数时候只是作为产品的提供者存在,没有参与乡村旅游发展的决策过程,没有将当地民俗、特色文化真正融入乡村旅游的开发与经营。本地村民积极参与旅游开发是乡村旅游可持续性发展的必要推动力,但村民的文化素养、学历水平、战略眼光在一定程度上不能适应乡村旅游的快速发展,导致乡村旅游经营管理粗放,旅游产品开发初级等情况较为普遍。并且,部分乡村居民没有受到专业系统的旅游业务培训,仅关注旅游带来的经济效益,缺少对乡村的整体保护意识、服务意识。很多农耕文化、乡村艺术文化、江南风俗文化还停留在展示层面,与旅游的结合还不够,没有引入优秀的团队入驻乡村,没有充分激发当地匠人、居民和创客的积极性[③]。部分乡村的文化资源保护开发缺乏专项资金和专业人才的保障,原住民没有深刻意识到文旅发展的价值,没有注意到文旅产业融合深度发展的需求,从而影响乡村旅游

---

①② 马晓楠,刘珺.江苏乡村文化旅游高质量发展探析[J].市场周刊,2020,33(09):59-62.
③ 刘素平,王晓洋.全域旅游视角下苏州乡村文化旅游发展路径探析[J].价值工程,2019,38(25):38-39.

的健康发展。

3. 乡村文化产业与旅游产业融通机制欠缺

在乡村发展过程中,物质文明建设与精神文明建设是两大重要的抓手,其背后代表的是人们的双重消费需求,二者衔接不通畅是乡村文旅产业发展中的重要问题[①]。一方面,乡村文化产业的发展定位本应是面向全社会,让更多的人看到乡村文化与城市文化同等的价值,体验不同形式的文化,具有一定的公益性和公共服务属性。而旅游业往往被界定为经济产业,以营利为产业发展的主要目的,二者存在一定的差异。在新时代,旅游业越来越承担起社会价值和教育价值,如何促进乡村文化产业与旅游产业的有机融合,寻找到公益性与经济性之间的耦合点,需要政府和市场两个层面的机制优化建设。另一方面,乡村地区往往对文化开发与发展的主导性不强,自觉性不足,发展较为被动,不利于乡村文化的有效发掘和再生产。长远来看,发挥市场的主观能动性是让文化产业与旅游产业焕发活力的重要途径,建立合理的市场机制,在促进乡村旅游业发展的同时,可以刺激乡村文化的有效开发和持续发展。

4. 乡土文化特征体现不足,旅游体验性价值有待提升

乡村旅游资源的开发重点应体现其特有的乡土文化,都市居民选择乡村旅游主要目的是想要暂时逃离城市的紧张生活,寻找与城市生活有着较大差异性的体验或经历,希望能感受到真正的乡村生活。但是目前部分乡村旅游发展过程中并未将当地特有的文化特色融入其中,依然盲目地开发传统的"农家乐"形式旅游产品,"农家"的乡土特色却越来越淡化,越来越城市化,主要体现在农家菜的食材不能体现当地农家特色;住宿设施环境标准化,类似于都市小旅馆;娱乐方式单一,甚至演变成以棋牌娱乐为主的活动方式等。这些都与旅游者想要体验的真正的乡村生活相去甚远,导致一些真正想要体验乡村文化的旅游者望而却步,不利于乡村旅游的长期发展。尤其是体验经济大潮下,乡村旅游者对于该类型旅游活动的要求也越来越高,不再单纯只想欣赏乡村田园风光,更希望能体验田园生活、了解当地文化。因此对乡村旅游的活动方式的追求也从原本的观光度假型的旅游方式,转变为沉浸式体验性的度假旅游方式。但是部分地区在开发乡村旅游资源时,有些设计、建设者依然采取较为传统的观光型的模式,在利用乡村田园风光的基础上打造一批仅以休闲观光为主的生态农庄或农业生态园等乡村旅游景区,对乡村文化资源的深度开发和在旅游过程中的有效体验关注不多,导致旅游者体验度和参与程度均不高,无法满足旅游者对乡村文化体验的深层次需求[②]。而乡村文化资本的表现形式多样,需要通过不同的方式或者手段让旅游者能够沉浸其中或者参与进去,才能满足其对乡村文化体验的需求,发挥文化资本的真正价值,从而达到文化传播和旅游发展的双重目的。

---

① 马晓楠,刘珺. 江苏乡村文化旅游高质量发展探析[J]. 市场周刊,2020,33(09):59-62.
② 沁乔,刘娜. 苏南地区乡村文化旅游资源开发现状研究[J]. 农村经济与科技,2020,31(11):107-109.

5. 管理体系交织导致机制不健全，乡村产业管理水平有待提升

在乡村旅游市场化运营的当下，部分农村依然存在多头管理与旅游业市场经济发展产生矛盾的问题。此外，也还存在政企不分、利益纠葛等方面的问题[①]。同时政府内部管理机构重复设置、人为分割，导致牵扯部门众多，行政命令相互牵制，沟通存在障碍，也会导致发展效率低下。部分村落及周边旅游景区在管理上比较混乱，没有形成完整的管理流程也会影响整体管理水平。在部分乡村旅游目的地，一些宾馆住宿业、餐饮服务业、各种大大小小的商铺等，基本上是村民自行组织、自行管理，经营者又大多数是村里的中老年人，整体文化程度不高，缺乏对目的地专业知识的认识与理解。村里虽然也成立有专门的管理部门，但部分村民的态度就是不涉及切身利益的便置若罔闻，这在一定程度上也不利于目的地乡村文化的发展和旅游产业的统一管理。

随着我国乡村振兴战略的全面实施，以上乡村文旅目的地存在的各类问题已经在逐步缓解和改善，而文化资本视角的相关研究和实践则为以上问题的解决提供了新的思路和更加系统的解决之道，从文旅融合促进产业升级的维度促进乡村文化建设与旅游产业发展的有序、健康发展。

（三）文化资本促进乡村旅游发展机制体系

文旅融合时代，文化和旅游呈现出水乳交融、互促互进的密切关系，乡村文化促进乡村旅游提升发展的总体机制其本质上就是"文旅融合的产业促进机制"，即在文旅融合背景下，通过乡村文化的资本性特征，促进乡村旅游产品的价值提升和管理升级，实现以文促旅、以旅彰文的发展目标。具体而言，"文旅融合的产业促进机制"又依循文化资本类型的不同，及其与旅游产业发展的对应关系，在不同维度表现为活化机制、表征机制和协同机制三种类型（见图1-2）。

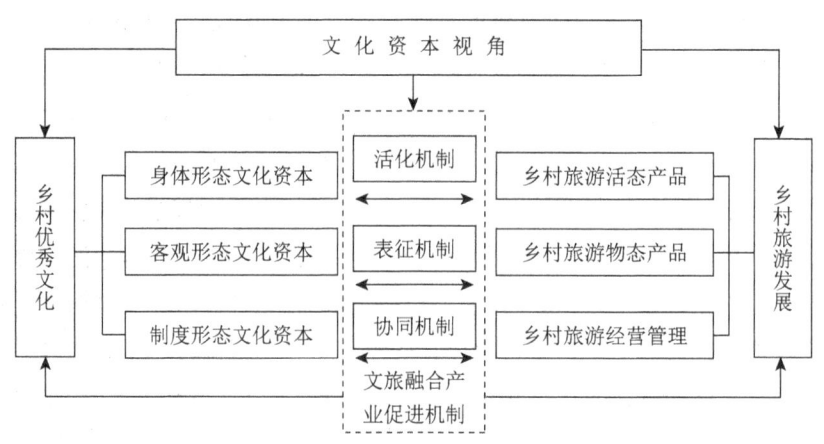

图1-2 文化资本促进乡村旅游发展总体机制分析图

---
① 沁乔，刘娜. 苏南地区乡村文化旅游资源开发现状研究[J]. 农村经济与科技，2020，31（11）：107-109.

1. 身体形态文化资本的活化机制

身体形态文化资本是指乡村原住民和经营者身体与精神上的持续性情，通常展现为个体或群体的能力素质。作为乡村文化能力的重要表现形式，其开发机制应该着重在活态转化上加以思考。

一方面，以活态的方式呈现和利用，使得文化资本内在生命力得以充分展现，实现文化技艺的传承和发展，体现乡村文化的真实性、生动性和延续性，进而带动相关旅游产业的持续发展。旅游体验经济时代，多样化的体验型产品更能吸引游客的眼球，满足其感知需求，旅游者希望通过亲身操作、实景体验和动态展演等活态方式，获取最深层次的旅游体验。如有针对性地开设农耕研学、趣味乡俗文化活动、农业工艺品DIY等活态型旅游项目，将乡村身体形态文化资本以旅游项目的形式外化出来，既能充分调动游客的体验性和参与性，又拉近了乡村与游客的距离，消除游客的陌生感，让旅游者了解村落文化、学习传统文化、爱上乡村生活，形成好的口碑效应，激活传统乡村的旅游市场需求，推动旅游经济的增长，使得活态保护成为实现乡村旅游业可持续发展的重要保障。

另一方面，旅游开发的合理利用为乡村身体形态文化的活态传承提供了平台与空间。所谓活态保护下文化的旅游业利用，就是以文化保护和传承为总目标，以游客参与体验等需求为出发点，构建活态型旅游产品，可采用特色小镇建设、节事活动举办等形式激发乡村文化潜在的活态因素，实现乡村文化内在生命力的延续[1]。随着文旅时代的到来，游客的文化需求比重上升，如人们对于乡村文化的热爱不断加深，为乡村旅游利用吸引了大量的客源，从而推动了乡村活态旅游市场的开发，进一步拓展了乡村建设空间，以一种可观、有形、"活化"的方式将乡村文化展现在众人面前。通过游客亲身参与和体验活态型旅游产品来加深人们对于"活态保护"的理解，让文化活态保护的理念被更多人所接受和认可，为活态保护理论进一步完善与发展提供了平台与空间。同时，旅游业发展还为乡村传统手工技艺的活态延续提供了平台与空间。由于传统手工技艺的社会关注度日渐减少，很多乡村手工技艺传承人常常面临经济困境，难以取得稳定的经济收入来维持生产与运营。而实现乡村活态技艺类产品的旅游利用不仅能带动相关产业发展，产生经济效应，为技艺传承提供经费支持，还能引入许多知名公司、企业前来投资建设，为传承人提供多元创收平台。除此以外，旅游业的发展能吸引更多社区居民参与其中，唤起本地居民的乡村技艺保护意识，激发他们学习文化知识与技术的兴趣，为技艺的保护与延续储备更多的生力军[2]，从而促进身体形态文化资本的进一步再生产。

---

[1] 刘伯初，罗小龙.古村落遗产可持续开发利用模式探研：以南京江宁区杨柳村为例[J].中国农史，2014(04)：130-136.

[2] 李玲瑶.活态保护视角下长沙铜官窑遗址的旅游利用研究[D].湘潭：湘潭大学，2019.

2. 客观形态文化资本的表征机制

根据布尔迪厄对资本的定义，客观化的文化资本常表现为具有文化特征的实体的存在，它通常具有双重特征：既是物质的，又是象征的。客观形态文化资本以物质化的实物为载体，可以进行传递、交换、买卖、赠予、收藏等活动，一方面这些活动赋予了文化产品以经济价值和交换价值，另一方面文化产品在其象征意义上代表着文化资本的文化价值。在文化价值层面上，乡村旅游可被视作游客对旅游文化符号的消费。旅游文化符号与旅游产品、旅游景观、文化空间部分内涵叠合。文化空间既是标志性旅游文化符号，也是核心旅游产品和典型旅游景观[①]（见图1-3）。

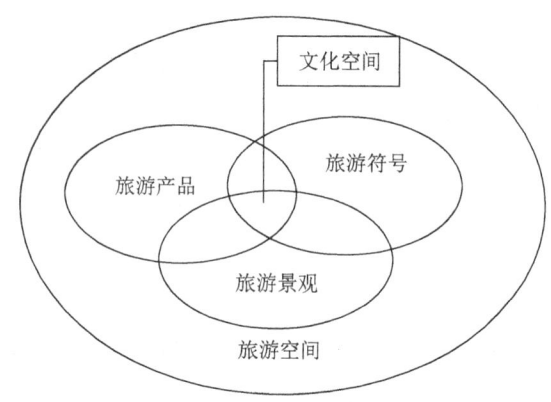

图1-3 文化资本视角下客观形态文化资本要素关系分析图

乡村旅游的文化空间是人及其文化赖以生存和发展的场所，反映文化传承发展过程和空间生产生存状态，体现的是人、文化和环境的关系，具有空间性、时间性、活态性、开放性、意识形态性等特征。文化空间的形态围绕文化资源、文化内涵、符号象征和产业发展的演化形成，在内涵上，文化空间包括物质、精神和社会三个维度。第一，物质空间维度指的是可视化的物质文化遗产或空间载体，表现为乡村旅游景观等。第二，精神空间维度指的是精神内涵、价值理念、核心象征和意义符号等文化表征系统，如乡村的祠堂、宗庙、学堂等。第三，社会生活空间，即当地居民、乡村文化传承者、游客、商户等社会各方的日常生活参与空间，如茶馆、集市等。三个空间维度彼此关联、相互作用[②]。

客观形态文化资本视角下，乡村物态旅游产品的表征是传统景观、记忆或产品的可视化与符号化，该表征过程是就乡村旅游的文化呈现过程。从表征呈现方式来看，主要包括客观主义呈现模式、建构主义呈现模式和述行主义呈现模式。客观主义呈现模式，具有客观主义原真性的要求，倾向于不需要过多加工，保护较重要，主要可以采用

---

① 桂榕，吕宛青. 民族文化旅游空间生产刍论[J]. 人文地理，2013，28（03）：154-160.
② 郑久良. 非遗旅游街区文化空间的生产机理研究[D]. 合肥：中国科技大学，2019.

乡村观光旅游景观、乡村旅游体验景观、乡村文化博物馆等形式加以呈现；建构主义呈现模式，指通过对文化元素的发掘和再整理，通过二次设计将能够体现文化特质的元素加以凸显，重新构建文化实物，比如各类型地方特色乡村旅游商品等就是典型的客观形体文化资本建构后的产物；述行主义呈现模式多以舞台化的模式呈现，从旅游者的需求出发，对客观形态文化资本进行舞台化的呈现，比如融入了乡村文化特点的乡村时尚餐厅、茶吧，具有乡村文化展示作用的雕塑等景观都是这种模式开发的产物。随着信息化技术的普及，述行主义呈现模式也包括采用3D技术或VR虚拟仿真技术，加入触摸屏、动画、导视系统等科技手段，实现乡村文化的数字化呈现，让游客通过现实与虚拟相融的多元方式，生动直观地感受优秀乡村文化的魅力。

3. 制度形态文化资本的协同机制

文化资本视角下的乡村旅游协同机制构建，是希望通过系统调控思维引导乡村旅游走向生态、可持续发展之路。强调管理部门既依靠强制力解决问题，又注重通过政府与民间组织、企业等利益团体相互合作促进协商决策，以乡村文化作为优化管理的根基，建立合作伙伴关系来处理乡村社会特别是旅游发展过程中的公共事务。乡村旅游协同生态系统中所引发的诸多问题也需要多方利益主体共同解决，要坚持以乡村旅游生态系统为中心，充分发挥乡村文化的制度建设作用，由政府、企业、科研机构、居民等利益主体平等协商，为维护乡村生态、推动乡村建设与发展做出努力[①]（见图1-4）。

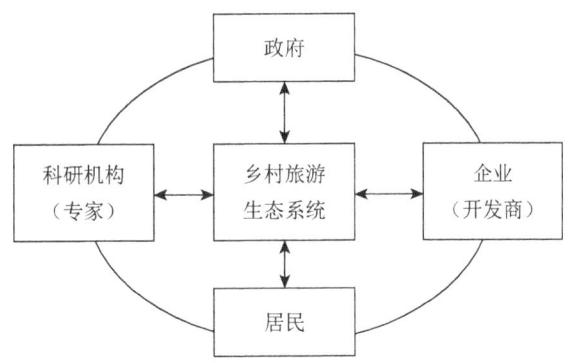

图1-4 文化资本视角下制度形态文化资本协同机制系统图

政府是乡村旅游系统的引导者，需要以制度形态文化资本的利用，更好地扮演监督者和仲裁者的角色，既提高掌控全局、治理绩效的能力，又提升自身的公信力和合法性。政府还是政策的制定者、信息的提供者、利益主体矛盾调解者、项目的引导人，更是倾听者。政府在乡村旅游系统中发挥统领全局的作用，将继续协调、整合不同主体的利益诉求以达到理想效果，进一步保障各方乡村旅游参与者的权益，在促进乡村系统可

---

① 杨帆，黄国群. 协同治理视域下推进乡村文化旅游生态系统建设探讨[J]. 边疆经济与文化，2020（12）：31-35.

持续发展的基础上实现合作共赢。

企业作为乡村旅游系统的中坚力量汇聚了优秀的管理、设计、营销等各类专业人才，足够的资金以及管理经验使企业在乡村旅游运营方面拥有得天独厚的条件，企业获得乡村旅游的开发权后，应利用乡村制度形态文化资本，积极适应角色转变并成为乡村建设的中坚力量。为确保乡村旅游的健康可持续发展，企业在建设乡村旅游的同时也承担了相当多的社会责任，会给企业带来一定压力，所以充分利用乡村制度文化资本，向专家、政府、村民借力，可为实现创意与科技结合、生态理念传播、品牌意识认可等目标提供帮助。在乡村旅游系统的构建与发展中，企业需要提高创新能力凸显企业特色，切忌急功近利，要真正做到文化展示、生态环境保护与乡村建设的有机结合。

乡村旅游系统中充当智囊团角色的是科研机构。作为乡村旅游系统的大脑，其作用于乡村旅游开发与经营管理的各个环节之上，并为乡村旅游与乡村建设的大方向提供建议、给予理念与方法的引导、提供文化解读与技术保障等。科研机构的重要性还体现在处理企业、专家及居民的关系上，充分利用乡村制度形态文化资本，有利于研究机构更好地为乡村旅游提供治理意见、为文化资源的开发提供学术指导以及技术支持、缓解公众与企业之间的矛盾、以简单易懂的语言向村民传达文化资源的重要性等。例如，当下乡村旅游越来越注重体验式项目，科研机构还能够基于特色文化为项目设计出谋划策，使项目既体现文化元素又具有创新性，推动项目成为乡村旅游品牌，为乡村旅游增姿添彩[①]。

作为乡村旅游系统中的核心成员，村民的意见和建议在乡村旅游开发中尤为重要。长居于此的村民在乡村旅游中的作用不可替代，其作用具体表现为：处理旅游建设过程中产生的矛盾；协助旅游开发商提高办事效率；对政府、企业和科研机构进行监督并提供建议。作为文化传承者的村民，不仅肩负传承文化的历史使命，还担负文化创新与发展的重任，所以要以乡村制度文化资本的充分利用为抓手，以更为温和的方式引导村民主动与专家、外界同行交流，创新思路，提高技能。

乡村制度形态文化资本视角下协同治理的利益相关者众多，在文化传承与乡村旅游建设中都发挥着重要作用。值得一提的是，协同治理除了上文所提到的在乡村旅游中发挥的管理作用，在乡村文化传承发展中的作用也不容小觑[②]。以乡村技艺传承人为例，其内部代际形成非遗传承的契约精神，而且还体现了传承者与外部人、外部人与外部人之间、不同传承人之间建立的契约精神。传承人与内部、外部的关系需要引入协同治理使这种契约关系更为合理。由此可见，协同治理不仅能够统筹村落内部管理，还能反映与外部利益方之间的关系；不仅能够为村落提供治理方向，还能作用于文化传承。因

---

① 杨帆，黄国群. 协同治理视域下推进乡村文化旅游生态系统建设探讨[J]. 边疆经济与文化，2020（12）：31-35.
② 李爱兰. 乡村旅游与文化创意产业融合机制研究[J]. 济宁学院学报，2016（03）：69-73.

此，现代乡村旅游综合管理中，既需关注文化传承与发展，也重视村落生态的健康可持续发展。乡村旅游开发中各方利益主体的合作至关重要，多方利益主体需要通过有效沟通协商，才能推进乡村旅游发展有序进行，进而维护乡村文化生态系统和旅游产业的良性发展[①]。

文化资本下的乡村旅游发展三大机制，分别指向不同类型的乡村旅游业态、产品及经营管理模式，其既相互独立具有针对性，同时又相互关联，构成了文化资本视角下的乡村旅游提优升级的综合生态系统，共同构成了文旅融合产业促进机制，在新时期助力农村优秀文化应用与乡村旅游的创新发展。

三、文化资本促进乡村旅游发展总体策略

（一）基于乡村文化的乡村旅游产品开发策略

"文化资本的传承主要是通过再生产的方式进行的"，[②]这是布尔迪厄与帕斯隆的《再生产》一书中的核心观点。文化资本在社会的发展过程中既可能增多，也可能减少，总是或多或少地以改变的方式被继承和发展。布尔迪厄认为这种改变式的传承和发展，就是文化资本的"再生产"。再生产的过程要受到时间、转换和实践行为三大要素的制约，而且要素之间是彼此交融的关系。对于乡村旅游目的地而言，文化资本视域下的旅游产品也同样需要借由时间、转化和实践行为三要素实现进一步的发展。一方面，乡村旅游目的地要积极倡导区域文化的转化和实践，并连接起历史、当下乃至未来的时间轴，比如将历史文化转化为具有现代审美价值的文创产品，将当代区域乡村文化通过建设实践以建筑、小品、设施的方式加以呈现等，在促进文化资本再生产的同时，丰富乡村旅游资源的内涵。另一方面，时间、转化和实践行为三要素对文化资本再生产的影响过程，也可以旅游者喜闻乐见的方式加以呈现。例如，乡村目的地对自然环境人化改造过程的展示及改造前后的对比，文物和遗存展陈过程中历史氛围的营造，文旅商品展示与销售过程中文化内涵的解读等都可以呈现出三大要素对文化资本再生产的影响过程。可由此进一步完善旅游产品谱系，增强乡村旅游目的地的吸引力。

具体而言，作为一种具有独特性和稀缺性的资源，乡村文化在旅游开发过程中的脆弱性较强，应该秉持保护与开发之间的辩证态度，建构乡村文化和旅游之间的良性互动关系。旅游产品开发作为解决文化传承、传播的一条重要途径，应该将文化的"原真性"作为旅游产品开发的基础和核心，换言之，旅游开发是"原真性"的发展与延伸。

---

① 杨帆，黄国群. 协同治理视域下推进乡村文化旅游生态系统建设探讨［J］. 边疆经济与文化，2020（12）：31-35.
② 布尔迪厄，帕斯隆. 再生产：一种教育系统理论的要点［M］. 邢克超，译. 北京：商务印书馆，2021.

因此，基于乡村文化的旅游产品开发首要且必须在"保护"的基础上"原真性"开发，并且在"原真性"的基础上适当变革。

1. 原真原生，"物境"结合

旅游产品开发的首要原则应该是保护性开发原则，只有把活态保护和传播放在首位，注重不同地域乡村文化资源的原真性特性，才能实现旅游产业与文化产业的有机结合。具体而言，文化保护包括对资源本身的保护和对资源生存环境的保护。这两者都是比较脆弱的，是破坏后难以短期恢复的资源。乡村文化的活态性、不可再生性决定了对它的旅游开发必须以保护性开发为主，保护是活态开发利用的前提，也是开发过程中要遵循的准则。

文化旅游产品的保护性开发是指乡村旅游目的地在开发时不能只关注乡村文化资本能带来的经济效益，也要注重文化内涵的挖掘和开发，要有保护农村优秀文化背后的历史、情感等信息的意识，从多学科和多角度对乡村文化进行挖掘与创新，让游客在进行旅游体验的时候真切感受到其背后深含的地域乡土"原真"文化。同时，乡村目的地对原生环境也要进行保护性开发，旅游资源和自然生态、文化生态环境关系紧密，要避免掠夺式开发和破坏性开发，不能牺牲生态环境，抵制过度商业化开发，抵制破坏原生环境的旅游基础设施，走旅游资源可持续发展之路。目前一些古镇类乡村就因为过度商业化，大量非"原真性"旅游基础及服务设施破坏了村落原生文化，给当地环境和原住民带来了难以修复的伤害，因此在开发旅游产品时必须要注重保护文化，注重保护农村居民的文化表达权和参与感，考虑遗产地居民的环境的公平性享用，旅游设施的建设也要在可持续发展的基础上进行。

2. 分析整合，统筹规划

旅游产品开发单位应联合当地主管部门，借助村民力量，在充分发挥自身的功能优势的前提下，组织开展好各类乡村文化资源调查研究，对乡村文化摸清家底，深入挖掘各类文化特色，进行资源整合，做好合理的分类、整理，结合域内原真性文化开展综合性利用。

当地政府要做好顶层设计，进行全面、合理规划，确定长远的乡村文化保护发展目标和开发方向，建立科学、有效的保护和开发机制，共享乡村文化的相关数据，如种类、数量、生存环境和现状，加强宏观调控，做好乡村旅游开发中的资源、技术的调控，并做好监管工作。如完善旅游基础设施，提升交通便捷性，改善人居环境，营造文化氛围，提升服务质量与水平，为旅游企业开发乡村文化提供基础支撑。特别是针对文化品类稀缺，面临着消亡风险的特色文化资本，应该先通过政府的保护使其先传承，再在合适的时候考虑是否具备可以进行旅游开发的条件。

通过研究政府前期对当地文化的规划和整合，旅游企业再对乡村文化的旅游开发价值和开发难度进行测算和分析，分析文化旅游资源的独特吸引力，挖掘出优势、特色的文化资源，只有挖掘出特色文化，才能形成核心竞争力。旅游企业对乡村文化进行合理规划和设计后，把握开发的度，对文化原生环境和文化内涵进行适度开发利用，制订阶段性的保护开发措施，对于那种面临消失的优秀文化则需要先保护、恢复其生机后，再对其进行旅游开发。旅游开发还要考虑乡村文化的可观赏性、可体验性等。

在规划时，要同时考虑内部开发因素和外部开发因素，内部开发因素包括当地社区居民的意愿，当地环境承载量，当地其他旅游资源，如特色民居和其他自然地理资源、历史人文建筑，以及其他配套旅游基础设施，将乡村文化融入观光旅游、小镇旅游、生态旅游、研学旅游的产品开发。要注重文化内容的独特性和文化底蕴的深厚性的挖掘。目前乡村文化旅游项目存在同质化现象，如一些乡村戏曲、舞蹈类项目发展不专注发扬自己的特色，而是向已经形成影响力的演艺产品看齐，这样做不利于乡村旅游开发中求异的需求，也不利于自身文化的彰显。因此在选择开发乡村文化的时候，要尽量选择有地域特色的文化，由此打造吸引力。

3. 重视体验，丰富内容

功能价值是指目的地所具有的品质及所呈现的环境，旅游者通过功能价值对目的地的文化意象进行重构。乡村旅游产品的功能价值体现在独特的自然风光和人文景观，表现为观光、休闲、度假型旅游产品，主要体现在乡村景区、特色民宿、农家美食、休闲娱乐、交通、购物环境的体验价值[①]。

享乐价值建立在功能价值的基础之上，包括放松、逃逸、复愈、交流等方面的效用。乡村旅游产品的享乐价值在于乡村自然生态的景观能为旅游者带来审美体验，体现在乡村丰富的自然环境和历史内涵中能够满足旅游者求新求知的心理需求，独特的乡愁和文化可以很好地满足旅游者的情感体验等。

符号价值是乡村文化资本通过产品转化呈现出的标志性效用。这一效用既可以让旅游者通过具有文化指向性的建筑、商品、体验项目等感知到乡村地域文化的特征，从而获得感知"不一样的世界"的心理愉悦，也可以成为旅游者标榜文化追求、审美品位、个人调性的对象。因此乡村文化资本的旅游产品化开发，要尤其关注旅游者的诉求，更好地发挥符号价值。综合来看，乡村文化资本视角下的旅游产品开发可依循图1-5开展。

---

① 潘玲.体验价值视角下乡村旅游产品开发模式：以广东省为例[J].农村经济与科技，2020，31(23)：106-108.

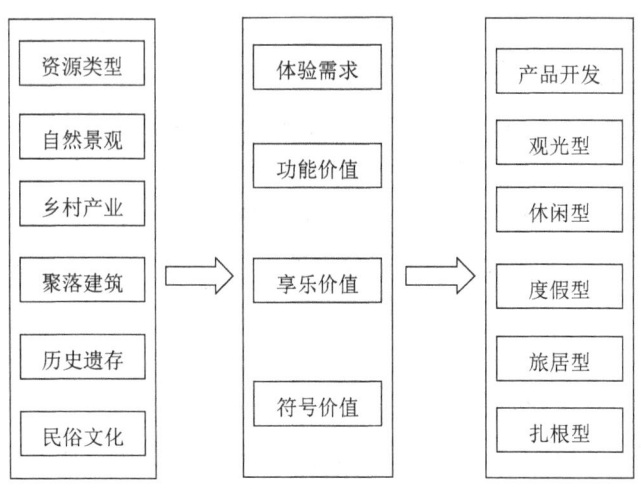

图1-5 文化资本视角下乡村旅游产品开发模式

具体而言，自然景观类资源可满足多元体验需求，要保持乡村环境的自然性、原始性，依托自然开敞空间，可开发观光、休闲型旅游产品。乡村的地文景观，包括山地丘陵、独峰奇石、岛屿与岸滩，可开发观鸟、写生、摄影、徒步、登山等生态和体育体验活动；水文景观，包括天然湖泊、池塘湿地、人工水库、瀑布与溪流、河段、温泉与冷泉和海洋景观，可结合渔业开发多元化游乐体验，建设湿地观景长廊、水上公园、温泉小镇等；生物生态景观，包括森林、草地、古树名木、珍稀生物景观和鸟兽鱼虫栖息地，可与康养、体育、艺术等行业结合，利用乡村自然景观，开发疗愈花园、五感花园、森林健康步道、森林浴等生态产品[①]。

农业生产地包括农作物基地、花卉苗木种植基地、水产畜牧养殖基地和加工制造基地，可开发创意旅游系列产品，如稻田创意景观种植、花卉婚庆产业、牧场生活体验等，拓展单一传统农业产品的体验。休闲娱乐地包括休闲农庄、乡村文创园、民宿酒店、露营地和竞技活动地，可开发休闲亲子乐园、星空营地、特色民宿、团队拓展、荒野求生、中医药养生等产品。研学旅行地包括展览场馆和农事体验活动，可开发乡村艺术馆、农耕文化博物馆、民俗博物馆、主题农场、农业科技馆、农事体验、田园课堂等产品。综合开发地包括特色小镇和田园综合体，可加大相关资源整合力度，推动旅游与农业、林业、渔业有机融合，构建涵盖食、住、行、购等多要素的乡村旅游产业链。

乡村聚落建筑类资源数量众多，包括宗祠建筑、江南民居建筑和特色建筑，具有深厚的历史内涵，反映了独特的乡村文化和历史时代的变迁，是引发旅游者"乡愁"的主要因素。乡村聚落建筑资源可满足旅游者功能、享乐和符号的体验需求，可开发度假、旅居型旅游产品。宗祠建筑包括祠堂、祭祀场所和书院，对成规模的古建筑进行乡村图

---

① 潘玲.体验价值视角下乡村旅游产品开发模式：以广东省为例[J].农村经济与科技，2020，31（23）：106-108.

书馆、主题化博物馆式开发，通过传统建筑的设计、布局、装饰、陈设物品等体现传统文化观念和审美情趣。民居建筑包括传统民居群、特色街巷和名人故居，可促进老屋旧宅活化利用，创新发展民宿、研学等乡村旅游新业态，如将旧屋、旧宗祠等设施改造为特色民宿，开发研学活动、古村落寻根游、文化旅游创意产业园区等产品，配套餐饮服务和休闲娱乐，吸引游客前来吃农家菜、住农家屋、享农家乐，真正体验宁静、舒适、淳朴的乡村生活。特色建筑包括宗教寺庙和乡土古建筑，可开展宗教节庆等活动吸引旅游者前往感受乡土风情。

乡村历史遗存类文化由历史遗址、红色旅游地等组成。其中，红色文化是乡村旅游发展的新方向。历史遗址包括史前人类遗址、历史事件发生地、农耕遗址和工业遗址等，可通过采用科技手段，如AR技术，借助情景模拟、多媒体互动等更加生动的方式进行创意展示，开发研学活动、AR古迹体验、历史教育、主题博物馆等产品。红色旅游地包括革命人物、革命历史事件和活动遗址、遗迹，以及革命故事与精神，可加强原址原貌复原，开拓研学、革命教育等文化类旅游产品的开发。

乡村民俗文化由乡村非物质文化、民俗与节庆、饮食与特产的相关文化组成，其中有一部分以非物质形态存在，贵在传承与创新，是人们到乡村旅游体验的主要内容，产品规划设计要注重体验的原真性。乡村民俗资源可满足旅游者享乐和符号的体验需求，可开发度假、旅居、扎根型旅游产品。乡村非物质文化包括村落文化精神和非物质文化遗产，可打造乡村旅游的"沉浸式体验"，如"民俗技艺＋情景化体验"，可依托民间艺术和古建筑，推动乡土文化创意设计产业集聚发展，推进乡村旅游创客基地建设。民俗与节庆文化包括生活习俗、丰收节庆、特色节庆和宗教活动等，结合民俗节庆活动，打造独特的乡土IP文化，举办稻田音乐会、乡村集会、庙会、春耕野餐节等活动。饮食与特产文化包括对特色饮食和乡土特产的打造，创新旅游商品的研发和设计，加强对乡村旅游商品的开发和包装策划，通过打造创意农产品、耕种过程艺术化、加工过程精品化、包装品牌化、营销故事化等方式，增加农产品的特色与价值[①]。

（二）基于乡村文化的乡村旅游经营管理策略

文化资本视角下的乡村旅游经营管理除了应有效利用劳动力、土地资源等传统的实体要素之外，还需加强创意资源、智力要素、新兴技术等无形产业要素的导入，提高产业效益与效率[②]。建立乡村旅游要素和都市旅游要素之间、乡村要素和城市要素之间良性的资源配置机制和要素交换机制，提高乡村旅游业劳动生产率和要素报酬率，促进乡

---

① 潘玲.体验价值视角下乡村旅游产品开发模式：以广东省为例[J].农村经济与科技，2020，31（23）：106-108.
② 钟家雨.乡村文化复兴促进乡村旅游可持续发展的策略探讨[J].江西科技师范大学学报，2018（05）：57-61+56.

村旅游业经营模式和服务方式的变革。从产品创新能力提升角度，需要在产品设计中融入特色体验和本地文化，尽可能提供差异化的体验产品，树立目的地独特的形象和品牌优势。致力于旅游产品和服务模式的创新，为旅游消费者提供更加差异化的旅游体验，甚至具备能够引领乡村旅游市场需求升级的能力。

从外部协作与错位竞争角度来看，乡村经营者的产品创新、功能升级和品质提升不能仅依靠企业自身力量，还应发挥产业链上下游的协同作用，充分利用外部合作机制。需要与周边乡村旅游目的地展开错位竞争，注重创意要素、文化要素、科技要素的注入，弘扬乡村生活美学，打造当地乡村文化特色。通过信息传播和促销宣传，加深都市旅游市场对郊区乡村旅游目的地的了解，提高乡村旅游目的地知名度与美誉度。通过建立旅游者的监督反馈机制，了解大众诉求，支持游客权益表达，解决市场密切关注和制约旅游者在本地停留的关键问题。不断增强本地产品的吸引力，和周边地区形成错位的有效竞争，为本地乡村旅游市场提供更加精致的产品、更加便捷的进入条件和更加优质的旅游服务[①]。

站在买方角度，经营者还需要激发需求潜力，合理有效运用传统乡村文化优势，引导需求升级。在乡村旅游需求趋于个性化、多样化的背景下，根据需求结构特征和需求演化的方向态势，合理引导需求结构调整，引导乡村旅游需求向更高的层次演化升级。在需求的总量调控下，适度地进行需求内部结构的调整，以激发乡村旅游高质量发展的内生动力。

第一，需要激发常态化的都市旅游市场需求潜力。合理有效地激发乡村旅游需求潜力，减少季节性造成的产业波动。努力发挥乡村文旅重复性消费的优势，规避和削减旅游季节性带来的风险。乡村旅游市场具有一定的季节性，旅游旺季常常由于基础设施和服务接待设施的相对不足，造成游客体验质量的下降。加之乡村文化节庆的举办常常在短时间内聚集大量游客，文旅服务的供给常常跟不上需求增加的需要，导致文化节庆口碑质量下降和缺乏可持续性。通过鼓励多样化的乡村文旅产品设计和产品布局，加强多时段、多季节的优秀文化产品宣传和市场引导，提高季节性活动的服务供给能力，保障旅游体验质量，形成常态化的都市乡村旅游市场需求能力[②]，具体思路见图1-6。

---

① 金川.上海乡村旅游业市场结构及优化配置研究[D].上海：华东师范大学，2019.
② 金川，冯学钢，周成.基于文本挖掘的乡村旅游需求特征与体验差异研究：以上海市为例[J].资源开发与市场，2017，33（09）：1127-1133.

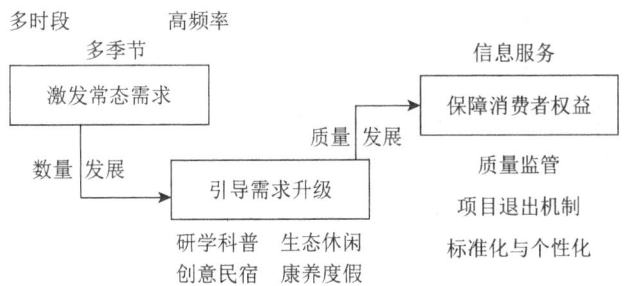

图 1-6 乡村旅游需求激励模式

第二，合理地逐步引导需求升级。在引导乡村文化产业供给的转型和调整的同时，促进传统乡村旅游需求逐渐向乡村休闲、乡村度假等较高层次的需求转化，逐步引导乡村旅游需求层次和需求结构的升级。营造乡村整体环境，积极发展生态休闲、康养度假、创意民宿等丰富多彩的乡村旅游体验业态，为游客塑造独特的乡村旅游体验。加强公众教育和科普，使大众能够了解、传承和积极主动地保护本地乡村文化，亲近和保护本地生态环境与生态系统。加强对市场的调研和研究，了解细分市场，重视游客反馈，加强信息服务，发挥距离本地市场较近的优势，以本地特色的乡村性、人文性、创意性资源为基础，拓展本地客源市场的高水平发展潜力。通过需求升级的动力形成促进供给升级的推力，为产业供给打破低端锁定提供来自需求方的刺激。

第三，加强市场监管，保障消费者权益。由于乡村旅游产品和服务标准的不统一，拉低了乡村旅游业的科学管理水平和市场满意度。许多乡村旅游目的地旅游季节性较强，服务质量难以维持在相对均衡的水平之上，容易引起游客的投诉和不满。应加强乡村旅游景区和目的地的标准化与规范化建设，注重乡村旅游业的质量管理和优质服务营造。通过建设有品质的乡村旅游产品，缩小旅游者期望与旅游体验满意度之间的差距。管理部门应加强对其所推动的标准建设项目的产品质量和服务水准的监督反馈，完善评选项目的退出机制，采用灵活的办法加强对乡村旅游产品和服务的质量监督和管理，将项目评级打分与日常监督巡查、市场监督相结合。为游客的判断决策提供相对充足的信息，向游客传达准确和高质量的乡村旅游目的地信息，提高旅游信息化水平，维持旅游发展水准。

第四，在政策支持维度，政府支持与外部环境的建设有助于乡村旅游业健康发展，支持政策、基础设施建设、发展环境建设等工作更多地需要由政府提供。政府仍需致力于政策更新与制度创新、公共服务完善及乡村旅游发展软环境的改善。

政策与发展制度创新。为乡村文旅的新业态、新模式培育提供更加优越的政策环境与制度保障，降低要素的进入门槛，特别是农业和其他服务业要素进入乡村旅游业的门槛，调动乡村文化资源和文化要素进入乡村旅游业的积极性，促进新的服务业要素与乡村旅游业的融合，帮助乡村旅游新业态的形成及其与城乡生活方式的对接。

提升乡村旅游业发展的硬环境，完善乡村旅游业的公共服务体系。加强郊区基础设施建设和旅游公共服务设施建设，重点改善郊区道路交通、信息通信、水电能源、给排水、环保卫生等基础设施条件。构建更加便捷和完善的城市交通体系，扩大城郊公交体系覆盖面，增强乡村旅游目的地可进入性，完善乡村旅游目的地的道路设施和标识标志体系。调整空间布局，完善集聚区域的公共服务设施，引导乡村旅游业在区域内的集聚发展。

优化乡村旅游发展的软环境。应为乡村旅游业营造更加宽松的市场环境，构建乡村地区更加开放的政策环境和产业环境。建设多方参与和能够吸引外部人才、外部资源进入乡村旅游业和乡村地区的良好氛围，引导都市人才和都市人口进入城郊地区居住、经商和进行乡村旅游经营。建立旅游、农业、文化、规土、交通、城建、环保、通信、工商等不同部门相互协调的乡村旅游开发和产业综合管理机制。强调社区参与，实现乡村旅游产业链本地化，发挥乡村特色产业在乡村旅游业发展中的作用，使社区拥有更多的发展权和受益权。加强优质景区及优秀休闲农业与乡村旅游的评选和推介，对所评选项目的管理能力和服务水准进行动态跟踪，组织营销和推广平台实现联合推介[①]。

第五，从乡村旅游目的地营销管理的角度而言，文化资本的气质是区域文化相对稳定的个性特点和风格气度的体现。乡村旅游目的地的形象不等同于单纯的旅游形象，它既关注旅游核心吸引物的丰度和品级，也与区域本身的整体文化特征密切相关。其一，在乡村旅游目的地营销的过程中，不但要凸显以高等级资源为代表的"旅游特征文化资质"，还需要彰显以农味、土味为代表的"乡村特征文化资质"，从而体现出区域的完整文化气质特点。目前，大部分乡村旅游目的地的形象宣传与推荐往往忽视了后者。乡村区域文明的社会氛围、良好的生态、悠久的历史积淀、浓郁的乡村气质以及由此获得的公权力的认可，都应该在乡村旅游目的地的形象塑造和推广中占据重要的位置。其二，在乡村旅游目的地的CIS形象系统建设过程中，需要有凸显文化资本气质的意识。其中，理念识别系统的建设，要与目的地文化气质相契合，比如扬州乡村目的地形象内核"精致儒雅"、苏州乡村形象内核"水乡文韵"定位就比较准确。视觉识别系统的建设中，要根据区域文化气质的特点，科学设计形象标识、主题色调等。行为识别系统则需要引导旅游从业者和原住民的文化行为和文明规范与乡村文化气质相协调。其三，重视网络空间中乡村旅游目的地文化气质的正面塑造和宣传。在门户网站、旅游攻略网站、知名社交网站以及新媒体、自媒体视频、图文平台上乡村旅游目的地文化气质的塑造需要有专业的引导和管理，而不能放任自流。

---

① 金川，冯学钢，周成.基于文本挖掘的乡村旅游需求特征与体验差异研究：以上海市为例[J].资源开发与市场，2017，33（09）：1127-1133.

(三)旅游业发展促进乡村文化再生产策略

乡村文化是在乡村生活环境下由特定的社会群体在漫长的文化交融和生产劳动的历史发展过程中慢慢凸显出来的文明形式和内容，是包括独特的文化气质、民俗民风、文化现象及行动章法等的综合。乡土文化性是乡村旅游的根本属性，乡村所蕴含的丰富的乡村文化是旅游规划开发的基础和灵魂[1]。乡村文化和乡村旅游产业相互作用，相互融合，互为发展。在融合的过程中，乡村文化对乡村旅游产业提供了永续更新的创意，具有渗透与提升效益；乡村旅游产业为乡村文化提供了保护、传承的条件，并促进乡村文化的再生产和传播[2]。

一方面，乡村文化元素成为区域内乡村旅游深度开发、提升品位的媒介。乡村旅游依托区域内一些优秀的文化民俗资源，如海滨文化、具有地域特色的农耕文化、红色文化、运河文化、民族风情等丰厚的文化资源，运用多媒体技术、3D 技术及声光技术，加入创意元素，发展核心层及外围层产业；依托核心文化重点打造的高科技农产品博览园、DIY 农产品深加工，以及可以住宿的民居博物馆等一系列乡村旅游民俗文化、农耕体验文化和自然生态体验文化等产品，形成具有地域特色的乡村旅游品牌。在文化渗透下，乡村旅游产业开始由单一产业向产业融合转化升级，带动相关产业的发展。乡村旅游的功能也由原来传统的单一采摘、休闲模式开始向休闲娱乐、度假、体验、感悟异域文化的模式转变。因此，乡村文化介入乡村旅游产业，不仅丰富了乡村旅游的种类，提升了乡村旅游目的地的吸引力，还增加了乡村旅游的内涵，提升了乡村旅游的品位；乡村旅游者在休闲、度假或观光消费中，还能够获得更多的知识及文化熏陶，丰富乡村旅游者的体验，满足乡村旅游者的需求。

另一方面，乡村旅游业的发展也对乡村文化的保护、传承、发展起到了重要的助推作用，促进了文化的活化和再生产。蕴含在农村各地独特的文化风情，需要人们利用辅助载体将其物化、场景化，才能被游客体验到、感悟到。旅游作为文化的载体，乡村旅游的发展为不同类型的文化传播与发展提供了平台，为文化资源的开发和利用提供了创意元素和载体。尤其是在文旅融合时代，乡村旅游正是通过旅游资源的开发、旅游产品的设计生产、旅游与文化创意的融合、旅游与科技创新的融合、宜游宜居的文化共享等路径作用于乡村文化向心力、文化生产力、文化创造力、文化创新力、文化保障力等文化软实力核心要素的增长，为乡村文化软实力的形成提供有力的产业支撑和坚实的生成基础。

文化资本视角下的乡村旅游发展是促进旅游者和乡村居民对于乡村文化的延续和传承意识普遍增强的最直接有效的途径之一。通过开展特色乡村旅游活动，不仅使部分濒

---

[1] 薛廷锦. 基于共生理论的布依族乡村文化旅游规划策略研究[D]. 荆州：长江大学，2020.
[2] 吴杰. 以"文化+旅游"推进我国乡村旅游创新发展的思考[J]. 农业经济，2019（03）：35-36.

临没落或已经没落的乡村重新焕发生机与活力，促进区域内旧有文脉及社会氛围的保护与传承，而且使得一些濒临失传或消失的乡村工艺技术及艺术形式得以传承发展，促进原本属于不同群体的多元文化相互交流与融合，为乡村文化空间及文化环境的营造提供了开放宽松的文化氛围及和谐良好的文化关系。与此同时，乡村旅游还广泛地渗透和扩展到乡村文化会展、文化节庆、文化演出、影视作品、文学作品、历史文化遗址、博物馆等传统文化产业之中，极大地推动了各种传统文化产业发展的转型升级。充分发挥其在乡村文化经济、文化创新等方面独特而强大的关联作用、渗透作用和引领作用。

人是旅游业发展中最重要的资源。对于乡村旅游目的地而言，旅游工作者和原住民的"文化能力"都会对旅游吸引力产生影响。文化资本理论认为人的文化能力的提升是"惯习"的作用。惯习是内在生成的结构，寄寓着个人接受教育的社会化过程，浓缩着个体的社会地位、生存状况，集体的历史、文化传统，下意识地形成人的社会实践。惯习受到文化场域的影响，文化场域从外部规定和结构行为，促进惯习的内部生成。因此，乡村旅游目的地的发展，可以从以下三个方面打造良好的社会文化场域，优化旅游工作者和原住民的惯习，促进文化资本的再生产。其一，营造旅游服务群体良好的文化场域。通过法律规章、道德约束、培训教育等多途径，在直面游客的旅游服务群体中建设诚信经营、热情待客、修炼技能、精诚合作的良好经营服务文化场域，优化旅游服务者的惯习，提升服务的意识和水平。其二，营造原住民良好的文化场域。从公共空间文化的优化、文化活动与再教育工作的普及等角度培养社会公德意识，宣传区域精神特质，弘扬社会正能量，促进文化认同感，使得原住民通过惯习的养成，增强区域文化凝聚力和自豪感。既使得游客可以感知到乡村旅游目的地热情好客的民风，又可以氤氲于良好的区域文化氛围之中。其三，营造特殊文化传承的良好场域。非物质文化遗产、民俗文化遗产、现当代工艺等既是目的地文化资本的重要构成，又是乡村旅游的重要资源。对于此类特殊文化类型，可采用建设研习所、建立文旅产业转化机制、实施游客流量引导等方式营造重视、珍惜、保护、传承、欣赏、利用的良好文化场域，增强特殊文化掌握群体的自豪感、尊严感，提升其社会文化地位和经济回报，激发创造热情，从而优化惯习、提升文化能力，进而促进乡村旅游目的地文化资本的再生产和旅游吸引力的不断提升。

第二章　身体形态文化资本视角下乡村旅游活态产品创新

乡村身体形态文化资本是指乡村原住民和经营者身体与精神上的持续性情，是个体或群体的文化能力体现。本章以"农耕与民俗类文化"为核心，分析乡村文化的身体形态文化资本属性。探索乡村文化促进乡村旅游主要活态产品：农事体验类；民俗表演类；以餐饮和民宿为代表的旅游服务类产品创新的机制和策略。

一、乡村文化促进乡村旅游活态产品创新发展机制分析

（一）身体形态文化资本视角下乡村文化属性分析

1. 内化性

乡村文化的形成，是乡村得以维系发展的基础，也是乡村居民赖以生存的前提，比如乡村居民所具备的生产技能，如农耕、养殖等都属于身体形态文化资本的组成部分。这些能力在人类社会发展的过程中，通过实践经验的积累和生产条件的不断提高，逐渐以一种或多种技能的形式内化于乡村居民的意识中，成为其生存和发展的必要条件[①]。这些技能是乡村居民产生经济与社会价值的依托，在文化资本视角下更是乡村居民所具有的重要身体形态文化资本。而乡村文化，无论是优秀传统文化还是乡村现代文明又多以这些内化的技能为内核，并在此基础上不断衍生发展。依托生产过程、生活过程以及与自然的相处过程，乡村居民受环境影响，逐渐形成了形式各异的生产、生活习俗等，也成为乡村文化的重要体现。

---

① 夏小华，雷志佳.乡村文化振兴：现实困境与实践超越［J］.中州学刊，2021（02）：73-79.

2. 惯习性

乡村传统文化的形成过程，是伴随着人类社会发展和生产力水平不断提高的过程，也体现出乡村居民生产技能的内化过程。而这种生产技能的内化过程，又源自乡村居民千百年来不断重复的生产过程。从满足自身生存需求到不断提高的生产技术，生产过程不断优化的内在因素在于乡村居民日复一日的劳动实践，而在不断重复化、习惯化的生产过程中，量变引起质变，最终锤炼出各种类型的乡村文化。

实践是人改造物质世界的活动，是人的存在方式。从人类生存的前提来看，人类的第一个历史活动，就是"生产物质生活本身"，正是这种实践活动不断地创造着人类生存和发展的根本条件。实践因此成为人的生命之根和立命之本。从人的本质来看，人的本质在其现实性上是一切社会关系的总和，而现实的社会关系是在人的实践活动中生成的。"以一定的方式进行生产活动的一定的个人，发生一定的社会关系和政治关系"[①]，正如马克思所言，正是在改造自然的实践过程中，人们之间结成一定的社会关系，而这种社会关系反过来又制约和规定着人的本质。正是在长期的乡村物质生活实践中，乡村文化才逐渐以"惯习"的形式加以发展、积累，并反作用于物质生活实践本身。从这一角度而言，身体形态文化资本正是"人的本质力量"的体现。

3. 基础性

文化的主体是人，人类是生产文化、承载文化的主体，因此人类是文化生成的基础条件。在乡村，文化的形成主体是多元的，但其中最重要的是乡村的居民。无论是文化的物质外延还是精神内核，缺少了乡村居民这一主体，文化便失去了灵魂。在乡村旅游开发过程中，一些地区将原住民彻底迁移出乡村，再试图通过改善乡村环境、挖掘乡村传统文化打造和设计旅游产品，往往适得其反，只会导致原生文化的消弭。身体形态文化往往也是其他文化资本产生、发展、流变的基础，是乡村旅游发展过程中诸多文化资本合理利用、再生产的基础。因此，在乡村旅游开发的过程中要充分尊重和善于使用乡村原住民的身体形态文化资本，发挥民众的力量。

4. 积淀性

文化是需要时间沉淀的，乡村优秀文化更是如此。人类社会的发展过程，也是各种文化诞生和发展的过程。伴随着文明的进步和人类生活水平的不断提高，人类的生存与发展理念也在朝着积极、科学、可持续的方向不断前进，而在这个过程中，也是文化去粗取精、去伪存真、由表及里的过程。因此优秀的文化，必然是经过时间积淀的，有正确的价值观取向的，能体现出人与自然、人与社会、人与自身和谐发展的文化。对于乡村文化的开发，也要有充分的辨别能力，弘扬优秀文化，摒弃落后文化，是乡村文化资本发展的题中之义。

---

① 马克思，恩格斯. 马克思恩格斯选集第一卷：德意志意识形态 [M]. 北京：人民出版社，1995.

5. 发展性

由于文化本身具备惯习性和沉淀性，同时人类社会仍旧处于不断发展的过程中，因此文化也具有长久的生命力。尤其在当下乡村传统文化的发展中，随着信息技术的不断发展，城市与乡村的联系不断加深，乡村传统文化也迎来了新的发展阶段。而文化的这种发展特征，也将继续伴随着人类社会的发展，在不同的历史时期产生不同的特点和内容。对于身体形态文化资本而言，也是如此，随着时代的发展，乡村原住民的文化能力的类型和丰富程度也在不断演变，呈现出越来越复杂、多元的特征。

（二）身体形态文化资本视角下乡村旅游活态产品主要类型及特点

1. 农事体验型

从乡村农耕文明的生产型身体形态文化资本角度出发，可挖掘农业实践劳动的文化内涵，并开发出系列旅游体验产品。一般而言，这类身体形态文化资本的开发与农事体验型旅游产品、田园农场类乡村旅游产品、田园综合体型乡村旅游产品的打造关系最为密切。

农事体验型旅游产品通过挖掘乡村居民的生产技能和生产过程，将其中适合不同大众群体的体验性内容设计成为旅游产品，让游客能够通过亲身实践体验、了解乡村文化。农事体验型乡村旅游产品类型丰富，如科普参观类产品以植物观赏园、生态动物园、农具展览园等场所重要农业文化遗产展、创新科技与创意农业文化展、书画艺术展示厅等多种展示主题为基础，设计相关的旅游体验活动一并呈现给旅游者；耕作体验类产品是以农作物、花草树木等植物的种植、培育、采摘等活动为基础设计的旅游体验活动，可以使受众体验劳动和收获的乐趣；手工制作体验类产品以花艺、陶艺、茶艺为代表的乡村工艺类文化为基础，以实践操作等形式让大众参与体验，操作性强，很有趣味性，体验者还可以亲手设计相关的作品带回家，体验劳动的乐趣；科技实验类产品以农业科技基地为场所，以农业专业技术人员的专业理论及实践操作能力为前提，可以为参加旅游活动的群体（多以中小学生参与体验的研学旅行产品为主）设计农业科技小实验，带领进行实验操作，指导编写科技论文，培养科技意识和综合素质等[1]。

田园农场类乡村旅游是综合体验性的农事体验型旅游产品，依托与农业密切相关的农田景观、劳动生产活动和特色农产品等乡村旅游资源，以传统的农家庭院为活动场所，进行农产品采摘、农产品饮食、农产品耕作体验、田园风光欣赏、田园农家住宿、乡村传统娱乐等活动的乡村旅游模式。田园农业旅游模式主要存在于经济发达、农业生产条件较好、农业科技发达的区域，旅游活动主题主要是具有地域特色的农业、林业、渔业、牧业等。该旅游模式突出了农村地区的农家生活，能够让游客体验农家生活的乐

---

[1] 唐存莲，王德芳，汤久杨.试论都市型农业科普旅游的开发：以北京农业职业学院农事教育体验基地为例[J]. 北京农业职业学院学报.2014，28（06）：9-12.

趣，具有明显的区域特性，而且区域特性越强，特点越鲜明，往往越具有吸引力。此外，农产品采摘、农产品饮食、农产品耕作体验等活动由于需要游客参与其中，因此还具有突出的体验性与参与性。田园农场相当于为游客提供一个半封闭式的乡村休闲度假体验空间，既注重与乡村自然、社会环境的有机结合，同时更注重游客体验类活动的实施及提供高品质的产品与服务。

田园综合体则是田园农场的升级。田园综合体是在城乡一体化格局下，顺应农村供给侧结构性改革、新型产业发展，结合农村产权制度改革，实现中国乡村现代化、新型城镇化、社会经济全面发展的一种可持续模式。它的出发点是主张以一种可以让企业参与、带有商业模式的顶层设计、城市元素与乡村结合、多方共建的开发方式，创新城乡发展，形成产业变革、带来社会发展，重塑中国乡村的美丽田园、美丽小镇[①]。具体做法中，企业承接农业，可以避免实力弱小的农户的短期导向行为，做中长期产业规划，以农业产业园区发展的方法提升农业产业，尤其是发展现代农业，以形成当地社会的基础性产业。同时规划打造新兴驱动性产业——综合文旅产业，以进一步促进社会经济的发展。在基础产业和新兴驱动性产业兴起后，当地的社会经济活动会发生较大的改变，该地区就可以开展人居环境建设，为原住民、新住民、游客这三类人群营造新型乡村、小镇，形成社区群落，最终形成的是一个新的社区群落，构成新的生活、生产空间[②]。因此，田园综合体更近似于一种全新的乡村社区模式，它既表现出现代社会发展中乡村生产生活新的文化特征，同时也有机融入了旅游产业，是在乡村旅游发展基础上形成的新型城镇化发展的新方向，也是农事体验型旅游产品的衍生版和升级版。

2. 民俗表演型

自2004年我国批准加入《保护非物质文化遗产公约》，我国学者对民俗、民俗文化、民俗表演的研究愈加前沿化和国际化。在中国民俗学家看来，民俗是一种特殊的存在。"民"指的是"民族""古人""农民""全民"以及整个社会群体，明确了承载民俗文化的主体。"俗"一般是以口头、物质、风俗或行为等非正式和非官方的形式创造和传播的文化现象，是一种约定俗成的文化，是人们在日常生活中自觉和无意地遵循和维护的一种行为规范、道德伦理、认知方式和思维模式[③]。广义的民俗指城乡的民间生活，包括不同民族的民间生活，与日常生活相关的习俗，都属于民俗的范畴。狭义的民俗又称民间文化，是指一个民族或一个社会群体在长期的生产实践和社会生活中逐渐形成并世代相传的、较为稳定的文化事项，可以简单概括为民间流行的风尚、习俗等[④]。

民俗表演，亦称民俗文化表演或民俗文化表演艺术，是特定区域内长时期的历史发

---

① 丁元.乡村振兴战略下构建田园综合体模式的探索与思考[J].农业经济.2019（11）：24-25.
② 张诚.解读新田园主义[J].中国房地产，2017（26）：18-20.
③ 黄德锋.云南古代的桥梁文化[J].寻根，2014（05）：14-21.
④ 张夏.档案部门参与乡村民俗文化旅游发展的思考[J].档案天地，2017（01）：24-28.

展过程中约定俗成的社会意识形态，以民间表演的形式被地区居民普遍接受并向大众展示，存在于衣食住行、风俗节日、生产生活的方方面面。民俗文化表演根源于民俗，是现实生活中民俗文化的一种展现方式，也是非物质文化遗产中一个十分重要的部分，具有非物质性、活态传承性、民族独特性和社会多元性的特点。民俗文化表演可以称之为"动态博物馆"，民众在不同的节日自发地进行庆祝、膜拜以及祭祀等表演活动，并世代传承延续。对于表演群众来说，传达的是对生活的热爱和祈祷以及情感；从观者角度来看，呈现出的艺术元素有服装服饰、生活用具、节日用品、乐器、歌曲、语言、舞蹈、民族情感、表演意义等物质与精神共存的文化体验，比静态的民俗展示更具有吸引力，传递的文化信息更多、更丰富[1]。

民俗表演的内涵是民俗文化，而乡村民俗文化在本质上就是蕴含在乡村原住民群体之中的身体形态文化资本，是生产、生活中的惯习，以特殊的方式调试人与人之间、人与自然之间的关系，是人本质力量的一种呈现方式。而将民俗文化以表演的形式展现，转化为供人们消遣娱乐或教育学习的一种表演活动，则是展示民俗文化的一种重要方式。在文旅融合的背景下，现代民俗表演往往在旅游开发的过程中多具有商业性和娱乐性。故而，我国民俗表演在其存在方式上可以进行具体细分（见表2-1）。

表2-1 民俗表演类产品类型

民俗表演形式	经济活动类	以传统的经济生产活动为基础产生的各类生活习俗
	社会文化类	体现家庭、宗族、乡村社会体系相关的各类文化活动
	宗教文化类	以佛教、道教等宗教与本土乡村文化融合后出现的各类文化活动
	娱乐活动类	以娱乐为目的的各类具有乡村特色的文化娱乐活动

3.食宿服务型

食宿服务型旅游产品是乡村旅游发展过程中最具有代表性的旅游产品类型，它以城市居民作为市场客群，通过差异性地挖掘乡村生产生活区别于城市生活的现象与本质，提供乡村特色餐饮及住宿产品，并辅以优越的自然环境基础及较高的服务与管理水平，让游客既能体验到乡村生活的乐趣，又同时保障旅游产品的质量。而食宿服务型旅游产品从产品的供给角度而言，凝聚了乡村居民的情感与智慧，承载了乡村本身的故事与习俗，最终通过产品的呈现、服务的表现，体现了乡村居民的内在文化能力，是身体型文化资本的另一种表现形式。

食宿服务型乡村旅游产品类型丰富，最常见的基础类型是农家乐。农家乐是一种回归自然从而获得身心放松、愉悦精神的休闲旅游方式[2]。一般来说，农家乐的业主利用

---

[1] 贺珊珊，江波，黄建福.论民俗表演元素融入现代会展设计的形式及意义[J].企业科技与发展，2012（12）：178-179.

[2] 冉燕.从人文主义角度解析农家乐生态旅游的可持续发展[J].农业经济，2018（03）：27-29.

当地的农产品进行加工,满足客人的需要,成本较低,因此消费水平有限。农家乐周围一般都是美丽的自然或田园风光,空气清新,环境放松,可以舒缓现代人的精神压力,受到很多城市人群的喜爱[①]。同时,农家乐多注重为游客提供原汁原味的餐饮产品,并注重对于特色乡村餐饮产品的打造。

民宿也是乡村极具特色的食宿服务型产品。民宿是指利用自用住宅空闲房间,结合当地人文景观、自然景观、生态资源及农林渔牧生产活动,为外出郊游或远行的旅客提供个性化住宿场所。除了一般常见的饭店以及旅社之外,其他可以提供旅客住宿的地方,例如民宅、休闲中心、农庄、农舍、牧场等,都可以归纳成广义的民宿类[②]。民宿通常由乡村居民自主建设经营,在提供一般性的食宿产品之外,乡村文化传递、积极主动的主客交流是这类产品发展中的亮点。

与这两类产品相似的还有娱乐体验类产品,普遍指在一般食宿服务设施的基础上提供的在一定程度上满足游客娱乐活动需求的体验类项目,如户外拓展项目、运动类项目、儿童乐园、公园等。这类产品更注重对乡村自然环境的利用,策划相应的娱乐活动,丰富游客在乡村旅游中的体验。而成功的乡村娱乐体验类产品的开发,往往会与原住民的身体形态文化资本紧密结合起来,以体现地域性、特色性。

(三)乡村旅游活态产品创新发展活化机制分析

目前乡村旅游产品的开发中,多从旅游学研究的角度出发,找寻乡村环境中可开发的旅游资源,如自然景观、人文特色、名胜古迹等。以此为基础的产品开发虽然较好地分析了不同类型旅游资源的吸引力和开发潜力,但忽视了在乡村环境中人的作用。文化的传承和发扬离不开人,而在乡村,世代生活在此的乡村居民正是乡村文化的承载者和传递者。因此,乡村旅游产品开发也可以从乡村文化的主体——"人"出发。而在产品开发的过程中,应当充分挖掘人的身体形态文化资本,使隐含于人内在的"素养"得以"活化",以旅游产品、旅游服务等形式为乡村旅游业发展所用。而乡村旅游产品开发的过程,让凝结、固化在个体和集体身上的文化能力,成为服务于旅游者,可以为旅游者感知到的旅游产品和服务[③]。具体而言,在以下几个方面显得尤其重要。

1. 文化挖掘

旅游地政府、企业以及管理者,必须深入挖掘旅游地的历史文化,保护和传承旅游地蕴含的优秀文化,将这些文化精髓合理地融入旅游地的景观及文化活动中[④]。而在文

---

① 陈瑾.川东北经济区"旅游+农业"融合经济效应调查分析[J].农村经济与科技,2020,31(18):192-193.
② 杜昊.基于大众旅游视阈下的民宿设计分析[J].居舍,2019(22):93.
③ 徐福英,刘涛.产业融合视域下乡村旅游产品创新路径:价值链的解构与重构[J].社会科学家,2018(4):106.
④ 杨凌鹏.旅游地旅游文化内涵挖掘与提升初探[J].旅游纵览(下半月),2020(08):95-96.

化挖掘的过程中，除了关注传统旅游学视角下旅游资源的吸引力外，还应当注重挖掘乡村居民本身的文化能力，例如农耕技能、风俗技艺等的挖掘。这些文化能力潜藏在乡村居民日常的生产生活中，需要通过普遍的田野调研和文献分析进行汇总整合。而当某一地区大量出现某种同一性的文化能力，则可以视作集体文化能力的表现，如乡村传统民俗等。在旅游产品开发过程中，可以将这些文化能力作为核心旅游吸引物，贯穿整个旅游产品的开发过程。

2. 项目开发

找到合适的文化能力（文化元素）后，就进入了旅游产品的实际开发阶段。在此阶段首先可以通过分析文化元素的表现形式，找到适合开发的乡村旅游产品类型。而同一种文化元素在开发过程中，可以融合多种乡村旅游产品类型，设计开发成为乡村旅游系列产品。系列产品不仅可以使游客获得丰富的旅游体验，同时也可以加深对文化元素的感知和理解，从而使乡村旅游文化深入人心。例如农耕文化技能在产品开发的过程中，既适合开发成为农事体验型的产品，让游客亲身体验农耕活动，又可以开发成为民俗表演型的文化产品，通过艺术表现力加深文化的社会意义和价值，还可以开发成为食宿服务型产品，通过游客自身的劳作，让劳动成果最终成为餐桌上的佳肴。而这些产品在开发过程中又具有一定的内在联系，最终可以使游客在旅游活动中深入理解农耕文化的意义。

3. 服务跟进

乡村旅游产品开发的过程中，除了注重对文化元素的挖掘和对产品类型的把握外，还需要完善旅游服务。服务是旅游产品的附加值，贯穿于整体旅游产品之中。乡村旅游产品中的服务除了传统意义上的旅游服务项目与流程外，还体现在乡村居民在服务过程中展现的文化能力。例如"好客"作为一种朴实的品质，体现的不仅仅是表面上对待游客的热情，而更多应当是一种文化现象，一种人文品质，从深层次角度来说，它更体现着乡村居民集体的文化素养。因此在乡村旅游产品开发的过程中，除了注重标准化的旅游服务外，还应当针对提供服务的乡村居民本身进行一定的当地特色文化教育，让他们了解如何适当地展现自身内在的文化能力，从而成为一种无法替代的个性化服务，融入旅游产品本身，成为乡村旅游产品的亮点。

4. 体验优化

在乡村旅游产品开发过程中，除了注重完善旅游产品的相关服务，还应注重对旅游者旅游体验的优化。目前乡村旅游产品多呈现同质性、单一性、文化内涵不足的现象。究其原因，主要还是对乡村文化的挖掘不足。而在现代旅游产业发展的背景下，游客个性化的旅游需求逐渐凸显。区别于传统的观光旅游，乡村旅游往往更体现出休闲旅游、度假旅游业态的特点，游客更注重开展旅游活动时，能够接触到更多能亲身参与的乡土性旅游项目，以获取多样化的旅游体验，满足其个性化的旅游需求。这也要求在旅游产品开发的过程中，挖掘文化元素时要重点设计开发与之相关的参与性的乡土气息浓郁的旅游项目，充分调动游客的身体感官，使游客能通过亲身体验感受文化、领悟文化，而非有距离地接触文化[①]。例如常见的乡村旅游产品中，常设计建造村史馆供游客参观，但展柜里的陈设、墙上的资料图片等虽然让游客也接触到了当地文化，但这种接触缺乏亲身的参与感，体验性不足。在村史馆中通过虚拟现实技术还原真实场景，在农家乐中通过让游客亲自制作当地美食，既让游客接触了当地文化，又具有了独特的旅游体验，在这一过程中，身体形态文化资本往往由于其与乡村原住民之间关系的密切性，更具有开发的价值和呈现方式的多元可能。

二、身体形态文化资本视角下乡村农事体验型旅游产品创新发展分析

（一）身体形态文化资本视角下农事文化的旅游开发特征

1. 季节性

农事文化首先具有鲜明的季节性特征，"春生、夏长、秋收、冬藏"，不同季节体现出的农事活动及其衍生的文化现象均各有特色。例如二十四节气，源自农耕文明，是传统农事活动的重要依据，也是宝贵的农耕文化之精髓，是中华民族认识、把握、运用自然规律于生产和生活的智慧结晶，千百年来一直影响着我们的生活，并发展为具有深刻内涵的节气文化[②]，可以为旅游产品开发提供思路。因此，在乡村旅游产品的开发中，应当注重乡村农事文化中的季节性元素，因时制宜，选取当季适合的农事活动，设计开发不同类型的旅游产品，例如特色菜肴制作、当季的农事体验活动等方面。

2. 地域性

除了鲜明的季节性特征外，农事体验型旅游产品开发中，还应注重地域性特征。地域性特征涵盖了地域的经纬度、气候、地形地势等自然地理特征，各地的农事活动往往因为地域不同而具备不同的特色。如我国北方与南方，一般以秦岭—淮河一线为界，其农耕文化具有较为显著的差异，是一种明显的地域性特征。而同样在南方地区，以东南地区为代表的丘陵地带和以华东地区为代表的平原地带又因为自然地理环境的差异体现出较为明显的地域性差异，并最终体现在农事活动及其相关的文化现象中。因此，在乡村旅游产品的开发中，应当因地制宜，从乡村所处的自然地理环境入手，根据乡村的地域特色、气候特色，找到具有独特吸引力的农事文化元素，融入旅游产品的开发中，例如深入挖掘不同地域特征下独特的农事活动、独有的农产品等，以此为核心吸引物进行旅游产品开发。

---

① 白露.体验视角下的乡村旅游产品开发研究[J].农业经济，2021（03）：48—50.
② 赵梅.非物质农业文化遗产：农耕文明的传承与坚守[J].农村·农业·农民（A版），2012（05）：51—53.

3. 劳动性

不同地区的农事活动除了体现出明显的季节性和地域性差异外，其共同特点在于农事活动体现出的劳动性，即农村居民赖以生存的生产技能。而在农事活动的旅游产品开发中，劳动性可以视为这类产品的内核。农事活动的旅游产品开发不仅是单纯的生产技能再现，更是对乡村文化的发扬，具有一定的教育意义。而劳动性也最明显地体现出农事活动这一文化现象背后的文化资本含义。目前正值国家大力推广践行劳动教育的重要时期，劳动教育使学生树立正确的劳动观点和劳动态度，热爱劳动和劳动人民，养成劳动习惯，是人德智体美劳全面发展的主要内容之一①。因此，在乡村旅游产品开发中应当注重对劳动教育的融入，尤其在乡村研学旅行产品的设计中，劳动教育将成为亮点和乡村旅游发展的增长点。

比如黄龙岘茶文化村的农事体验型产品的开发就颇具特色。黄龙岘位于南京西南部，隶属于南京市江宁区江宁街道牌坊社区。辖区内现有耕地面积2100亩②，山林约5000多亩。黄龙岘属丘陵山地，海拔高度200米左右，一年四季分明，常年气候温和，冬无严寒，夏无酷暑，年平均气温20℃，无霜期较长，全年无霜期300天左右，雨水充沛，土壤肥沃呈酸性，非常适宜茶叶生长和发育。黄龙岘茶文化旅游村交通便利，区位优越，距南京市区约40千米，距邻省马鞍山市只有12千米。黄龙岘以"茶文化"为主题进行乡村旅游开发，已经取得了一定的成绩，而在其发展过程中，对于身体形态文化资本的深度挖掘及乡村旅游活态产品的创新发展，成为其发展取得成功的关键之处。

黄龙岘以"茶"作为其发展乡村旅游的文化主题，并不是偶然为之，而是经过深度调研和对文化元素的深度挖掘。黄龙岘茶的历史，可以从春秋战国时期形成的黄龙岘商贾驿道说起。相传当时的皖南、浙北往金陵（今南京地区）走亲的商贩因抄近道经过此地，在黄龙岘村几户人家歇脚充饥，主人首先给客人烧茶煮饭，茶余饭后，客人上路赶往金陵。一路上客人们纷纷觉得这茶不但解渴去乏，还能消暑解热。日落西山，从金陵折返于此，商贩们便带上一些黄龙岘茶回到皖南故里。至此，黄龙岘茶在皖南、浙北一带声名鹊起。这真是"墙内开花墙外香"。于是"江南第一针"的黄龙岘茶就广为流传。而现在的黄龙岘茶场拥有独特的小气候环境，山清水秀，远离城镇工业污染源；红砂土质利水透气，且富含对人体有利的微量元素。茶园种植茶叶的自然生态环境可以说是得天独厚。同时生产的绿色化和高科技化，使得黄龙岘龙针茶的纯正口感和优良品质得以保持下来。这都使得在发展乡村旅游的初期，茶文化顺理成章地成为黄龙岘的文化主题。在具体的旅游产品开发过程中，黄龙岘善于将种茶、制茶、品茶的生产、生活实践与关于茶的民俗活动如新茶开采节等以身体形态文化资本的形式加以活化，将原住民关于茶的文化能力开发成形式多样的围绕茶文化的乡村旅游产品，成为远近闻名的茶文化

---

① 唐妹. 小学道德与法治课程中劳动教育的实施路径探析［J］. 新课程研究，2020（30）：101-102.

② 1亩≈666.7平方米。

第一村。

（二）身体形态文化资本视角下乡村农事体验型旅游产品创新发展策略

1. 自然生态类旅游产品创新发展策略

乡村自然生态旅游主要利用乡村原有的自然景色作为特色卖点，围绕自然生态的主题开展旅游特色项目。需要指出的是，乡村作为人类的集聚点，所谓的自然，也是典型的"人化自然"。人化自然是马克思论述人与自然的关系时首先使用的术语，表示一种过程，即客观的自然界不断进入人的活动的过程，客观世界对象化的过程，或者说，由于人的对象活动使越来越多的天然生态系统变为人工生态系统的过程。人化自然是人类活动改变了的自然界，即人工自然。自然的人化，或人化自然，是人类活动形成的自然界，人类创造的自然界，随着人类社会的发展，人类的本质力量越来越表现出自然界的对象化，自然界在越来越广泛的意义上成为人化自然，成为人工生态系统[①]。乡村的自然生态环境并不是完全意义上的纯粹自然，而是乡村原住民等改造后的人化自然，也是身体形态文化资本作用于乡村自然环境后的产物。因此，乡村自然生态类旅游产品的开发策略也需要结合身体形态文化资本视角加以设计。

第一，将农事活动体验有机融入自然景观。乡村自然景观主要体现在乡村的自然山水上，自然山水构成了乡村自然景观的框架和大致类型。而从审美对象的角度上分析，乡村自然景观不再仅仅局限于乡村单独的某一个自然物体或自然现象，而是涵盖或者包容了众多自然物体或自然现象。比如，一处农业景观既可以包括不同的农作物，也可以包括农田里正在劳作的农民、耕牛，还可以包括田边的野花、树木，甚至可以包括不远处冒着袅袅炊烟的农舍。如果把远处的高山、山脚下的湖水、近处的松树与岩石、头顶的蓝天与白云总括在一个视觉画面内，就会形成一处优美的乡村自然景观。因此，在自然生态类旅游产品中，可以将农事活动等有机融入，使得旅游者在观赏自然景观的同时，获取更好的旅游体验[②]。同时要注重因地制宜，融入适合的农事活动。比如在水域开阔或者渔业发达地区可以开展渔场垂钓；在畜牧业发达地区可以开展喂养、骑马、狩猎活动；在农耕发达地区可以开展农耕体验活动。

第二，融入现代科技，加深游客的体验感。现代科技的飞速发展，使得城市人群逐渐远离了乡村生活。而城市生活中产生的压抑感又使得人们对于乡村生活心向往之。在这类需求中，尤以自然生态类旅游产品更受追捧。在原生态自然环境中体验农事活动的过程是短暂的，旅游者无法形成持续的体验或情感寄托的延续。而在产品设计过程中，

---

① 李萍，王伟.生态价值：基于马克思劳动价值论的一个引申分析[J].学术月刊，2012，44（04）：90-95.
② 李巧玲.基于自然景观背景的乡村旅游发展模式、问题及对策探析[J].中国农业资源与区划，2016，37（9）：176.

巧妙融入现代科技元素，可以在此过程中加深旅游者的体验感[①]。例如很多田园农场开发的模拟寄养项目，让游客在先期实地体验时播下种子，而在作物生长的过程中通过远程观测与虚拟互动模拟，了解作物的整体生长过程，既使得游客加深了对农事文化的感知与体验，更加深了对乡村生活与农事活动的情感维系，达到了较好的效果。而现代科技的利用空间巨大，与农事体验活动的融入空间仍有待进一步开发，在这个过程中把握好加深旅游者农事活动的体验，是产品创新的核心要素。

2. 劳动教育类旅游产品创新发展策略

第一，基于不同教育背景下的旅游者开发旅游产品。劳动教育类产品主要面向受教育的人群，如研学旅行相应的市场群体。而研学旅行市场特殊、目的明确，要求以劳动教育为主题的研学旅行产品开发充分照顾到研学旅行的教育意义和地域特色[②]。以当地特有的农事文化现象为主要吸引物，设计不同层次的旅游产品，满足不同教育背景下旅游者的旅游需求是劳动教育类旅游产品开发的主要思路。

第二，注重劳动中的主客沟通，开发劳动体验价值。在劳动教育的过程中，应该重视内部体验氛围的营造，加强游客和村民之间的情感、尊重和成就方面的体验，尽量为游客提供真实、和谐的体验活动，充分感受乡村浓郁、愉快、自由的氛围。

第三，提升劳动体验中的感官刺激。游客对旅游活动的感受是整个旅游的印象、经历和记忆，是一种综合、系统的感受。因此，劳动教育不仅通过单一的某个刻意安排的活动来使游客获得对于农事活动的体验，还要重视对游客的感官刺激，以感官的刺激更好地激发心理感知，触发情感认同。劳动教育活动过程中的感官刺激见表2-2。

表2-2 劳动教育活动过程中的感官刺激

项目	举例
触觉刺激	对农具的熟练使用、和作物的亲密接触等
嗅觉刺激	泥土的气息、果实的浓郁、鲜花的清香、空气的新鲜感等
听觉刺激	家禽的鸣叫、牛羊的声音、田野里的蛙声、知了的叫声、布谷鸟的叫声等
视觉刺激	亲近绚丽多彩的自然，如蓝天、绿地、各色花朵等
味觉刺激	自制菜肴、瓜果蔬菜采摘等

3. 康体养生类旅游产品创新发展策略

第一，在乡村旅游产品中适当融入户外运动元素。生命在于运动，适宜地运动健身是一种科学的养生休闲方式。乡村康体养生旅游可以适当融入户外运动项目，如高山疗

---

① 张佩慧. 基于游客体验的乡村旅游产品开发[D]. 舟山：浙江海洋大学，2019.
② 刘琛. 基于研学旅行背景下的乡村旅游规划设计研究[D]. 长沙：湖南农业大学，2019.

养、高山徒步、山地自行车、登山探险、户外越野等①。可以为商务人士、户外运动爱好者、家庭休闲游客、学校、企业单位等游客提供相应的旅游产品，满足其旅游需求。在具体开发旅游产品的过程中，可以通过设计徒步步道、森林运动项目、拓展运动基地等形式开展。

第二，以饮食作为内容开发康体养生类产品。饮食作为一种强身健体的手段有着悠久的历史，为大众所接受。饮食养生，即"食养"，利用食物来调整机体各方面的功能，通过乡村养生结合美食，可以融合开发乡村养生型旅游产品。乡村以盛产营养丰富、养生价值高的绿色食品著称，可以此充分发挥食疗食补的养生作用。而在乡村开设养生餐厅、绿色食品商店等设施可满足女性、中老年人群、美食爱好者以及家庭休闲游客等群体的旅游需求。在发展生态有机食品的同时，可做好优势特色农产品深加工，打响品牌，向消费者提供无污染、口味好、食品安全、附加值高的有机产品。也可以根据不同时节，推出不同时令节气的菜品。还可以通过建设一批绿色食品商店，满足游客购买当地特色旅游商品的需求。

第三，针对老年群体打造乡村养老休闲产品。乡村有着良好的气候及生态环境，发展康复疗养、旅居养老等业态，打造融居住、养老为一体的养生度假基地，为亚健康人群、老年人提供休闲度假、康复疗养等服务，加以原生态食物和新鲜空气，让游客在绿色恬静的环境中达到修身养性的目的，以最大限度地满足亚健康人群、老年人、避暑避寒人群的需求②。还可专门为游客们设置养生居住社区、疗养度假区、老年公寓等。这类产品设计仍需注意提升环境美感，加强商业、文化、娱乐、体育、餐饮等旅游基础服务建设，不断完善旅居综合体等旅游服务功能，如配置完善的医疗系统服务和养生系统服务，为入住人员提供24小时安全防护，以保证最大的安全等。

比如，南京黄龙岘在确定茶文化的旅游主题后，就开发了系列具有文化内涵的康养性乡村旅游产品。茶作为一种商品和土特产品，在一般人眼中，它的旅游价值即茶叶本身。而对茶文化的深度挖掘，就要从与茶相关的人入手，即黄龙岘本地乡村居民健康的生活习俗、与茶相关的礼仪、与茶相关的技艺，都成为可开发康养产品的文化元素。通过对茶文化元素的深入挖掘，黄龙岘着手打造了以品茶休憩、茶道、茶艺、茶俗、茶浴体验、茶宴调理、特色茶制品购买为一体的系统化的康养类旅游产品及服务，通过系列茶休闲产品的开发让乡村旅游成为康养文化的胜地。

---

① 方汪凡，王家宏.体育旅游助力乡村振兴战略的价值及实现路径［J］.体育文化导刊，2019（04）：12-17.
② 桃琳.云南省普洱市思茅区养生旅游开发研究［D］.昆明：云南大学，2019.

三、身体形态文化资本视角下乡村民风民俗型旅游产品创新发展分析

(一)身体形态文化资本视角下民风民俗文化的旅游开发特征

1. 仪式性

民风民俗是特定社会文化区域内历代人们共同遵守的行为模式,而人是民风民俗传承和发展的主体,因此民风民俗是乡村重要的身体形态文化资本之一。在乡村孕育和发展民风民俗的过程中,往往是那些具有特定意义的活动被固定地传承了下来。他们或具有一定的经济意义、文化意义、社会意义,且都与仪式性中仪式的含义紧密相连,即将日常生产生活中的某些行为仪式化以赋予其特殊的意义[①]。因此,在乡村民风民俗型旅游产品开发的过程中,要重点关注那些具有一定意义且被历代传承的乡村生产生活活动,如婚嫁、祭祀、庆典等,因为这类活动不仅是乡村文化的典型代表,同时又因为其具备的特定意义,对游客具有较强的旅游吸引力。这类活动具备的仪式性,使得旅游产品开发的过程中,可以通过深入挖掘活动本身传达的目的性,将这种意义以物质或非物质的形式进行展示和扩充,丰富旅游产品的吸引力和体验性。

2. 艺术性

民风民俗之所以能成为一种在乡村居民生产生活中共同遵守的行为模式,除了具有一定的意义外,最重要的是具有丰富的艺术性。民风民俗的展示形式多种多样,可以通过语言文学艺术,雕塑、绘画等物质材料艺术,音乐、舞蹈、曲艺等表演艺术及其他综合类艺术的形式进行展现。因此在乡村民风民俗型旅游产品开发的过程中,要注重对于乡村民风民俗所蕴含的艺术元素的把握,深入挖掘民风民俗所体现出的艺术魅力,并通过使游客易于接受和感知的包装与策划,最终使游客能够通过各类艺术形式,对乡村民风民俗有更为直观的感受和理解。

3. 舞台性

在注重挖掘乡村民风民俗中艺术元素的同时,还应当注重原真性和舞台性的统一。不同乡村因为经济发展差异和居民文化理念的不同,民风民俗也存在较大差异,而在这些风俗中,既有高雅的,也有庸俗的,既有与主流价值观相符合的,也有与主流价值观相悖的,应当予以摒弃的。因此在乡村民风民俗型旅游产品开发的过程中,要注意把握民风民俗本身的文化品质,对优秀的民风民俗通过适当的舞台性,提升艺术表现力,增加其旅游吸引力和体验度。另外要看到的是,在现有的一些乡村民风民俗型旅游产品开发的过程中,容易出现对民俗活动的生搬硬套,或对民俗活动的过分夸大,脱离了现实

---

① 赵艳.从"乡土中国"到"后乡土中国":民俗文化在乡村振兴战略中的资源价值[J].青海社会科学,2021(02):100-104.

本身，这都是不可取的。乡村民风民俗型旅游产品的开发，既要注重对那些晦涩的、深奥的内容赋予其易理解和共鸣的诠释，同时也要注意实事求是，不要刻意"创造"民风民俗，因为民风民俗的载体是乡村居民本身，没有文化传承和熏陶下的民风民俗，只会让游客感到虚假和没有诚意。要在真实性和舞台性之间找到平衡点，通过舞台性的呈现，提升民风民俗旅游活动的吸引力；通过真实性的保留，传承文化的同时，体现乡村文化的原生特色。

（二）身体形态文化资本视角下乡村民风民俗型旅游产品创新发展策略

1. 产品开发素材挖掘与筛选创新发展策略

第一，素材挖掘方面应从乡村身体形态文化资本本身入手，加强调研工作。目前乡村民风民俗型旅游产品仍体现出较强的相似性，旅游产品开发者缺乏对乡村本真文化元素的挖掘，更多的是选择效仿已成功的案例。除此之外对于涉及乡村风俗活动的理解也较为片面，因此无法找到适合开发的文化素材。对于乡村民风民俗文化素材的挖掘，更多要从乡村本身入手，基于身体形态文化资本的属性，乡村的历史及乡村居民均是文化挖掘较好的突破口。例如乡村的历史方面，以乡村村志、乡村所属的县志为代表的文献资料最具有代表性，因为这类文献资料中详细记录了乡村的发源与发展过程，可以在其中进行素材的挖掘。基于乡村本身的各类研究资料也可作为文献分析的素材。而在乡村居民方面，乡村的常住居民，尤其是年长者及文化程度较高的人群是适合开展田野调研的对象。乡村居民本身是乡村风俗的继承者和发扬者，一些未被记录在文献中的素材，可能仍常存在于乡村居民的生产生活中，而通过广泛的田野调研，可以梳理这些可能转化为旅游资源的文化素材，进行旅游产品的策划与开发。

第二，产品筛选方面应从市场群体入手，增强游客对于乡村风俗的共鸣。乡村风俗类型多样，内容丰富，在乡村民风民俗型旅游产品开发的过程中，对于文化素材的筛选就显得尤为重要。一些旅游产品策划者与乡村居民总会习惯性地认为，筛选的核心要素是乡村风俗的文化性、代表性，而往往忽略了游客的旅游体验。游客对于乡村风俗的体验与感悟，不是一个瞬时产生的过程，而应当是融入整个旅游过程中的。根据乡村旅游市场群体的特点，临近乡村的城市人群是乡村旅游的重要市场客群，这些市场群体在乡村旅游过程中往往容易产生文化认同、文化共鸣的旅游需求。因此，乡村民风民俗型旅游产品在开发的过程中，应当注重乡村本真文化素材的挖掘、原真性与舞台性的统一、艺术性与仪式性的呈现，而在产品筛选的过程中要注重游客的旅游需求，体现产品内容与满足游客旅游需求的呼应。

2. 乡村文旅民俗演出类产品创新发展策略

第一，运用多种艺术表现形式，展现乡村风俗的本真性。艺术的表现形式丰富多样，而乡村民俗演出类产品开发的关键就在于对艺术形式的选取和使用。同时，在现有的民俗演出类产品中，尤其以景区或大型旅游目的地的舞台剧表演或实景演出最具代表性，而这类产品同样可以应用于乡村民俗演出类旅游产品的开发。乡村本真性的民风民俗，可以通过舞台化的演绎和故事性的融入，利用乡村本身的演出空间，如戏台、礼堂等，表现出原汁原味的特色，同时乡村居民作为最真实的民风民俗的传承者，也是乡村民风民俗最好的展示者。汇聚了乡村文化活动的本真性、演出场地的本真性、表演者的本真性，再通过合适的艺术表现形式进行深加工，既可以呈现出较好的艺术效果和真实性，也可以做到产品类型的多样性，从而增加游客在乡村旅游过程中的文化体验感。

第二，运用现代科技手段，加深文化内涵的呈现。在现有的乡村民俗演出类旅游产品开发中，往往过于强调演出本身的艺术性与舞台表现力，与此同时过于追求演出的附加价值或体验，如专业演员的配置、舞台场景的还原等。这虽然使得产品的质量得到了一定保证，但由于演出对文化元素的挖掘不深，加上舞台痕迹过重，导致演出与观众产生了较强的距离感。而除了对艺术表现形式的拓展及乡村风俗本真性的保证外，民俗演出产品也可以通过运用现代科技手段，进行快速的文化传递，并加深文化内涵的呈现。例如民俗演出类产品可通过短视频、微演绎的形式进行呈现，这种方式既能够加深一般旅游者对民俗演出背后文化内涵的理解，同时短视频本身的快速传播性也能够助力乡村民俗更好地被发扬光大。再比如乡村文博场所可以通过采用虚拟现实等新技术，还原现实生活中民俗演出的场景，让游客脱离观众的角色融入演出，获得更好的角色体验，从而深刻感受民俗文化的内涵。

3. 乡村参与性民俗活动类产品创新发展策略

第一，要加强对传统文化传承人的重视，培养后继之人，让文化旅游实现可持续发展。活动类产品，核心在于活动的策划者和执行者。而在乡村民俗类活动中，文化的传承人就成了产品的核心要素，因为他们不仅承担着民俗文化传承和发扬的责任，更掌握了文化的核心知识与技能内涵，是典型的具有身体形态文化资本的特殊群体。在游客参与性较强的民俗活动中，民俗文化传承人及其团队更是承担了引导者、教育者的角色，这是一种无法替代的旅游资源，是乡村的文化资本。对文化传承人加强保护，让他们有可以发挥自身能力的舞台，将会对参与性民俗活动类产品的发展起到重要的作用[①]。而对优秀文化传承人的保护应从以下几方面入手。一是对优秀传统文化传承人记录在册，并制定完善的评定标准，对传承人给予补助，颁发证书，使他们得到乡村居民的广泛认可。二是给予文化传承人更多的支持和帮助，为他们提高自身经济条件创造机会，使其能利用文化传承做实业，增加收入。三是鼓励并资助其收徒传艺，以此不断培养更多的文化传承人。四是通过各种途径，将文化传承人的技艺以体验性旅游活动进行包装，使更多的人主动了解并传承文化，既体验乡村传统民俗文化，更使得传统文化可以得到更

---

① 吴贤贤. 基于民俗表演活动的非物质文化遗产嬗变研究[D]. 南昌：南昌大学，2014.

好地传承[1]。需要指出的是，以上这些做法既是身体形态文化资本旅游开发的过程，也是促进文化资本再生产的过程。

第二，融入大型乡村民俗节事活动，丰富游客的旅游体验。旅游节事活动本身具有周期性、瞬时性、集聚性的特点，可以在短时间内通过活动的吸引力与参与性吸引大量的游客，而大型节事活动也同样适宜在乡村开展。从吸引力角度而言，乡村民俗文化中的很多文化元素可以设计开发成为可参与性的活动，而扩大活动规模之后这类活动可上升成为群体参与性的文化活动，呈现出集聚效应。从参与性角度而言，乡村民俗文化也拥有一定的内在关联性和相似性，在民俗节事活动的策划过程中，又可以融入类型多样，拥有一定内在关联性或时间顺序性的系列活动，从而丰富游客的旅游体验，达到较高的旅游满意度。因此，乡村民俗旅游产品策划者可以通过融入当地乡村特色的民俗文化，将旅游产品的核心吸引力设计成为以大众参与为基础的各类群体性活动[2]，如赛事、展览、集会等，从而形成游客的集聚，并通过丰富多样的参与体验活动增强游客在旅游过程中与乡村民俗文化的接触，获得较好的旅游体验。

四、身体形态文化资本视角下乡村食宿服务型旅游产品创新发展分析

（一）身体形态文化资本视角下乡村食宿服务文化的旅游开发特征

1. 服务性

在乡村食宿服务型旅游产品中，乡村居民及经营者为旅游者提供的服务是其区别于农事体验及民风民俗型产品的主要特征，服务也是食宿服务型产品的核心特征，不论是为游客提供的具有当地特色的餐饮产品，或具有当地地域特色的住宿产品，甚至附加的体验活动，为游客提供必要且周到的服务，均是每一类产品的组成部分。而这些服务的态度与技能均内化于乡村居民本身，乡村居民既是食宿服务型产品的供给者，更是对客服务的直接提供者，不论是标准化的服务或特色化的服务，服务的过程中均体现出了乡村居民和经营者的文化能力，是典型的身体形态文化资本的构成部分。在食宿服务型旅游产品的开发过程中，除了对产品本身硬件条件、物质条件的改善提升外，对服务的提升也显得至关重要。基于身体形态文化资本的属性，乡村旅游食宿服务的提升又可以从乡村居民本身的特点出发，结合当地的文化特色与地域特色，做好标准化与特色化的有机统一。

2. 标准性

餐饮产品或住宿产品，在旅游行业中都具有多项标准加以约束。因为餐饮与住宿涉

---

[1] 杨凌鹏.旅游地旅游文化内涵挖掘与提升初探[J].旅游纵览（下半月），2020（08）：95-96.
[2] 白娜.参与型乡村民俗旅游产品开发思路[J].思茅师范高等专科学校学报，2009，25（04）：14-17.

及人类最基本的需求，与旅游安全息息相关，同时由于是最基本的需求，因此旅游者对旅游产品的满意度往往直接来自餐饮产品与住宿产品的体验。在乡村旅游中，由于乡村居民是乡村旅游产品的直接供给者，而乡村旅游产品因其特殊性，往往又容易出现质量参差不齐、管理不力等现象。因此，乡村旅游产品的标准性是目前产品开发中需要重点关注的问题。而这种标准既可以从产品本身的物质基础与硬件条件入手，更需要从产品的精神内涵与软性条件入手，既需要挖掘乡村传统文化融入产品本身，更要关注乡村居民和经营者本身的文化资本的发挥和提升，彰显出乡村旅游产品服务的品质和文化内涵。

3. 特色性

除了应具备一定的标准外，乡村旅游食宿型产品开发过程中，还应注重特色性元素。以民宿这一类型产品为例，融入乡村原汁原味的景观和浓郁的乡土人文气息是吸引游客的关键，但在同一区域内，往往容易出现民宿风格家家雷同、村村产品类似的现象，也有一些产品过度追求标准化品质，丧失了乡村本真的人文气息。在乡村食宿型产品开发过程中，文化是创造差异性和特色性的核心元素，食宿服务型产品开发不仅要将地域性的特色民俗文化等融入旅游产品之中，还要关注食宿产品经营者本身的文化特质的彰显。民宿经济曾被戏称为"老板经济""老板娘经济"，也是因为经营者的文化水平和文化偏好会通过各种方式渗透在民宿产品的方方面面，从而对旅游者产生文化吸引力。因此对于身体形态文化资本的挖掘不应停留于对文化元素表面的特征，而应当从横向与纵向的两个维度拓展，对文化内涵进行深层次、系统化的拓展，找寻地域、人物、群体等各维度的特色与亮点。而在产品开发的过程中，也要注意特色性与标准性的平衡。过于追求标准，容易丧失乡村文化内涵。而过于追求特色，又容易忽视产品的基础标准和服务要求。标准性与特色性并不是矛盾的关系，建立在标准基础上的特色性才是旅游者喜闻乐见的呈现方式。

（二）身体形态文化资本视角下乡村食宿服务型旅游产品创新发展策略

1. 乡村餐饮服务类产品创新发展策略

第一，提升餐饮产品的文化性。具体可以从两个方面入手。首先，突出餐饮产品的乡土气息。例如，饭菜原材料应该选用野生、家养、粗种的原料，尽量绿色、环保，例如草鸡、土鸡蛋等，烹饪方式也可采用农家简单烹饪方式；用餐环境和餐具容器也要有农家乡土气息，设想在一个农家小院里，几个小板凳，一张小方桌、粗碗、瓦罐、砂钵和炭炉等，可以营造更具有文化特色的用餐氛围；饮食服务同样也可以通过生活化和平民化的接待方式，来体现农家热情而真诚的待客服务方式和古朴的民风。

第二，对于整体餐饮产品设计的主题化、特色化、文化性的体现。深挖文化传统、立足本土，创造性地把饮食和当地的民俗风情、土特产品等文化元素巧妙整合，使广大游客既能品味到富有乡村特色的美味佳肴，又对当地的人文民俗有了进一步了解，真正让游客体验到地道的农家之乐。同时，可以拓宽食品种类，走农家菜的品牌发展道路。如南京的金陵水乡·钱家渡在开发特色旅游餐饮产品时，就主动融入了湖熟文化的主题元素，将湖熟文化贯穿于餐饮产品的设计、命名、营销、制作等过程中，很好地提升了乡村餐饮的吸引力。

2. 乡村民宿服务类产品创新发展策略

第一，乡村民宿应当通过文化活动提升游客体验。民宿所提供的特色文化活动，可以从活动和设施两方面入手来提升其品质。民宿营业者首先应当自发地认知民宿提供的产品类型，除了传统的食宿产品外，还可以拓展丰富多彩的多元活动。而经营理念上的创新，是产品创新的基础。因此在理念提升的基础上，可以根据当地特色的文化元素和自身的文化特质，开发适合的活动，例如一些民宿经营者，根据自己的手艺向游客教授现场的诸如烘焙、炒茶、手工陶艺的制作等活动。针对不同的文化特色，民宿还可以结合当地的特色来丰富民宿内的设施设备，使其充分具备相应的文化氛围，如可以设置一些简易的手工作坊、博物馆、农产品加工区等，再通过相应活动的有机组合，合理安排，丰富游客的体验。

第二，乡村民宿应通过完善服务内容提升游客体验。在传统的食宿产品服务方面，可以在全力保障食品安全的情况下，鼓励民宿经营者自主开发丰富自家菜系品种。在住宿质量上，需要对较低档次的民宿进行充分改造，将民宿安全和卫生达标放在第一位；同时提高对高级别民宿的文化特色打造，比如在设计上结合人文景观特色制订的不同主题风格，同时配搭相同主题的民宿活动以吸引游客。在旅游服务内容上，乡村民宿可以通过改进服务流程，增加服务内容来提升游客的体验感[①]。例如在游客入住时，可以为之附上目的地相关的介绍、书籍、杂志等文字材料，同时可以增加对自家民宿文化特色的介绍及入住注意事项，还可以增加如提供相关专业（业余）导游、特色文创产品及美食代购等相关特色服务等。

3. 乡村导览服务类产品创新发展策略

第一，完善旅游解说系统，使自导式静态文字解说与向导式动态解说相结合，从不同的角度和不同的方位让游客更好地享受旅游的过程，感受目的地的文化内涵。静态的文字解说设施主要是通过景区标识牌、景点介绍、导游指南手册路径标识牌和公共服务设施标识来实现信息咨询的传达；动态的解说设施主要是靠导游员的解说，既有专职讲解人员，也有游览活动的参与人员，来对乡村的农耕文化和民俗文化以及旅游线路的时序安排进行解说，并加以录像、语音播放等。

第二，合理设置静态解说设施。静态解说设施要易于看见且与整体环境相得益

---

① 王璐，李好，杜虹景.乡村旅游民宿的发展困境与对策研究［J］.农业经济，2017（03）：141-142.

彰，色彩、造型与材料要综合考虑当地的气候、地貌特性、房屋建筑等人文景观，能经久耐用。

第三，要强化解说功能，静态解说系统的设计要能够引导不同层次的旅游者品味乡村特色和民俗风情，动态导游解说则要采取雅俗结合的方法，更富亲和力和互动性等。

比如，南京黄龙岘乡村旅游目的地就在游客服务与体验的优化方面，做了一些创新的尝试。例如，游客接待中心内有一处陶艺馆和茶文化博物馆。在陶艺馆内有专门的当地匠人，引导游客学习紫砂制作工艺，亲自体验陶艺制作的神奇和乐趣，通过体验学习制作属于自己独一无二的茶具。通过引入宜兴紫砂茶具制作工艺，丰富、延伸当地"黄龙岘茶"文化内涵，同时也增强了游客的互动参与性。在黄龙岘茶文化村的中心有着一条充满朝气的步行街，而这条步行街的商户全部由当地居民经营管理，通过他们的文化展示，使游客在旅游过程中得到了更好的服务体验。在步行街口，有许多从百姓家收集来的废旧水缸被栽种了各式花卉，形成富有乡村气息的步行街道围挡。农家美食风情街全长430米，用小青砖铺设而成，完全利用了原来的水泥和沙石路基改造而成，集中展示地方茶文化与餐饮文化。全村的33家农户参与了茶、餐、客栈的特色经营，游客可品尝"黄龙四宝"——茶干、笋干、鱼干、萝卜干，更有草鸡、野味、绿色蔬菜等原汁原味的农家特色菜，使游客尽享农家美食。黄龙岘的系列民宿也充分结合当地的"茶"文化特点，民宿设计体现当地文化；民宿服务展现茶乡人的淳朴、好客，以及江南人文底蕴中的细腻、柔和，以多元的身体形态文化资本的服务化呈现促进了当地乡村旅游业的发展。

五、案例分析：身体形态文化资本视角下乡村美食旅游开发研究

从古代的"游宴""船宴"到1987年第一届广州国际美食节的举办，我国的美食旅游活动由来已久。自21世纪初开始，美食旅游的形式愈加多样化，进入了快速发展时期[1]。美食不仅是旅游消费的主要内容和最基本的组成，也是旅游吸引力的关键来源[2]。对于乡村旅游而言，尤为如此。餐饮产品的提供是餐厅经营者的文化特色、厨师的厨艺水平、服务人员的服务能力等一系列文化能力的外化体现，是身体形态文化资本的重要表现形式，也是乡村旅游发展最早的业态之一，而且时至今日，仍发挥着重要的作用。在乡村振兴的背景下，随着旅游业的迅猛发展，对乡村美食旅游产品的供给也提出了新的要求。旅游者偏好不同，对于美食旅游的态度也具有差异性，从美食旅游的视角辨析乡村旅游者的类型，探寻不同群体间的共性与个性需求，并在此基础上从身体形态文化

---

[1] 朱珂.山东省美食旅游开发研究[D].济南：山东师范大学，2013.
[2] ERIC AMUQUANDOH，ASAFO—ADJEI. Traditional food preferences of tourists in Ghana[J].British Food Journal，2013，115（7）：987-1002.

资本的角度，优化乡村美食旅游产品的供给，无疑是提高旅游者满意度，促进乡村旅游目的地吸引力提升的重要途径。

（一）研究设计思路

本研究以兰达尔（Randalle）和桑朱尔德（Sanjurd）所提出的消费者饮食偏好模型及测量因子为主体[①]，经修正后，共归纳出22条指标以表征研究自变量（美食旅游者人口统计学特征）与潜变量（乡村旅游美食行为与意向）之间的相互关系。为方便受访者理解，对指标进行了形象化、通俗化改写，采用李克特表的5分制来表示样本对于所回答问题的赞同程度，以形成问卷的初始测评题项集。在人口统计学指标设计的过程中，年龄阶段的设计按照联合国世界卫生组织2002年的定义划分为少年（18岁及以下）、青年（19岁至44岁）、中年（45岁至59岁）、老年（60岁及以上）4个年龄段；收入段的设计则结合江苏省2016年最低工资标准和城镇居民年均可支配收入水平进行综合考虑，加以划分。本研究选择了南京江宁区石塘人家等作为样本地开展研究。

（二）不同类型乡村美食旅游者特点分析

通过对实地调研结果的聚类分析（分析结果见表2-3），可以从旅游者对乡村旅游美食的偏好角度，得到以下结论。

表2-3 美食旅游视角下乡村旅游者类型聚类分析

类型	地方性	参与性	健康性	文化性
美食体验型	0.352	0.490	0.347	0.373
餐饮猎奇型	0.872	−0.137	0.326	−0.248
康体养生型	0.161	0.364	0.563	0.312
感知耐受型	−0.271	−0.531	0.122	−0.376

聚类1：美食体验型。此类旅游者具有哈拉格（Hjalager）所定义的存在主义型（existential）消费者的特点[②]，对乡村美食旅游的"地方性""参与性""健康性"和"文化性"都有不同程度的感知。按照消费——生产连续谱理论，此类旅游者对美食旅游生产端的食材获取、中端的厨艺加工与服务、消费端的美食品尝以及衍生端的美食文化都较为敏感，乐于全方位地体验不同类型的乡村美食旅游产品。尤其是"参与性"题项在四类游客中得分最高，说明该类旅游者对于能参与其中，进行互动的美食旅游项目尤为

[①] RANDALLE, SANJURD. Food preferences: their conceptualization and relationship to consumption [J]. Ecology of Food and Nutrition, 1981, 11 (3): 151-162.

[②] HJALAGER A M. What do tourists eat and why? Towards a sociology of gastronomy and tourism [J]. Tourism, 2004, 52 (2): 195-201.

偏爱，重视旅游过程中体验度的提升。

聚类2：餐饮猎奇型。此类游客在"地方性""健康性"题项中得分为正，"参与性"和"文化性"题项中得分为负，结合探索性因子的分析，可知此类游客关注的是对"品尝食物"本身的体验，而对于食材的获取、食物的制作过程以及美食文化等要素的偏好不高。此外，此类游客在"地方性"题项上的得分远高于其他类型，呈现出明显的美食探索性特点，对于乡村地方性特色鲜明的食物尤其偏爱，这符合马丁（Martin）等对此类游客的定义，"他们会不断地尝试各地新奇的食物，直到找到最令他们满意的饮食"[①]。

聚类3：康体养生型。此类旅游者尤其关注美食对身体状况的影响。因此，"健康性"题项的得分最高。而参与食材的获取、食材生产基地的参观和烹饪的过程，往往能够从前端确保食物的安全，因此"参与性"题项得分也较高。米切尔（Mitchell）认为依据对新奇食物厌恶到喜爱的程度，旅游者被视作是一个连续谱[②]。越靠近连续谱喜爱端的旅游者，对新奇食物的喜爱越强烈，越愿意尝试新奇食物，反之亦然。康体养生型游客显然在这一连续谱上是倾向于保守的，新奇食物往往具有不确定性，因此从养生的角度而言，"地方性"食物的选择具有一定的风险。但同时，地域性食材或烹饪的方式也有可能对康养身体具有独特的效果，比如，宜兴的乡土食材金蝉花就具有一定的抗肿瘤作用，所以也会得到注重健康的旅游者的青睐。因此，"地方性"题项也有一定的赋分。

聚类4：感知耐受型。此类旅游者除了对"健康性"有一定的关注外，其他题项的得分均为负值，可见对于乡村美食旅游产品并不敏感。其对于美食旅游资源的刺激是具有一定耐受性的，开展餐饮活动的目的主要是满足生理的需要，而非达成旅游的体验，很难实现旅游主体与美食客体之间的"结构同形"，从而获得情感的愉悦。"健康性"题项的得分则更多是受到时代健康餐饮潮流的影响。

（三）不同类型乡村美食旅游者差异分析

为进一步了解乡村美食旅游游客的诉求，对调查样本按不同人口统计学维度进行差异性分析，得出以下结论。

1. 不同性别旅游者分析

不同性别旅游者在美食旅游类型的归属上呈现出显著性差异。男性消费者和女性消费者的行为和心理上是存在差异的[③]。相较于男性，女性康体养生型旅游者比例明显较

---

① MARTIN-IBANEZ. Human nutrition: Readings from scientific American [M]. New York: John Wiley & Sons, 1978: 120.

② MITCHELL R, HALL C M. Consuming tourists: food tourism consumer behavior [M]. Oxford: Butterworth-Heinemann, 2003: 64-84.

③ 卢泰宏. 中国消费者行为报告 [M]. 北京：中国社会科学出版社，2004：57.

高,这是因为女性相较男性,更重视食品安全问题,是追求健康长寿而引发的旅游需求的直接反应[①]。感知耐受型女性旅游者比例比男性更低,这不仅仅是因为"食"文化对女性休闲消费活动有强烈的影响,也是女性旅游者旅游动机更加细腻、旅游情感体验更加丰富、更加关注旅游安全特点的体现[②]。而这种对旅游安全的关注,使得女性在乡村美食"地方性"的体验上趋向保守,熟悉、普遍的食物更让女性觉得安全可靠,因此,相较而言,餐饮猎奇型旅游者中男性的比例更高。此外,美食体验型旅游者男女比例都较高,可见对乡村旅游美食的全方位体验,尤其是对食材获取和美食制作过程的体验得到了较高比例旅游者的青睐,说明乡村美食旅游作为乡村旅游产品的组成部分同样具有当代旅游体验性的特点,是旅游者通过美食与外部世界取得联系从而改变心理水平,调整心理结构的过程[③]。

2. 不同年龄旅游者分析

不同年龄的旅游者在美食旅游类型的归属上具有显著性差异。少年群体各类型美食旅游者所占比例较为平均,相较而言,感知耐受型旅游者相比其他年龄段比例更高,说明低年龄层次的旅游者开展乡村旅游时,美食旅游动机相对较小。青年群体中餐饮猎奇型游客比重最高,而感知耐受型比重最低,体现出此类人群对乡村美食本身的关注性强,且在食物的选择上富有探索精神,对当地的特色美食也较偏爱。中年群体中美食体验型游客的比例最高,表明这一年龄层次对美食获取、制作、品尝及美食文化等乡村美食旅游的全过程均具有一定的偏好,尤其是对具有体验性的项目更为关注,这与这一年龄阶段游客的人生积淀和对旅游体验全面达成的需求有关。老年群体康体养生型比例最高,美食体验型比重也较高,这体现了这一群体对健康的注重,也说明其对全方位美食旅游体验的追求。此外,通过对不同年龄段游客所属类型比例的对比,还可以发现,随着年龄的上升,康体养生型游客的比例在逐渐增加,这也说明在乡村美食旅游群体中,年龄越大,对美食的养生功能愈加关注。

3. 不同收入旅游者分析

不同收入群体旅游者在美食旅游类型归属上具有非常显著性的差异。美食体验型和康体养生型旅游者在各收入段样本中所占比例较高,可见,对乡村美食健康的关注和实现乡村美食旅游全方位的体验在各收入段群体中都得到了共识。而美食体验型旅游者比例随着收入水平的提升呈现上升趋势,则说明了收入水平对旅游者美食文化及美食获取、制作过程参与度的影响,收入水平越高,就越有经济条件参与各类美食旅游活动,相对而言对美食背后的文化元素也越加关注,越有要求。感知耐受型旅游者比例则随收入水平的上升而下降,说明收入越高,对美食旅游的敏感程度越高,也越有经济实力支

---

① 罗舒月,佟晓彤,宋薇.女性城镇居民的乡村旅游推力动机分类研究[J].现代经济信息,2016(9):312.
② 张俊.成都市女性休闲消费研究[D].成都:西南财经大学,2007.
③ 谢彦君.基础旅游学[M].北京:中国旅游出版社,2004:261.

持多元的美食体验。低于 5 万元年收入的群体中感知耐受型游客比例上升尤为明显，说明低收入群体更有可能因为经济条件有限而被迫放弃对乡村美食旅游的更高要求。

（四）身体形态文化资本视角下的乡村美食旅游提升策略

1. 延长美食旅游产业链，实现多元体验

通过实证研究可见，美食体验型、康体养生型旅游者在乡村旅游中占重要地位。研究表明两类游客对乡村美食旅游的"地方性""参与性""健康性"和"文化性"皆有不同程度的关注和偏好。因此，延长美食旅游产业链、凸显地域特色、丰富体验项目、加强文化内涵是乡村美食旅游发展的题中之义。从身体形态文化资本的角度审视乡村美食旅游的开展，要充分发挥美食经营者的技术优势，比如在生产端可以依托乡村美食食材生产基地带领旅游者进行参观游览、种植养殖、采集收获等旅游活动，引导旅游者在轻松愉悦的参与性氛围中了解食材的生长规律和环境要求，既加强游客对美食的认知又凸显乡村旅游的"乡土"特色。厨艺过程的参与也同样是人们对地方饮食了解、欣赏和消费的旅游体验，因此，彰显乡村旅游的厨艺特色，尤其是地方性和乡土性特点，并开发相应的学艺、自助烹饪等活动让游客参与其中，也是提升旅游吸引力的重要途径，其实也是增强旅游者自身"身体资本"的有效方式。从消费端角度而言，营造地方性文化鲜明的就餐氛围、利用菜单和员工讲解等叙述经典菜肴的文化典故、开发与地方民俗相关的佐餐演艺等，可以深化乡村美食旅游的内涵，彰显地方美食文化，增强目的地旅游吸引力。

2. 提升美食旅游产品品质，契合共性需求

实证研究表明不同类型美食旅游者，虽有个性特点，也有共性需求。尤其是"健康性"得到了各类型旅游者的共同关注，这就要求乡村旅游美食产品的提供需更加注重食品安全问题和养身功能的彰显，通过对菜肴、环境质量的严格把控，塑造出生态安全的目的地形象，并深挖养身资源，开发健康餐饮及其与养身美食相关的旅游活动，提升产品品质，满足游客需求。此外，除少数感知耐受型旅游者外，"地方性"也得到了各类型旅游者不同程度的关注，说明乡村美食旅游产品还需结合地缘、文脉特点，在旅游体验活动的设计、菜肴的开发与宣传等各环节融入一定的地方元素，彰显地域特色。

3. 开展美食旅游差异化设计，满足不同需要

从管理能力提升的角度而言，不同类型的旅游者在乡村美食旅游开展的过程中，具有差异化的需求。比如，餐饮猎奇型旅游者追求菜品本身的与众不同，重视体验的独特性和新鲜感，而康体养身型旅游者既对美食的地方性有一定程度的兴趣，但更期待旅游过程的餐饮体验不能过度偏离对日常饮食的经验判断，从而脱离了自己的舒适区。因此，从餐饮业态的规划角度而言，乡村旅游目的地应合理布局，既有乡土地域特色鲜明的餐厅，又引入部分品牌知名度较高的常态化餐饮企业；从菜品提供角度而言，则应注

重多元性设计,为不同类型旅游者提供选择的可能。不同人口统计学特征群体的类型特点也与乡村美食旅游产品的优化息息相关,如收入水平越高,美食体验型游客的比重也就越大,对体验性活动的需求和对美食文化的审美需要也就越强烈,老年群体康体养生型游客较多,而青年群体具有较强的餐饮猎奇性需求等。因此,各乡村旅游点应系统梳理自身的客源构成,明确核心市场,有的放矢地合理调配业态,充分发挥文化资本的优势,既满足游客需求,又避免资源浪费。

第三章 客观形态文化资本视角下乡村旅游物态产品创新

乡村振兴战略的全面实施,无疑给乡村文化的资本价值转化带来了新的发展机遇。农村客观形态文化资本是指借助"物"的形式,实现了乡村文化从"实有"到"实存"的文化资本类型。本章以"生态与生活类文化"为核心,致力于分析乡村文化的客观形态文化资本属性,梳理总结乡村文化促进乡村旅游主要物态产品的提升机制和发展策略。

一、乡村文化促进乡村旅游物态产品创新发展机制分析

(一)客观形态文化资本视角下乡村文化属性分析

文化资本是布尔迪厄从象征支配角度对马克思的资本理论进行非经济学解读之后提出的一个重要的社会学概念[①]。它泛指任何与文化及文化活动有关的有形及无形资产,它在日常生活中和金钱及物质财富等经济资本具有相同的功能[②]。具体包括身体化形态、客观形态及制度形态三种形式[③]。与身体形态文化资本相比,图片、书、辞典、乐器、机器等在其物质性方面是可以传承的,例如建筑和艺术品可以一代代传承下去,已经具有资本的所有特性,布尔迪厄认为这就是客观形态文化资本。但同时他也指出不存在纯粹意义上的物质形态文化资本,任何事物若想要作为文化资本而发挥作用,就必须具备某些身体形态文化资本的特征[④]。运用客观形态文化资本这一概念分析乡村文化属性,

---

① 朱伟珏."资本"的一种非经济学解读:布尔迪厄"文化资本"概念[J].社会科学,2005(5):117-123.
② 朱伟珏.文化资本与人力资本:布尔迪厄文化资本理论的经济学意义[J].天津社会科学,2007(3):84-89.
③ 包亚明.布尔迪厄访谈录:文化资本与社会炼金术[M].上海:上海人民出版社,1997:199.
④ 朱伟珏.文化资本与人力资本:布尔迪厄文化资本理论的经济学意义[J].天津社会科学,2007(3):84-89.

有利于梳理乡村文化的突出特征，更好地指导乡村旅游未来发展，提升乡村旅游水平，使乡村旅游成为人们向往的诗和远方。客观形态文化资本视角下乡村文化具有物化性、场域性、符号性三大基本属性。

1. 物化性

物化概念是卢卡奇在《历史与阶级意识》一书中提出的，这一概念与马克思的异化理论非常相似。"物化"的本义是在头脑中某种抽象的东西呈现为一物，也可以说是一种非人化。物化具有两层含义：一是商品中人与人的关系表现为物与物的关系；二是人通过劳动创造的物反过来控制着人[1]。物化这一概念与客观形态文化资本视角下的乡村文化结合起来，可以发现乡村文化可以通过生活场景、生产场景以及旅游空间场景等实物及场景具体表现出来，具有较高的可利用价值，为乡村旅游带来经济和社会价值。

2. 场域性

场域不仅是布尔迪厄社会学理论的概念，也是他从事社会学研究的分析单位。他认为，场域是由社会成员按照特定的逻辑要求共同建设的，是社会个体参与社会活动的主要场所，是一种具有相对独立性的社会空间。"场域"与"文化资本""惯习"一起共同构成了布尔迪厄文化社会学的理论体系。在乡村场域下，不同的社会客观关系，如原住民之间、原住民与游客之间、原住民与旅游开发者之间构成了一张张网络，建立起了一个个社会实践空间。总的来说，每一个乡村旅游点都有独立的空间，都是独立的场所，由不同的人基于不同的目的进行设计与开发、传承，从而形成自己独有的特色和风格。客体形态的文化资本总是在一定空间中呈现的，无论是祠堂、宗庙营造的宗族场域还是咖啡厅、书吧营造出的休闲场域等都是乡村文化在旅游领域的空间性表达。

3. 符号性

在认知体系中，符号指代一定意义的意象，可以是图形图像、文字组合，也可以是声音信号、建筑造型，甚至可以是一种思想文化、一个时事人物。总之，符号的主要特点是一种"特征纪念"，主要是为了让人容易记住，方便辨认。乡村文化也可以实现符号化，乡村建筑、景物、植被和旅游商品等是乡村的具体表征和通识性陈述，是人们认识、了解乡村的重要载体[2]。乡村旅游目的地在发展的过程中，从自身地域特征和文脉特征出发，设计建造独一无二的景观等，就可以成为某一乡村旅游目的地的鲜明符号。一般而言，成熟的乡村旅游景点往往有自己独特的标志或符号系统，而这也正是区别于其他乡村旅游目的地的重要标志。

（二）客观形态文化资本视角下乡村旅游物态产品主要类型及特点

乡村旅游产品是指旅游者在乡村旅游过程中，所能够购买或体验的一切有形的商品

---

[1] 吴俊杰，刘洪忆．浅析卢卡奇的物化概念［J］．社会科学家，2005（5）：20-22．
[2] 李红波，张小林．乡村性研究综述与展望［J］．人文地理，2015，30（1）：17-20，142．

和无形的精神感受，它客观、真实地反映了自然乡村世界的本来面目。乡村旅游产品项目多，融观光旅游、度假旅游、体验参与型旅游、消遣休闲旅游、康体保健旅游为一体，可满足各种旅游者的需求。以民居建筑和乡村创意资源等为凭借开发的、可以为人们直接感知到的、可直接触及的旅游产品，对原住民而言，是文化遗产和资源的再开发，而对游客而言，就可归纳为乡村旅游物态产品的范畴。具体而言，这一类旅游产品有以下几种主要类型。

1. 三生景观

乡村是我国地域文化传承发展的根源之地，承载着深刻的自然、经济、社会和文化内涵，因此乡村景观具有独特的地域特征。乡村景观作为载体承担着生产、生活、生态三方面功能，如提供农产品产出、提供栖息和社交场所、维持生态平衡和物种多样性等[①]。乡村生态、生产、生活三生景观是乡村文化的外在体现，是旅游活动的体验对象，具有审美、经济、社会等价值，属于当代乡村文化资本的重要组成部分。乡村景观的设计与"三生"功能在发展的过程中相辅相成，不断地调整与互动，使乡村在适应新的生产、生活方式的同时，也保持着人与自然的和谐共存，不仅吸引了许多游客驻足停留，也给予了游客亲近自然、缓解压力、放松身心的环境和机会。乡村三生景观分类见表3-1。

表3-1 乡村三生景观分类

类别	内容
乡村生活资源	乡村民宅、祠堂、学堂、议事堂、乡村家禽家畜等各类与乡村生活相关的场所、物品等
经济生产资源	农耕工具、农耕活动、农作物、农副产品、高科技农业设施设备等与乡村生产相关的场所、物品等
自然生态资源	农村景观、自然生态景观、农村水域风光、农村生物景观、农村地理景观等人化自然景观

2. 文化场所

乡村振兴离不开乡村文化的繁荣兴盛、离不开乡村文化的振兴。改革开放以来，随着民众物质生活水平的提升，国家为繁荣乡村群众文化生活，加大维修改造乡村旧有文化活动场所的力度，同时又不断探索开辟新的文化活动阵地。进入新时代以来，国家更是从顶层设计层面，对乡村公共文化场所的建设进行系统布局谋划，先后出台了一系列保障、扶持政策，各级政府也开始将乡村公共文化场所的建设纳入考核体系。

乡村文化类场所的类型多样，功能多元，主要包括祠堂、村史馆、讲堂和其他文体活动场所等，可举办祭祀、节庆典礼、文化仪式活动、村民议事及放映电影等。这些

---

① 高海峰，于立，梁林，等."三生"融合视角下广东传统乡村聚落水体景观的解析与启示[J].中国农村水利水电，2016（12）：63-66.

场所首先是功能性场所，与乡村日常生活密切相关，而且往往呈现功能多元的特点。比如，一处学习堂，可读书看报、参加各种培训等，还可以商议、处理村里的重要事务，开展文化习俗活动和传统项目等，比如展示传统技艺和非遗产品、举办节庆晚会等。其次，在乡村旅游目的地，这些场所也是主客共享的空间，是村民和游客放松、休闲的地方，方便主客双方通过多种文化体验活动，丰富文体娱乐生活或者提升旅游体验。

3. 文创商品

近几年，文创产业变得越来越火爆。作为一个新兴领域，乡村文创是一种在经济全球化背景下产生的以创造力为核心的新兴产业[①]，它可能是一个创意的点子，可能是一个网红 IP，还可能是通过技术或营销手段，使产品具有独特意义的事物。它正在以一种新的文化生产方式，提升着乡村讲故事的能力，让大家听得懂、也喜欢听乡村故事，从而提高乡村识别度，用文创留住大家记忆深处的乡愁。

文创性商品则是将具有当地特点的历史人文等以实物的形式呈现给广大游客，赋予游客对当地文化具有关联性的想象空间，使游客带走的不仅是一个商品，更是一种文化[②]，这对扩大旅游目的地的知名度、美誉度，延长旅游产业链，具有重大意义。旅游文创产品跟商超产品最大的区别在于体验式消费产品就是体验，体验可以激发情感，情感的产生则可以进一步促进消费。乡村文创产品，是通过赋予农产品一些故事或文化内涵，或增加其历史厚重感，或增强其时尚艺术感等，让农产品有更多的附加值、更高的文化价值，将土特产卖出了"乡愁味"。随着乡村旅游业的快速发展，各地乡村开发出品类繁多的文创产品，用创意的力量推动农产品升级为高附加值的乡村伴手礼。"文创+"的赋能模式，更是让乡土不土、乡愁不愁，提升了现代乡村文化价值，形成了一条特色乡村文化产业链，增强了乡村软实力，促进了乡村文化产业发展。

（三）乡村旅游物态产品创新发展表征机制分析

自古以来，人类的生产和生活都离不开自然环境和人文环境，乡村旅游物态产品的出现和发展同样如此。在自然和社会双重因素的影响下，乡村旅游物态产品发展呈现出历史元素表征、地域特点表征和当代生活表征三大特点。

1. 历史元素表征

依托乡村当地的历史人文资源，乡村旅游目的地可挖掘具有独特性的突出元素，提炼具有市场价值的文化符号，创作具有灵性的旅游物态产品，将乡村文化的多元性、乡土性和地方特色表现出来，凸显乡村的文化特质、乡韵乡情，吸引游客欣赏、参与。遗产的开发、文创产品的创造等也使古民居、古村落和乡村特色资源等乡村优秀文化和历史记忆真正活了起来。

---

① 刘素贞. 文化创意产业题材汉译英的三大问题［D］. 北京：对外经济贸易大学，2012.
② 陈丽佳. 传统村落保护与旅游开发策略研究：以福建省北墘村为例［J］. 工业设计，2019（02）：111-113.

2.地域特点表征

在几千年文明发展过程中,中华大地上滋生繁衍了不计其数的本土文化,乡村文化就是其中的典型代表。乡村旅游物态产品是在特定的地域范围内、特定的地域文化背景下形成,由有形的物质空间载体如建筑、空间、环境和无形的文化价值体系如历史文化、人居文化等构成的乡村景观、创意商品等。不同的地域文化、地形特点使得乡村旅游个性化十足,给游客所带来的感受和体验也不同。

3.当代生活表征

我们生活在表征的世界,所有存在于人脑中的人、事、物都是我们对外部世界的再现。在此意义上,表征即认知。我们与外界的互动本质上是表征的互动,是我们与所认知的世界的互动[1]。乡村是活态的,以演进发展的姿态面向主客群体,因此乡村文化并非只是传统文化,也是当代社会文化的重要组成部分。乡村旅游物态产品的当代生活表征中,无论是三生景观,还是文化场所、旅游商品均体现了生活的烙印,体现着当地当下原住民与乡村的人地互动状态,所有的一切都无法脱离当地具体的生产生活情境。总之,不同的地域、不同的生活方式孕育着不同的文化,造就着不同的景观、旅游产品和文化场所。

二、客观形态文化资本视角下乡村旅游三生景观创新发展分析

(一)客观形态文化资本视角下乡村旅游三生景观开发特征

乡村旅游景观是生活在乡村地区的人们在土地上建造房屋、耕种土地、生存繁衍而形成的,在不改变原有功能、价值的前提下,借助先进的文化理念、思想意识进行保护传承或改造设计,可使得现有的文化价值转变为旅游开发价值,为乡村带来可观的经济收益和社会效益。具体来说,乡村旅游三生景观具有以下开发特征。

1.观赏性

随着人类渴求与环境和谐共存的愿望愈发强烈,乡村旅游、绿色旅游、生态旅游成为现代旅游发展的新趋向。但是旅游者的目的各不相同,因此并非所有的旅游者都是为了审美才去旅游。但不容置疑的一点,旅游是人类特有的审美文化活动,主要方式就是休闲与游玩。在旅游中,人们很重视目的地景观的可观赏性。对于乡村游而言,最先给游客带来体验的是村落环境、生产现状和生活景观,第一印象往往直接决定游客后续的感受和旅行的意愿,因此乡村的三生景观需具有较高的观赏性和较高的美感,进入乡村后要使游人身临其境感受到田园风光和自然美景。

---

[1] 赵蜜.社会表征论:发展脉络及其启示[J].社会学研究,2017,32(4):218-241,246.

2. 原生性

现代旅游者越来越重视参与体验，强调休闲的旅游以放松身心，更加重视以体验为主的休闲旅游方式。而乡村旅游提供的是原汁原味的农村风貌、淳朴自然的田园生活，这是最具有吸引力的乡村旅游资源。乡村旅游三生景观主要基于地脉和文脉的自然肌理，讲求原生性，突出原生态，注重游客的参与性。任何旅游开发都要在尊重和改造自然的前提下，尽量保留原有地形特点，坚持因地制宜。文脉是一个地方地域环境、人文氛围、建筑景观等所蕴含的历史文化因素有机结合与互动的衍生物和集合体，是特定区域唯一性特质的重要体现。经过漫长的历史沉淀，生产、生活、生态景观作为乡村文脉的重要组成部分，记录着乡村的历史演进轨迹，反映出社会生活和文化构成的多元性，是当地文脉最形象、最生动的外在表现。

3. 规划性

随着日益追求自由与个性的自助旅游方式的兴起，乡村旅游发展潜力巨大。乡村旅游不同于城市旅游，相对而言，乡村旅游因地域的集中性、内容的丰富性、体验的差异性，其旅游线路大多针对性强、尺度较小，且需要适应日益增长的散客旅游者的需要。根据乡村创新经济学理论，乡村旅游景观需要以村落、郊野、田园等环境为依托，因地制宜，实事求是，依据特有的旅游资源才能确保乡村旅游业持续发展。乡村生产、生活、生态景观均属于人化的自然，反映着人的意志，体现着人与自然的共生共融。新时代，乡村旅游的开发与经营者要继承和发扬传统的生态文明观，发自内心崇尚自然，珍惜环境，坚持"绿水青山就是金山银山"的保护式开发理念，绘就现代版的"富春山居图"。当然，这并不意味着乡村三生景观形成后是一成不变的，随着生产、生活场景的变化和旅游目的地的发展建设，可在后期不断进行优化提升，以增强游客和原住民的舒适感、满意度。

（二）客观形态文化资本视角下乡村旅游三生景观创新发展策略

乡村文化景观是乡村文化作用于自然环境中的结果。文化是动因，自然环境是媒介，文化景观是结果。乡村旅游景观的设计与建设要充分尊重村庄原有的生态肌理和环境，秉持生产、生活、生态三生同步的原则，塑造村庄特色风貌，开发特色项目，促进旅游吸引力提升，提高当地村民的生活质量，提升其幸福指数和获得感，努力实现农业强、农村美、农民富的目标。根据乡村旅游景观设计体系，结合当代旅游者的旅游偏好、审美诉求等，可以从客观形态文化资本的角度对乡村旅游三生景观设计的优化提出具体策略与建议。

1. 保护与开发的兼顾

从客观形态文化资本的角度审视乡村旅游景观的建设，可以聚焦中国式乡村的意境，即诗词、绘画中的"桃源"意象的构建。要使得乡村旅游目的地既有生态、自然的特征，又成为便捷、惬意的诗意栖居地，保护与开发在景观设计中必须要兼顾。比如金陵水乡·钱家渡在旅游开发前，道路泥泞，房舍破旧，河道堵塞，原住民生活极为不便，景观改造后，优美的乡间小道，整洁静谧的民居，潺潺流淌的河流不仅仅吸引了旅游者，也便捷了村民的生活，体现了"主客共享"的全域旅游理念，找到了"保护"与"开发"的平衡点。乡村旅游景观打造中保护与开发关系的处理还需要注重以下三点：其一，在景观设计中，充分了解乡村自然本底与人文底蕴，保护遗产类景观，依循地形地貌，尽量利用原生植被，凸显地域文化氛围，尊重原住民生活习惯。其二，利用景观设计，修复生态，美化环境，便捷原住民生活，将美丽乡村建设与旅游者诉求相结合。其三，根据游客游览路线，巧妙设计沿途景观，展示村容村貌，体现乡村特质。

2. 传统与现代的交融

乡村往往是传统文化传承较好的区域，同时当代乡村又会受到现代文明的洗礼，因此，乡村旅游景观的设计中要体现传统文化与现代文明的交融。比如，乡村农业意境营造方式就有多种，在"物象"的选择上，既可以将传统的农业生产要素如水车、石磨、渔船等以景观小品或装饰物的形式点缀在游览空间中，又可以将现代"农业科技"的设施设备以景观形式展示在农田里等。乡村旅游景观的设计一方面要体现出传统文化，尤其是传统农业文化、非遗文化、民俗文化等在目的地的传承，以营造历史感，引起回忆，激发游客的"乡恋""乡愁"，另一方面也要引入现代文明，展示乡村的与时俱进，体现现代生产、生活的舒适便捷，实现游客多维的旅游体验诉求。

3. 游览与居住的统一

乡村旅游区既是旅游者的"目的地"，也是原住民的"居住地"，在全域旅游"主客共享"理念指导下，乡村旅游景观的打造需要实现游览与居住功能的有机融合。其一，农村的"居住"功能是生产与生活一体化的，定居的场所也往往是劳动生产的区域。因此，乡村旅游景观的设计在选址、造型、功能等方面不可影响当地的生态、生产。比如农田景观的打造不能对农业产生破坏，近年来流行的"田地造图"景观，在建设过程中，就必须对化肥、除草剂的使用，植物物种的选择等持谨慎态度，防止负面效应。其二，乡村旅游景观的设计应兼顾农民日常需要，提高生活质量。比如，广场景观的设计可以与村民的文化生活诉求相结合，广场不仅仅是旅游目的地的形象，更应该是乡村的"客厅"，娱乐、议事、休憩等功能都应纳入设计范畴，让当地农民受益，才能让乡村旅游发展得更加稳健。

4. 共性与个性的并存

不同乡村旅游目的地的景观有"共性"的特点，以区别于城市类目的地，同时又兼具自身的"个性"，以相互区分。"共性与个性"在乡村旅游目的地景观中是并存的，在文化资本的理论领域里，这种并存被称为"典型性"。这种"典型性"正是旅游者开展乡村旅游活动所探寻的，游客通过空间移动，离开惯常的城市环境，希望通过某地的乡村旅行，获得乡村共性的审美体验，同时也希望领略到此地的个性特点，从而区别于其他乡村目的地的审美经历。因此，乡村旅游景观的设计既要凸显乡村目的地生态恬静、悠然的共通性"桃源意境"，又要以不同的物象、意象等诠释"桃源意境"的不同维度，体现个性审美特点。比如，南京钱家渡处处凸显"水"的审美特质，诠释了江南的"桃源意境"；而宁夏龙王坝村则通过梯田的意象和原住民勤劳、质朴的生活状态，诠释西部的"桃源意境"等。"桃源"是民族文化心理造就的共通性乡村旅游审美意境，而通往"桃源"的设计之路，建造之法则是多样的。这也正是乡村旅游景观审美意境魅力所在，它的丰富性，激发着旅游的动机，引导着游客不断地探寻。

三、客观形态文化资本视角下乡村旅游文化场所创新发展分析

客观形态文化资本作为文化资本的一种重要形式，它以物质形式存在。客观形态文化资本视角下的乡村旅游文化场所具有双重特性：首先表现为一种资源，一种能够促进文化传承和发展的资源，可以为文化的增值提供新的源泉和动力；其次表现为一种精神象征，一些文化物品不仅是物化的形态，而且透过这种物化形态能够感受到一种精神的存在，是一种催人奋进的标示物[①]。其中，文化场所尤其是有着悠久历史的建筑，是客观形态文化资本主体的重要形态。建筑物体现的文化资本包括不同民族的民俗风情、审美取向、技术知识含量和愿望信仰等，在某个领域或时间段内不被认为是文化资本形态的建筑，换一个领域或时间就有可能成为文化资本的形态[②]。这也体现了文化资本自身的演变性和发展性。

（一）客观形态文化资本视角下乡村旅游文化场所开发特征

随着人们物质生活水平和精神文化生活需要的提高，人们对于文化的重视程度也逐渐提高，尤其是对于具有历史、艺术、文化价值的文化遗产更加情有独钟。作为乡村旅游文化场所重要组成部分的乡村文化遗存等不仅吸引了大量的游客，为乡村旅游带来了巨大的人流量，也为乡村发展带来了经济和社会价值。此外，当代乡村旅游的文化场所随着乡村文化的发展，也呈现出了时代性的新特征，时尚、开放、科技等特点也可以在当代乡村文化场所中体现。乡村文化场所正呈现出越来越丰富的文化特征。

1. 实用性

乡村旅游文化场所不仅仅是具有文化意义和性质的实体空间，它更多的是塑造了乡村民众的物质生活和精神世界，是一个社会的有机整体，是农民从事农业生产、集会、

---

① 秦惠民，李娜.农村背景大学生文化资本的弱势地位[J].北京大学教育评论，2014（10）：72-88.
② 岑怡.乡村旅游发展中的文化资本研究：以贵州西江千户苗寨、花溪镇山村为个案[D].贵阳：贵州民族学院，2010.

休闲等的主要场所，其功能相对于城市的广场、公园等而言，更为多元。随着社会的发展，乡村公共文化空间的功能更加复合化，从发展历史及现代化的使用要求来看，主要有乡村信仰、乡村生活、乡村娱乐、乡村政治等方面的需求[①]。乡村旅游文化场所开发和建设时，应遵循实用原则，最大限度地满足主客双方共同的需求。

2. 融合性

随着农业科技的进步和农村生产力水平的提高，农民物质生活水平也日益增长，开始拥有越来越多的闲暇时间，他们需要更多的精神享受和文化娱乐，文艺演出、技能比赛、广场舞大赛、开蒙和成人礼仪已成为村民常态化的文化活动。作为农村社会时代潮流的记录者，传统的寺庙、戏台、祠堂等场所已经不是单纯的文化活动场所，而是以"精神家园"为主题的农村特色文化的展示平台，为人们提供了可以自由进入并进行各种思想交流的场地。一些乡村旅游点借助历史性文化场所打造的多功能文化综合体更是成为网红打卡地。

3. 标志性

乡村良好的自然风光、质朴的农耕文化、传统文化、地域文化是吸引游客的重要因素，而标志性的建筑和独特的文化场所则是留住游客的关键因素。作为乡村旅游的重要载体，游客被传统建筑吸引，不仅仅因为建筑本身的美，更因为建筑所代表的文化。此外，根据村民和游客的兴趣需求，可以把乡愁田园的"乡气"元素植入乡村文化场所，借此打造成特色鲜明的乡村文化客厅，成为受到原住民和游客欢迎的场所，成为乡村旅游目的地的特色标识。

（二）客观形态文化资本视角下乡村旅游文化场所创新发展策略

我国历来是一个注重"根脉"的国家，不管历史如何变迁，乡愁记忆总能够穿越时光，把家国情怀的激荡画面嵌入我们的脑海之中，形成属于我们中国人的身份标签和文化符号。"乡愁"对于乡村来说则是对乡土文脉和故土文化的记忆，它可能是一棵长在村头的古树，可能是一间破旧的祠堂，可能是一出家乡的戏曲，还可能只是一位儿时的玩伴……因此，留住乡愁记忆，让乡村文化底蕴具象化，成为满足人民群众精神追求的迫切需要。乡村旅游文化场所作为乡愁的重要载体，通过作为旅游吸引物的文化景观方式可转化为文化资本以维系自身的存在并创造相应的效益，这种依托文化景观形成的文化资本和效益应在合理的经济发展和旅游开发规律下进行。因此，乡村旅游文化场所的建设与发展既要符合文化传承需要，又要契合旅游经济发展的客观规律。具体而言，需要从以下几点入手。

---

① 欧林之，欧志文.乡村振兴背景下的美丽乡村规划编制规则探讨[J].邵阳学院学报（自然科学版），2021，18（03）：70-74.

1. 树立正确的保护理念和方法

旅游业能为传统村落保护解决一部分资金问题，同时增加就业，吸引投资创业，增加了乡村的财源与人气。但"旅游"也是一把双刃剑，若过度开发不仅达不到应有的目的，还会加剧对乡村文化的破坏。因此，发展乡村旅游一方面要注重保护"记忆场所"，保持特色风貌，比如传统古民居、历史遗迹、文化古迹，及其他公共场所等，要加强建设、定期维修这些承载着人民情感和眷恋的场所，使得乡愁能够成为拉动内需的增长点。祠堂、宗庙、私塾、古民居等历史性文化场所应以整体保护为主，尽量保持古建筑的历史形态，且保护和维修要"修旧如旧"。除要保护乡土建筑遗产，还要保护其形成的整体风貌的山形水系、道路桥梁、绿化植被等背景因素以及其形成的空间格局和自然生态环境，更要保留村民原生态的生产生活[①]，从而延续当地的文脉与乡土情感。

2. 强化乡村基本公共文化服务

乡村文化是一种以乡村社会的价值观念、乡风民俗、行为方式为主要内容，以农民的群众性文化娱乐活动为主要形式的文化类型，由家族文化、宗教文化、礼俗文化等多元文化构成，因此与乡村生活的关系最为密切。随着社会的发展，人民群众生活水平的提高，解决乡村文化中产生的新问题，丰富充实乡村文化生活，为基层群众提供优质的精神食粮，是一种社会责任，更是一种历史责任，同时也为乡村旅游的发展提供了源头活水。文化资本视角下的乡村旅游目的地建设需要秉持主客共享的理念，盘活已有乡村文化设施存量，进一步创新基层公共文化服务载体，扎实推进乡村公共文化体系建设。相关部门可以广泛调研，出台相关政策或指导性文件，科学制定建设标准，按照"改造一批，提升一批，新建一批"的办法，对现有乡村文化场所设施进行提升；对乡村宗祠、村部、校舍、知青点、特色民居、名人故居等进行分类，对闲置场所实施文化性功能改造，改建成诸如农家书屋、文体活动室、电子阅览室、村情村史展示室、农村民俗展览馆、名人纪念馆等文化场所。同时，根据村民和游客的文化生活需求，挖掘乡村文化，新建一些特色文化走廊、主题文化广场、文化公园等文化活动场所，打造文化"一村一品"。乡村文化场所改造提升可以与建设"美丽乡村"同部署，利用"美丽乡村"建设契机，加大投入，做好乡村文化场所的布局设计和规划建设。需要指出的是乡村公共文化体系的建设不仅仅有利于原住民，同时也是提升乡村物态旅游产品品类和质量的题中之义，是提升乡村旅游目的地吸引力的关键之举。

3. 尊重主客双方的多层次需求

乡村旅游中的文化，从根本上讲，是乡村生活的本真面貌和原住民特有生活方式的体现。随着旅游进入大众化时代，"像当地人一样生活"已成为游客对旅游体验的一种向往，这种向往其实就是对另一种文化的渴望[②]。因此，乡村当代公共文化空间营建、

---

① 晏超. 传统古聚落保护与开发构想：以泾县章渡村为例［J］. 中国包装，2018，38（03）：22-24.
② 韩业庭. 乡村旅游：除了田园农庄，不妨再多点文化风情［N］. 光明日报，2020-10-07.

设施建设与环境改造要兼顾居民、游客、创业者三重需求，构建三者共享的设施、环境和空间。不仅要做好形象设计，激活乡村公共空间，更要充分拓展其内在功能，提升精神文化内涵，营造出主客真正需要、享受的生活空间。此外，乡村公共文化空间营建，不仅要着眼于"远"，为未来乡村生活打下基础，还要着眼于"近"，维系村民传统生活的需求。在尊重乡土文化、尊重人与自然的基础上，深入挖掘乡土人文之美，并观照村民生产生活，将乡村公共文化空间建设成富有乡情乡愁的场所，直通游客内心深处。

4. 充分利用资源创新开发项目

在乡村地区进行旅游活动，在旅游过程中学习自然知识和当地文化、民俗知识、传统手工艺技术等，已成为旅游者在乡村旅游活动中的核心内容[①]。作为村民参与文化生活的重要场所，乡村公共文化空间成为连接人与人、人与社会、人与文化的重要桥梁。乡村一些民间技艺正逐步流失，为此要有保护传承这些传统文化的政策措施，可深入挖掘当地文化资源，增加文化平台建设，展示剪纸、绘画、陶瓷等民间工艺，举办戏曲、杂技、花灯等民间艺术和民俗表演等，让民间技艺重新焕发青春，使这一系列的文化娱乐活动成为美丽乡村的新风景和旅游的新资源。从这一角度而言，承载客观形态文化资本的乡村文化场所就成为身体形态文化资本转化为旅游产品和项目的平台，两类乡村文化资本在这一场域空间内达成了互促互进的关系。

乡村文化礼堂建设要注重嵌入性与本土性相结合，即市场化、城镇化外力元素需求与本土资源相结合，打造公共文化空间与生活空间相结合。鼓励乡村与文艺院团、文化馆（站）、文旅企业合作，将更多文化内容注入乡村旅游目的地尤其是文化场所之中，打造地域特色鲜明、文化内涵丰富的文化旅游精品项目。还可以积极设计研学游路线；在农闲时节组织开展读书培训、文艺演出、传统技艺展示等丰富多彩、健康有益的文化活动；组织具有乡村劳动性质的体育比赛，以及乡土气息的文娱活动，定期开展旅游文艺演出等，赋予乡村文化场所新的生机与活力。

以无锡阳山田园东方为例，其位于"中国水蜜桃之乡"无锡市惠山区阳山镇核心区域，交通便捷且拥有丰富的农业资源和田园风光，是国内首个田园综合体，也是中国首个田园主题旅游度假区。田园东方里的清境拾房文化市集就是乡村旅游文化场所建设的典范。它在重新梳理阳山的自然生态和拾房村的历史记忆、充分挖掘当地历史文化资源的基础上，聚焦文旅融合、文创产业、古韵文明三大载体，立足"旅游+"，全面推行"资源整合+生态优化+文创提升"战略，打造了一座包含文化展示、亲子种植、乡村教育培训、餐饮配套、原乡民宿、特色农产品市集等在内的田园创意文化园。清境拾房文化市集由自然体验区、生活体验区和文化展示区三个部分组成，包含拾房书院、井咖啡、绿乐园、面包坊、主题民宿、主题餐厅等。其中，拾房书院的设计最为精彩，房屋

---

① 马彦琳.环境旅游与文化旅游紧密结合：贵州省乡村旅游发展的前景和方向[J].旅游学刊，2005（01）：63-67.

为精心选择和保留的最原始的老式建筑,内部装潢设计传递着最浓厚的乡村情怀。身处其中的游客拾起一本书,无人打扰,全身心沉浸在书院的书香气质中,感受到浓郁的拾房文化,仿佛进入世外桃源。田园东方还原了一个重温乡野、回归童年的田园人居环境,将生活与休闲品位相互融合,形成了活化乡村、感知田园城乡生活的品牌项目,实现了人文田园新景象。

(三)客观形态文化资本视角下乡村红色旅游文化场所建设分析

红色旅游主要是指以中国共产党领导人民在革命和战争时期建树丰功伟绩所形成的纪念地、标志物为载体,以其所承载的革命历史、革命事迹和革命精神为内涵,组织接待旅游者开展缅怀学习、参观游览的主题性旅游活动。

为了更好地发挥爱国主义教育基地的作用,中共中央办公厅、国务院办公厅联合下发的三期《全国红色旅游发展规划纲要》中对红色旅游范围进行了拓展,将1840年以来中国近现代历史时期,在中国大地上发生的中国人民反对外来侵略、奋勇抗争、自强不息、艰苦奋斗,充分显示伟大民族精神的重大事件、重大活动和重要人物事迹的历史文化遗存,有选择地纳入红色旅游范围,这就更有利于传承中华民族先进文化和优良传统。红色旅游是把红色人文景观和绿色自然景观结合起来,把革命传统教育与促进旅游产业发展结合起来的一种新型的主题旅游形式。其打造的红色旅游线路和经典景区,既可以观光赏景,也可以了解革命历史,增长革命斗争知识,学习革命斗争精神,培育新的时代精神,促进红色基因的赓续传承[①]。

乡村往往是红色旅游资源密集的地区,从文化资本的角度审视乡村红色旅游资源,历史遗迹、标志物品等都可以纳入客观形态文化资本的范畴,红色文化场所如乡村红色文化博物馆、纪念馆、体验性区域等建设则是促进乡村红色旅游文化开发的重要依托。在客观形态文化资本视角下审视乡村红色旅游文化场所的建设,需要注重以下几个方面。

1. 体现政治引领性

红色旅游作为政治工程、文化工程,必须突出强调其在加快构建社会主义核心价值体系中的重要作用,红色旅游开发的首要目的是教育和引导广大干部群众充分认识到,是历史和人民选择了中国共产党,选择了社会主义制度,选择了改革开放道路,从而进一步坚定对党的信任、对中国特色社会主义的信念、对改革开放的信心,进一步巩固全党全国各族人民团结奋斗的共同思想基础。因此乡村旅游红色文化场所的开发与建设,首要任务是把好政治关,科学严谨地展现史实,并通过客观形态的历史文化资料的呈现,体现理想信念,开展价值观引导,发挥红色旅游的教育作用。

---

① 陈依娅. 萍乡市红色旅游发展中政府职能履行研究[D]. 长沙:湖南大学,2015.

比如横山新四军第一支队指挥部旧址位于南京市江宁区横溪街道横山社区上庄村南部，就是典型的建于乡村中的红色旅游文化场所。其占地面积400余平方米，建筑面积约128平方米。1938年5月下旬新四军东进抗日进入江苏时，横山地区是部队第一次成建制进驻的地方。这一旧址的保护与开发，今天已经与乡村的建设密切结合，通过新四军第一支队进驻江宁时指挥部的建筑复原和"忆峥嵘岁月 传革命精神"为主题的史料展览，带领乡村旅游者走进建于村中的红色场馆，了解革命历史，缅怀纪念抗日先烈，也激励人们继续弘扬先辈们艰苦奋斗、拼搏进取的革命精神，为实现中华民族伟大复兴的中国梦而努力奋斗。

2. 体现旅游体验性

红色旅游作为经济工程、富民工程，其发展必须遵循产业发展基本规律，充分发挥市场作用，不断创新体制机制，广泛吸纳群众参与，才能保持长久生机与活力，不断向前发展。因此乡村旅游红色文化场所的建设还需要凸显旅游的体验性，激发旅游者的旅游动机。要让红色旅游健康发展，使之成为有强烈吸引力的、大众愿意自费购买的旅游产品，需要妥善处理红色教育与常规旅游的辩证关系，其中的关键是以小见大，以人说史。历史典故往往形象、生动、有趣，容易贴近群众和生活，产生亲和力[①]。因此，既要反映领袖、英雄人物在历史中的重要作用，也要通过具体的场景营造、具体的故事讲述等，使红色文化更加鲜活和丰满起来。尤其是在乡村红色旅游文化场所的建设中还需要善于利用科技手段，创新展陈方式，创设体验项目，引导旅游者进一步走近红色文化，增强旅游吸引力。

比如位于南京市江宁区横溪街道许呈社区呈村的横山县抗日民主政府旧址，就很好地体现了教育性与旅游体验性的结合。呈村，地处低山丘陵，地势由西南向东北倾斜。横山盘踞于南面，峰峦层叠，沟壑纵横，最高峰为四径山，海拔高约363米。秦淮河支流由南向北自此经过。横山县抗日民主政府旧址占地面积约448平方米，现存状况完好，免费向游客开放。在具体场景布置和展陈过程中，充分利用了油画、雕塑等艺术作品，以及虚拟仿真设备、场景还原等技术手段，通过具体人物的介绍和惊心动魄的抗日故事的讲述，生动展现了横山县抗日民主政府，作为全国敌后战场里最靠近日伪在华统治中心南京主城区的县级敌后抗日民主政权，直刺日伪心脏地带的"尖刀"作用的发挥。引导旅游者在丰富多样的旅游体验中，缅怀先烈，聆听故事，在参观中得到启迪，于感悟中得到升华。

3. 彰显乡村特色性

乡村目的地红色旅游文化场所的建设也同样应该体现"乡村性"。其一，红色旅游文化场所的维护和复建要充分尊重历史原貌，同时也要能融入乡村氛围，通过场景设

---

① 史海燕.弘扬方志敏精神彰显红色旅游之精髓[J].东方企业文化,2013(15):242.

计，体现乡村旅游目的地景观的协调性。其二，红色旅游文化场所的功能可以多元化发展，除了以红色文化的宣传、教育为主体功能外，还可以与乡村旅游目的地建设的其他需要相对接，有选择地打造游客休憩空间、研学体验空间、便民服务空间等，起到多元作用。其三，红色旅游文化场所的建设还应该与当地乡村文化的保护、传承结合起来，成为乡村文化的展示空间、乡村原住民的精神文化教育空间，有机融入乡村文化生活，成为乡村文化资本再生产的平台与促发点。

比如位于南京江宁的竹山烈士陵园内有仲铭桥、仲铭亭和烈士墓，用以纪念抗日战争时期新四军干部邓仲铭烈士和其他牺牲烈士。多年来，江宁人民每逢清明时节都前来凭吊祭扫。近年来，公园重新修缮改建了仲铭亭、仲铭桥等建筑，周边松柏挺拔，环境宁静庄严。在这闹中取静的地方，每天都有原住民和旅游者来这里休闲观光，每当路过烈士墓的时候，都会被烈士的故事打动、感染。新建成的竹山文化休闲公园将生态保护与红色文化延续有机结合，融文化、教育、休闲、娱乐等功能于一体，并被南京市委党史工作办公室命名为南京党史教育基地。

四、客观形态文化资本视角下乡村旅游商品创新发展分析

随着乡村旅游的发展，旅游商品的重要性愈加凸显，不仅仅是提升旅游经济的重要手段，也是增强旅游者满意度，将旅游体验"带回家"的重要手段。在旅游场域中，乡村地区通过对旅游商品、文化产品进行商品化运作，可获得经济效益和文化效益的双丰收。从客观形态文化资本视角审视乡村旅游商品的创新发展，可以探寻乡村旅游商品的本质属性，并为其优化开发提供新的思路。

（一）客观形态文化资本视角下乡村旅游商品开发特征

客观形态文化资本以物质化的实物为载体，可以进行传递、交换、买卖、赠予、收藏等活动，一方面这些活动赋予了文化产品以经济价值和交换价值，另一方面文化产品在其象征意义上代表着客观形态文化资本的文化价值。可以说正是由于文化资本具有文化价值，文化产品才具有了经济价值[①]。以客观形态文化资本的视角审视乡村旅游商品，其呈现以下特征。

1. 地域性

"橘生淮南则为橘，生于淮北则为枳"，不同的气候条件、地理环境造就不一样的产物。如江南盛产水稻和淡水鱼，被称为"鱼米之乡"；人参、貂皮、鹿茸是东北地区的三种土特产；新疆的哈密瓜、吐鲁番的葡萄闻名全国。同样，一个地方的历史积淀、

---

① 李丹. 布尔迪厄文化资本理论与文艺社会学意义 [D]. 汉中：陕西理工大学，2020.

气候环境、风土人情、饮食起居、风俗习惯等构成了一个地方的地域文化,而这种文化带给人们的是不同于其他地方的精神体验。譬如,有人喜欢"大漠孤烟直"的苍凉,有人喜欢"海上生明月"的意境。而地域特色鲜明也是乡村旅游商品区别于普通商品的重要特质,更是形成旅游吸引力的重要元素。地域性的文化特点可以通过乡村旅游商品的形式加以物化,让旅游者感知、消费。

2. 增值性

马克思指出,资本是能够带来剩余价值的价值,不断增值是资本的必然要求。文化资本是资本的一种特殊形式,同时具备文化和资本的特征,因而也具有增值性[①]。乡村旅游商品作为地域文化的载体,兼备了经济和文化两个方面的增值,同时地域文化特色可以大大增加旅游商品的附加值[②]。此外,几乎所有的乡村旅游商品都有包装设计,涉及图案、形状、材料、文字说明商品性能的信息等,这些都能体现出商品的特色、乡村旅游的特色、价值与品位,这使得乡村旅游商品的附加值再次提升。优秀的旅游商品经过持续宣传形成品牌后,价值还会增长。因此,文化资本的参与,是促进乡村旅游商品增值的重要途径。

3. 交易性

旅游产品之所以能成为商品,它首先要能满足游客的需要。如果不能满足游客的需求,就无法当作商品进行出售,主客之间也就无法形成交易关系。越来越多的游客在购买旅游商品时趋于理智,更加看重产品是否优质、健康、安全,是否具有地域性特点。乡村旅游催生的乡村文创产品更是属于文化产品,可以被占有或使用,可以被买卖交易,也可以被收藏。文创产品因独特的创意风格和生活适用性,受到游客的青睐,在交易的过程中,实现商品的空间位移,使得乡村文化也随之得到传播,进一步为大众所知,有效提高了大众审美和国民文化素质。同时乡村文化商品还以鲜明的文化元素和丰富多彩的形制,有力地促进了文化生态的多样性,进一步繁荣了文化市场。

(二)客观形态文化资本视角下乡村旅游商品创新发展策略

客观形态文化资本既不是完全物质化的资本,也不是依附个体存在的资本,它的实现依赖于个体具体化文化资本的激发和创造。具体就乡村文化资本而言,它可以借助于乡村文创产品等旅游商品的具体形式得以价值实现。目前,乡村旅游商品在研发、包装、设计与销售等环节,还存在着一些问题。如乡村原生态产品缺少后期的包装与设计,时尚感和文化感不足;非遗在助力乡村振兴的过程中虽然形成了新的产业优势,但其潜力目前尚未充分发挥,特别是在研发与营销环节,一些乡村非遗项目仍存在短板,

---

① 李丹.布尔迪厄文化资本理论与文艺社会学意义[D].汉中:陕西理工大学,2020.
② 张东强,李海燕,王国强.释论边疆民族地区乡村旅游商品文化内涵[J].安徽农学通报,2014,20(20):93-95.

还有很大的进步空间；乡村文创产品还未形成规模化的产业等。因此，新时代的乡村旅游商品，在包装设计、开发销售、品牌化建设与传承推广等方面都需要乡村旅游目的地开发者、设计师和企业共同努力，不断提升旅游商品的价值。

1. 突出地域特色，打造自有品牌

随着互联网时代的到来，消费者越来越追求亲近自然，尤其喜欢自由自我的原生态意境，喜欢天然、有机、自然的味道，使得乡村旅游商品的销售发展趋势良好且增速，其中特色农产品类商品尤其受到旅游者的青睐。但是传统乡村农副产品类消费定位为日常食品，包装设计非常简单，甚至没有包装，给人的感觉"土到掉渣"，未形成品牌效应；乡村文创产品也存在同质化严重、缺乏地域特色等问题，后期研发、设计跟不上时代的发展和游客的需求。原来品种单一、廉价的农产品和文创产品在经过精心设计和包装之后，形成特色品牌，就能获得高于原成本数倍的价值。因此，乡村旅游目的地应将展现独特乡村地域文化内涵作为第一设计要素，充分挖掘地域文化，将设计元素进行合理的视觉化处理，实现品牌的自主创新，提升产品美誉度和知名度，让更多的人去了解乡村文化，接受文化的熏陶，从而推动地域特色文化的传播。产品的包装设计也应遵循"大道至简"原则，凸显产品标识，并更多地关注包装的功能性、环保性、原生性等，这样不仅利于提高土特产的包装档次、增加产品附加值，对乡村旅游文化推广也有着积极作用。

2. 展示非遗魅力，激发传承活力

非物质文化遗产类旅游商品浸染了富有独特乡音、乡俗、乡情、乡礼、乡味的乡土气息，带有唯一性、稀缺性、垄断性优势。这些产品，对于外来旅游者最具有吸引力和感召力。因此，要注重挖掘文化内涵，注重传承历史文脉，把优秀的传统文化、传统风俗等非物质文化遗产传承好、发扬好，彰显出乡村的个性与特性。乡村非遗产品类旅游商品开发时，应以当地典型的民俗文化资源为依托，提取其中的核心文化元素，与现代乡村旅游相结合，培育领略式、熏陶式的旅游文化商品发展，并进行时尚包装，努力形成一批有鲜明特色的非遗旅游产品，打造培育旅游市场新的增长点。同时，还要集中力量培养专门人才，关注非遗产品的研发与营销。管理部门可以建立联络机制，以实现项目的创造性转化、创新性发展为目标，邀请高校、企业、科研院所等共同加入非遗项目研发，建立合理的利益分配机制，帮助传承人掌握现代企业管理理念和市场意识[①]。

江苏省近年来推出的无限定空间非遗进景区工作就是指在保护传承非遗资源的基础上，突破时间、空间、形式的限制，在乡村旅游目的地等广义的景区内的吃、住、行、游、购、娱各环节，植入形式多样的非遗展陈、展示、展演、体验活动，让游客全程感受、全程共享非遗活态魅力。通过提升非遗项目融入性、增强非遗展示互动性、渲染非遗活动代入感，充分满足游客"求新、求奇、求知、求乐"的旅游愿望，吸引更多人到

---

① 苏锐.乡村非遗产品要"吆喝"[N].中国文化报，2019-09-04.

江苏感受美的风光、美的味道、美的人文、美的生活，收获美的发现①。这一工作在拓宽非遗美食体验途径、打造非遗特色酒店和民宿、营造交通非遗体验空间、推出非遗主题旅游产品、增强非遗产品市场吸引力、创新非遗展示展演方式等方面都取得了显著的成绩，有效促进了客观形态文化资本的旅游市场转化。

3. 坚持守正创新，拓宽研发途径

文创产品是客观形态文化资本的显性形式，可以通过教育、出版、销售等多种方式转化为经济资本。目前，乡村文创类旅游商品类别单一、设计缺乏新颖性，创意产品不多，销售渠道传统，不能满足游客和普通大众对文化旅游商品的需求，在很大程度上限制了乡村旅游市场的开发与升级。对此，乡村旅游目的地可以通过商品功能、工艺、造型、款式等方面的创新，结合规模化的市场战略，充分运用新科技、新材料、新理念丰富文创类商品的档次和类型，以满足不同市场旅游者的需求。尤其要重视文创产品自身的品质打造，走品牌化发展路线，注重商标保护，增强其在旅游者心目中的知名度与美誉度。在自创、自设、自做文创产品和旅游纪念品的过程中，还可以通过旅游纪念品店体验、纪念品设计、手工制作、3D打印等提升游客的体验感受②，增加其购买意愿。

4. 做好乡村文创，讲好乡村故事

文化创意是乡村文创的"灵魂"，要充分运用文化创意设计，在旅游产品中充分融入地方特色与文化风情，帮助和引导游客体会当地的历史文化风貌，用人文精神来吸引和挽留游客。乡村文创可开发的范围很广泛，有食品加工、非遗手作、特色农品、创意美食、民俗节庆和田园休闲等。这些文创产品有一个共同特点，就是有手作的温度、体现工匠精神，具有讲情怀、重设计、高品质等特征。乡村旅游目的地可深度挖掘乡村历史积淀与现有文化资源的独特内涵，开发当地自然资源、历史传统和特色农产品，并运用有效的物质载体，例如产品、故事、社会活动等，通过创意包装和设计，把农特产品培育成有设计感、有情怀的品牌农产品，把无形的文化变成有形的产品，让乡村风貌既能看得见又能带得走，以此来激活当地发展。

以徐州马庄村文化资本开发为例。马庄村隶属于江苏省徐州市贾汪区潘安湖街道办事处，地处徐州市东北郊25千米处，"香之为用从上古矣"徐州香包香溢千年，这一工艺在马庄村呈现出新时代的新面貌。马庄村在生态治理后，乡村旅游发展如火如荼，尤其是将乡村香包非遗工艺与旅游文创结合后，传承中推陈出新，古老非遗就在乡村旅游中焕发出新的生机与活力。2017年12月12日下午，习近平总书记十九大后首次进行地方视察便来到贾汪，在潘安湖街道马庄村香包制作室，欣赏了村民制作的各式香包，自己花钱买下一个寓意"真棒"的香包，给老人"捧捧场"，马庄香包成了"网红"，

---

① 居小春. 扬州三项目入选省示范 [N]. 扬州日报，2022-06-12.
② 杨妮. 文旅融合背景下新疆巴州文化旅游深度发展对策研究 [J]. 农村经济与科技，2020，31(19)：102-104.

马庄村成了"网红村"。为贯彻落实习近平总书记视察贾汪重要指示精神，贾汪区将香包提升为全区富民大产业的战略高度，将小香包变成百姓致富的"金包包"，规划建设了马庄香包文化大院、香包博物馆、马庄文创综合体、香包文化产业园，建立香包网络销售平台，吸收有想法、有能力、有干劲的年轻人加入香包队伍，使马庄香包更具活力。全区各地成立香包合作社、香包工作室，开办香包技能培训班，邀请非遗传承人讲授香包构思画图、如何剪小样、挑选布料等技巧，香包从业者不仅提高了收入水平，也提升了自己的精神风貌。现在的马庄村不但旅游业红红火火，通过文化资本的转化，香包的非遗工艺也在乡村旅游商品的开发中得以传承发展。

五、案例分析：客观形态文化资本视角下乡村旅游景观设计分析

乡村旅游景观是乡村文化的外在体现，是旅游活动的体验对象，具有审美、经济、社会等价值，属于当代乡村文化资本的重要组成部分。从客观文化资本的角度，审视乡村旅游景观的优化设计，契合文旅融合研究的趋势，可以为优化乡村景观、提升文旅吸引力、促进乡村旅游发展探寻新的路径。

在案例地选择上，南京江宁的钱家渡村是江苏省首批特色田园乡村，境内河网纵横、塘田交错，是典型的江南水乡，湖熟文化、古渡口文化底蕴深厚，是华东地区知名的乡村旅游目的地，被誉为"金陵水乡"，具有典型性和示范性。

（一）观物取象——乡村旅游景观设计的形式层

乡村旅游景观属于布尔迪厄"文化资本"体系中的"客观形态文化资本"，是地域文化的外化体现，结合"意境""形象""情境"等文化学、美学、景观学概念，可将其划分为"形式层""情景层""境界层"三个层面，分别加以分析。

文化资本视角下乡村旅游景观的"形式层"，通常以"物象"体系的设计引导旅游者开展旅游感知。线条、色彩、音符等是不同类型艺术作品的"物象"，而构景要素则是乡村旅游景观设计的"物象"。乡村旅游景观"形式层"设计的过程就是"观物取象"的过程。《系辞传》中指出"仰则观象于天，俯则观法于地""拟诸其形容，象其物宜，是故谓之象"，可见"物象"是基于对"物"的鉴别、判断基础上形成的"象"，是对于宇宙万物的再现，这种再现不仅是对自然的模拟，而且更重于表现万物的内在特质[①]。

乡村旅游景观的"物象"设计目的是引导游客开展乡村旅游体验感知。感知是感觉与知觉的统称，也是旅游体验产生的初始阶段，在这一阶段，游客主要通过视觉、听觉等感官的直观体验，来激发旅游愉悦感。具体而言，乡村旅游构景"物象"通常包括三

---

① 古风.意境探微[M].南昌：百花洲文艺出版社，2001.

种类型：自然类、农业类、民俗类。"自然类物象"的设计需要根据乡村旅游目的地自然环境的基本特征，选择合理的山水植被符号。"钱家渡"处于河网密布的里下河平原地区，在景观设计的各环节，重点考虑了"水"的物象凸显，疏浚河道、整修堤岸、设计亲水平台等，让游客亲近水，体验水，引导游客感知水乡特点。"农业类物象"的设计一方面要以田地、河塘等体现农业的耕作、养殖、捕捞等特点，另一方面还要以农具的合理陈设或艺术化设计，体现出人在农业生产中的价值。钱家渡在这一类景观设计上，除了在主要通道两侧以改良后的五色油菜花田和"水八仙"种植区增强目的地景观的农业特征外，还通过艺术化的渔火型灯罩、船桨型景区导览牌（见图3-1）、竹编鱼篓造型休憩区（见图3-2）等景观小品设计来体现出农业劳动的特质。"民俗类物象"的设计，需要关注乡村的文脉传承和原住民生活的状态，可将非物质文化遗产、民间习俗典故等以景观物象的形式加以体现，引导旅游者了解地域文化特点。比如，钱家渡自古以来就有"走桥祛疾"的风俗，在设计中，就保留了"桥"的景观，以改建的五座拱桥串联起整体村落，并艺术化地增强了原有桥梁的拱度，体现出江南的"柔美"特征（见图3-3）。钱家渡三类构景物象的建设，均提取了能够代表水乡特点和地域文化的元素，通过艺术的改造，使得特点更鲜明，文化更凸显。

图3-1　船桨形景区导览牌

图3-2　竹编鱼篓造型休憩区

图3-3　拱形归闲桥

（二）立象尽意——乡村旅游景观设计的情景层

文化资本视角下乡村旅游景观设计的第二层次是"情景层"，以"意象"的构建引导游客开展想象，获得愉悦的情感。"意象"的"意"是景观的文化内涵，需要借助"象"的外在形式加以表现，设计的过程需要通过"立象"以"尽意"，"意"是内容，"象"是形式，以"表意之象"①，达成"情景交融"。

"情景层"设计需要在各类构景要素有机结合的基础上，构建"景"的空间，表达"情"的寄托，以激发游客更深层次的想象和情感。具体而言，乡村旅游景观的"意象"，通常包括三大类型：生态意象，生产意象，生活意象。生态意象是乡村自然环境空间营造的体现，利用各类自然类物象的有机结合，构建环境无污染、生态无破坏的场景，以体现出乡村留住"青山绿水"的理念和尊重自然、亲近自然的情感特质。生产意象是乡村劳动空间营造的体现，兼顾四时变化的季节规律和原住民生产行为的活动规律，将各类农业类物象加以聚合，以渲染乡村的"乡土"氛围，体现"扎根农业，服务农业"的乡村旅游理念。生活意象是乡村原住民生活空间的营造，通过民居、祠堂、私塾等各类建筑物象的布局和乡土文化类物象的点缀，表现出乡村聚居、集市等不同的场景，体现浓郁的生活氛围。需要指出的是，乡村旅游景观三类"意象"的表现形式不仅是静态的，也可以是动态的，尤其是生产、生活的各类活动往往能够更好地营造出乡村"意象"，体现乡土文化的"生生不息"。

在具体的乡村旅游景观设计中，生态、生产、生活意象还往往彼此叠加，共同营造空间场域。比如，钱家渡"引景空间"的设计即是如此（见图3-4）。钱家渡引景空间位于村口，占地不大，作为乡村旅游景观的序曲，起到了引人入胜的效果。一方池塘，波光粼粼，体现了生态的优越性和水乡特色。岸边芳草萋萋，几艘渔船安置其间，农村生活中常见的井栏、瓦罐看似随意地放置在周边，实际上不仅注重了空间布置的疏密关系，也体现了生产与生活的特点，实现了多重意象的融合。

（三）思与境偕——乡村旅游景观设计的境界层

文化资本视角下乡村旅游景观设计的第三个层面是"境界层"。"境界"是对有限的"象"的突破，正如刘禹锡所言"境生于象外"，"境"是突破有限形象的无限的"象"，是虚实相生的产物。这与庄子所提出的"象罔"的概念是一致的。"象罔"即是有形和无形、实和虚的统一。从这一角度而言，乡村旅游景观的三个层面本质上就是由"物象"到"意象"再到"象罔"的发展过程，是由局部到整体、具象到抽象、有限到无限的过程。从设计角度而言，也是由外在形象设计逐渐到关注受众内心感受的由外向内的过程②。

---

① 叶朗.中国美学史大纲[M].上海：上海人民出版社，1985.
② 柏林特.生活在景观中：走向一种环境美学[M].陈盼，译.长沙：湖南科学技术出版社，2006.

第三章 客观形态文化资本视角下乡村旅游物态产品创新

图 3-4 钱家渡"引景空间"设计

"境界"层面的乡村景观审美，需要激发起受众的"思维理解"。司空图在《二十四诗品》中提出的"思与境偕"的概念[①]，从受众的角度而言，就是指需要通过思维上的"理解"，去品味"境界"之美；从设计者的角度而言，则是要将"情思"、创作的"灵感"和对设计对象的"领悟"体现在"境"的营造上。对于乡村旅游景观境界层的分析，还需要了解游客对乡村旅游目的地的心理预期。当代旅游者心目中的乡村不是残垣污水、生活拮据的落后状态，也不是高楼林立、灯红酒绿的城市图景，而是中国传统诗词、绘画中描绘的清新、朴实、自由、舒畅的"世外桃源"。可以说，"桃源意境"正是游客对于当代乡村景观的共同文化期许。

具体而言，钱家渡"桃源意境"的设计在建筑群落和水道规划两方面最为凸显。钱家渡的民居建筑依托村庄本底，对现有民居"穿衣戴帽"，适当提高房屋屋顶，增加玻璃和木质结构，提高了房屋的透光性和舒适度，色调以灰白色和原木色为主，契合江南地区徽派民居的建筑传统。建筑群落布局依照原有的地形，或临着河道，或建于稻田之畔，有规律地参差排列，道路彼此串联，以植物和建筑小品加以装饰，既保留了村落的肌理，又缓解了原来狭隘闭塞的局促感，给人以恬静、清爽的美感，营造出"阡陌交通""房舍俨然"的意境（见图 3-5）。

---

① 叶朗.中国美学史大纲［M］.上海：上海人民出版社，1985.

图 3-5　建筑群落意境打造

至此，可以将文化资本视角下乡村旅游景观设计体系以图示加以体现（见图 3-6）。乡村旅游景观的设计可分为形式层、情景层、境界层三个递进的层次，分别以物象、意象、象罔三个概念范畴的塑造为核心，通过"观物取象""立象尽意""思与境偕"的设计途径，引导旅游者从审美感知到审美想象、审美情感，再到审美理解，实现康德在《判断力批判》中所指出的"美感"四要素的齐备，从而获得乡村旅游的审美愉悦。

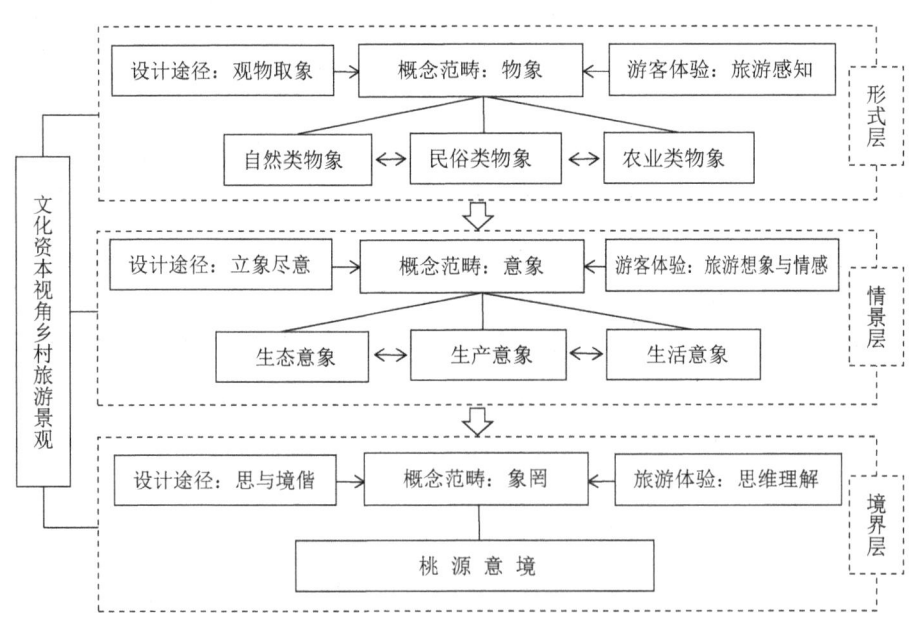

图 3-6　文化资本视角乡村旅游景观设计体系

乡村旅游景观的设计是促进旅游吸引力提升的重要途径，也是改善原住民生活的重要方式。从客观形态文化资本角度，分析不同层面景观设计的方法和优化的策略，可以从文旅融合的设计视角探寻乡村旅游的发展之路。

第四章　制度形态文化资本视角下乡村旅游经营管理优化

农村制度形态文化资本是社会公认性的权力所赋予的文化标签和符号,是乡村文化资质的体现,也是一种独特的文化资本类型。本章以费孝通所提出的"熟人社会治理类文化"为核心,分析农村制度形态文化资本的特点。并结合案例分析,深入探索制度形态文化资本视角下,通过乡村文化协调乡村旅游原住民、经营者、旅游者、政府及公共部门四类利益相关者关系,实现乡村旅游优化管理的机制和针对性策略。

一、乡村文化促进乡村旅游经营管理优化发展机制分析

我们通常所说的乡村,往往是与城市相对的,是在唐朝"城乡分离"后才出现的概念[①]。几千年来,乡村居民的生产生活一直主要以农业为主,而伴随着社会阶段的更替和朝代变迁,城市的功能和定位逐渐与乡村产生明显差异。虽然随着时代的发展,工商业、现代服务业等产业在乡村生产生活中也扮演起重要的角色,但农业造就的文化内核和社会结构仍是维持现今中国乡村发展的内在力量。乡村旅游作为现代社会发展中乡村的新兴产业,拥有广阔的发展潜力和巨大的产业能量,其在现代乡村振兴、乡村经济发展过程中的作用愈加重要,乡村旅游的发展也深刻影响着乡村的本土文化及社会结构,乡村文化也成为乡村旅游得以发展壮大的重要依托。因此,从乡村旅游经营管理的角度而言,需要明确乡村文化作为乡村重要的文化资本类型,在制度层面是如何影响乡村旅游产业发展的。

---

① 谷更有.中国古代乡村社会的权力体系论略[J].中国史研究动态,2021(2):24-27.

(一)制度形态文化资本视角下乡村旅游经营管理文化属性分析

1. 权威性

乡村权力结构是乡村权力资源的分配模式、来源渠道、运行规范、权力强度或影响力度等结构要素的有机组合。费孝通先生在其著作《乡土中国》中阐述了传统乡村社会的权力构成,他认为在"差序格局"的乡土社会中,人们大多以礼而治,因此乡土社会是保守的。在以"礼治"为基础的乡土社会,费先生提出了四种乡村权力,分别为横暴权力、同意权力、教化权力和时势权力,而在此基础之上形成的"熟人社会""家族""宗族"成为权力和权威的象征[①]。公权力在现代农村社会体系中同样扮演着重要的角色,它以政策、制度、机构、组织和人员等形式构成,具有法律保障的权威性,与传统乡土社会的权力结构形成有效互补。乡村旅游经营管理也体现出了公权力与乡土权力的对立与统一。

2. 互动性

"利益相关者理论"(Stakeholder Theory)起源于20世纪60年代的西方管理学界,"利益相关者"指的是任何能影响一个组织目标的实现或实现过程的所有个体和群体。在乡村旅游发展过程中,其利益相关者主要包括了原住民、外来旅游经营者、旅游企业、旅游者、政府部门以及行业协会。其中,原住民、旅游经营者、旅游者是直接利益相关者,政府部门及行业协会是间接利益相关者。围绕乡村旅游的发展,各利益相关者充分发挥自身的功能及作用,在对立统一中构建乡村旅游发展的动力协同机制,引导乡村旅游发展。

3. 延展性

全域旅游是指在一定区域内,以旅游业为优势产业,通过对区域内经济社会资源尤其是旅游资源、相关产业、生态环境、公共服务、体制机制、政策法规等进行全方位、系统化的优化提升,实现区域资源有机整合、产业融合发展、社会共建共享,以旅游业带动和促进经济社会协调发展的一种新的区域协调发展理念和模式[②]。乡村是一个广域的旅游目的地,乡村旅游的开发与经营是以乡村整体为载体进行的,这与全域旅游的概念十分契合。乡村旅游的发展除了依靠传统旅游业中旅游资源、旅游市场等因素的核心作用外,乡村本身的基础设施建设、生态资源保护、特色文化传承、经济发展水平等因素都直接关系着乡村旅游发展的成功与否。因此,乡村旅游经营管理的文化资本属性边界较为模糊,从制度形态文化资本的角度而言,除了直接与旅游相关的产业及社会群体参与外,更多产业与社会群体也或多或少参与其中,如电子商务工作者、网约车驾驶员等。

[①] 费孝通.乡土中国[M].上海:上海人民出版社,2013.
[②] 栾海燕.国际背景下的全域旅游规划发展模式探讨[J].旅游纵览(下半月),2019(14):45+49.

（二）制度形态文化资本视角下乡村旅游经营管理协同机制分析

1.公权力与乡土权利的协同

从费孝通先生《乡土中国》中的传统乡村社会权力构成出发，就我国现实情况而言，以往的传统乡村社会更偏向体现出农业为主、安于现状、追求稳定的特征，乡村的农业生产大多以维持自身生存为目的，小农经济自给自足的特征明显，分工合作并不常出现，因此从乡村社会经营管理角度而言，乡村社会更偏向于一种"熟人社会"的制度模式，即在狭小的社会活动范围内，乡村社会的权力体系偏向以经验为核心，包括生产经验、生活经验等，拥有经验的一方更具备公权力、话语权。而在乡村社会中，一般具备这种经验的个体往往为长者，因此长者逐渐形成了教化的力量，进而成为乡土权力的核心力量。教化权力介于民主与非民主之间，它是传统乡土社会的生活环境而衍生出的，当乡土社会面对急剧的社会变迁时，新的权力也将应运而生，产生时势权力。因此，我国传统乡村社会权力结构体现出以教化权力为主，横暴权力、同意权力、时势权力为辅的特征[1]。随着我国经济的快速持续发展，乡村的经济模式也从传统自给自足的"小农经济"向市场化趋势发展。每个人不再是独立个体，人与人之间的关系也发生了改变，教化权力的重要性逐渐受到冲击，同意权力的重要性不断增强，例如在乡村旅游发展过程中，往往政府主导作用下通过成立公司的形式带动乡村旅游产业规模化、集聚化发展，这也是同意权力的集中体现。同样，在乡村旅游发展过程中法律与道德的冲突与融合也同样是乡村同意权力与教化权力的体现，而法律的强制性、权威性与道德的自觉性、群体性在乡村旅游发展过程中也呈现出有机互动且彼此融合的特征。

综上所述，乡土权力与公权力在中国现代乡村管理体制中呈现出一种有机互动的关系，乡村社会秩序、管理体系的形成、变化是国家政治与乡村社会互动影响的结果。乡村旅游发展的过程同样是乡土权力与公权力互动影响下的结果，也体现出乡土权力与公权力在乡村旅游经营管理过程中的权威性。

2.利益相关者间的协同

乡村旅游的发展离不开人，而人在乡村旅游经营管理中又因为利益与诉求不同扮演了不同的角色。在前文分析中，乡村旅游的主要利益主体包括原住民、旅游经营者、旅游者、政府部门及行业协会。他们拥有各自的利益诉求，但在实际发展过程中，各利益相关者通过发挥各自的作用，进而在共同利益的驱使下，形成了常态化的互动。例如，政府及公共部门往往具有巨大的引导力，主导经营者与原住民的行动目标与方向。外来经营者与本地经营者之间基于有限资源的共享，往往会经历由对抗再到统一的过程。而企业与个体经营者作为规模不同的利益主体，又因为资源的配置、企业的属性等问题，产生不同的互动及协调机制。总而言之，旅游发展是一个持续的过程，在此过程中群体

---

[1] 裴元元.费孝通乡村权力结构分析及其现代启示[J].当代经济，2018（9）：18-19.

利益的分配难以做到完全均衡，因此需要通过乡土权力与公权力的引导，使各方都能达到稳定发展的平衡，形成利益相关者间的协同。

3. 不同类型社会认定体系间的协同

在乡村旅游经营管理的利益相关者分析中，政府部门及行业协会作为间接利益相关者，在乡村旅游经营管理中发挥重要角色，其中，由政府部门及行业协会等组织为主体主导的不同类型社会认定体系，就是乡村旅游经营管理中不可忽视的制度形态文化资本的表现形式之一，比如美丽乡村、乡村旅游重点村等代表乡村旅游经营管理水平的荣誉称号等。荣誉称号的获得和维持使得乡村旅游经营管理拥有了政策支持和民心维护，通过其无形的影响力起到了正面积极的影响作用；但荣誉称号的获得下，也存在乡村旅游现有发展水平与期望差距过大的现象，再随着面临乡村旅游经营管理规范化、专业化的要求，使得这种正向的引导作用变成了发展的现实限制及巨大的压力，最终造成负面效应。社会认定在开展乡村旅游经营管理的活动中具有重要的无形影响力。同时，不同类型社会认定体系所侧重的诉求不同，它们有的与乡村旅游经营发展观念相符，为乡村旅游发展起到无形的助力作用，但也有一些社会认定，也会为发展乡村旅游带来不利的影响。因此，乡村旅游经营管理也体现出不同类型社会认定体系间的协同作用。

二、制度形态文化资本视角下乡村旅游利益相关者调和的特征与策略

（一）乡村旅游利益相关者的构成及诉求

根据制度形态文化资本视角下乡村旅游经营管理的协同机制分析可知，乡村旅游经营管理中的利益相关者体系主要包括原住民、旅游者、经营者、政府及公共管理部门四大体系，四大体系根据其构成不同，又可以细分为原住民、旅游者、当地旅游经营者、外来旅游经营者、政府及公共管理部门、第三方组织六个主要的利益主体。而在旅游经营者中，除了外来人口与原住民的差异利益主体外，还存在企业利益主体与个体利益主体的不同区别。

原住民是乡村资源环境的维持者和乡土文化的创造者，部分原住民也是乡村旅游运营和收益的主体，同时，全体村民也承担着乡村旅游发展带来的一些负面影响，如人流拥挤、环境污染等[①]。参与乡村旅游和不参与乡村旅游两类主体的诉求存在区别，前者是为旅游者提供服务，他们需要获得政府和企业的扶持和优惠政策，以及相应的话语权；后者不参与旅游活动，但是会要求自身生活环境不被破坏，如果其正常生产生活受

---

① 韦银艳，邓爱民，喻春艳.试论乡村旅游可持续发展的动力机制：基于利益相关者理论视角[J].湖北理工学院学报（人文社会科学版），2020（5）：39-45.

到影响，将会衍生对发展旅游的抵触情绪①。

外来个体旅游经营者与参与乡村旅游的原住民有着类似的诉求和目标，容易形成利益共同体，但在一定程度上也受到原住民的排斥。他们的到来进一步挤压了原有的乡村生活空间，还成为原住民经营乡村旅游的最大威胁，同时由于外来个体旅游经营者差异化的文化背景，也使得乡村原真性本土文化的维持和发展受到威胁，但换一个角度而言，带来威胁的同时也同样为乡村文化的创新和发展带来机遇。

旅游企业大多作为外来介入的利益相关者，是乡村旅游发展的建设者和宣传者，同时承担着对当地资源环境和村民收益的补偿，其主要目的是通过乡村旅游发展实现企业的收益。基于此动机，旅游企业希望得到其他利益相关者的支持，同时可以为当地居民提供就业机会，带动当地经济增长。但外来个体旅游经营者产生的对原住民生活空间的冲击，也可能在乡村旅游发展的过程中产生一定的负面作用，甚至激烈冲突。

旅游者作为需求方，是乡村旅游产品的使用者，是乡村旅游发展的直接经济收入来源。旅游者体验的好坏决定了乡村旅游的生命力和产品供给形式，这是旅游企业比较关注的方面，意味着市场认可和利益获得。旅游者在市场需求层面决定旅游业发展的具体指向，同时为当地带来经济收入，拉动当地经济增长。旅游者要求旅游企业、个体旅游经营者提供价格合理、符合期待的乡村特色旅游产品及安全有序的旅游环境。旅游者需要从旅游地提供的产品与服务中获得某种感官上的享受和精神上的愉悦，而非获取某种经济利益②。

政府及公共管理部门具备最重要的管理及协调职能，本身最关注的是公共利益和整体协同发展，它也是乡村旅游公共资源的最大整合者和调配者。政府部门通过出台相应的政策法规和管理措施对当地旅游的发展进行宏观指导、调控和扶持，并在资本引入和运营管理主体方面进行把关和引导，因此，政府部门是作为引导乡村旅游可持续发展的主体存在。政府部门所追求的是通过推动乡村旅游来带动相关产业发展、缓解就业等，从而加快乡村振兴目标的实现③。

随着社会组织形式的不断发展，第三方组织——行业协会等在乡村旅游经营管理中也发挥着越来越重要的作用，其在利益分配和决策中往往保持中立态度。不同于旅游企业，行业协会不以营利为目的，主要关注行业良性发展，关注行业中不被关注或者无人关注的层面④。乡村旅游发展过程中，多方利益相关者的权责、利益分配可能会存在差异。行业协会可以通过其协调职能，发挥专家意见和社会舆论的影响力，进而造成对相关决策的影响。

---

①②③ 韦银艳，邓爱民，喻春艳.试论乡村旅游可持续发展的动力机制：基于利益相关者理论视角［J］.湖北理工学院学报（人文社会科学版），2020（5）：39-45.

④ 卢素文，艾斌.资源依赖与精英权威：农村社会组织与基层政府的双向依赖和监督［J］.中国农村观察，2021（4）：50-66.

（二）乡村原住民与旅游者之间的调和策略

旅游业发展的结果不仅仅是诱人的利益，负面效应也常常如影随形，比如价值观的冲突、环境的恶化、噪声污染、物价提高、交通拥堵等，全球范围内都是如此。在所罗门群岛旅游发展中，曾因为发展旅游产业导致原住民的利益受损，随后，原住民一把火将当地的旅游胜地夷为平地。这个例子足以表明原住民对旅游业的态度影响到当地旅游的发展前景。有学者根据旅游发展的不同程度，将原住民对发展旅游业的态度演变分化为4个阶段。第一阶段原住民的态度为"愉悦"（euphoria）。此阶段特征是游客数量少、素质高，能尊重并能很好地融入当地文化，目的地针对游客的商业活动也相对较少，原住民和旅客之间不存在竞争关系，彼此和谐相处。第二阶段原住民的态度为"冷漠"（apathy）。此阶段游客数量增多，原住民对于游客的存在已经习以为常，原住民和游客之间的关系逐渐变得程式化。第三阶段原住民的态度为"烦恼"（irritation）。此阶段游客数量激增，原住民和游客对资源的竞争趋于激烈，游客的存在明显影响了原住民的生活，原住民对旅游业的发展表现出担忧。第四阶段原住民的态度为"反抗"（antagonism）。原住民对游客表现出明显的敌意，试图通过不合作乃至对抗努力减少旅游业发展带来的破坏作用。当然，这四个阶段的发展并不是必然的，目的地完全可以采用某些方式，固化愉悦阶段，规避冷漠、反抗等阶段的出现。也有学者认为原住民的主观价值对其态度的影响较大。这种价值可以经济的形式表现出来，也可以非经济的形式表现出来。经济形式的价值包括个人收入、税收、就业岗位等；非经济形式的价值包括社区自豪感、多元文化或环境、更多的娱乐设施和餐饮选择、更好的购物环境、更好的基础设施建设等[1]。这些理论都为我们研究原住民与旅游者之间的调和策略提供了研究基础和方向。

总体而言，从制度型文化资本的视角出发，要保障旅游者与乡村原住民间长期稳定的和谐关系，需要从以下几个方面入手。

首先，充分保障原住民固有的生活空间。生活空间既包括了原住民生活所依赖的固定住所等固定空间，也包括了原住民固有的生活方式、生活习性等非物质空间。在乡村旅游开发过程中，部分开发商为了满足旅游者旅游需求，逼迫原住民放弃其原有的生活空间，对原有的乡村生活空间进行商业开发，不仅使得原住民与旅游者的矛盾进一步加深，同时使得乡村失去了本真的人文色彩，反而失去了旅游吸引力。而乡村旅游最大的吸引力之一便是各具特色的人文风情。充分保障原住民固有的生活空间，既能够获取原住民对于发展旅游业的态度支持，也能够充分保留乡村本土文化。

其次，教育游客主动尊重原住民固有的生活空间。在一些乡村旅游发展的案例中，虽然旅游开发者保持了原本的乡村风貌，保障了原住民的生活空间，但并未对游客提出

---

[1] 杨劲松，王葵. 原住民对发展当地旅游业态度的研究综述[J]. 旅游科学，2013（4）：1-8.

一定的要求。于是，在游客的好奇心与消费者本位心理驱使下，一些游客肆意地涉足乡村原住民固有的生活空间中，造成了原住民与旅游者的矛盾逐渐激化。而游客在这一过程中，作为外来"侵入"者，需要为其举动负起主要责任。而主动尊重原住民固有的生活空间，在不破坏原住民原有的生活空间下开展旅游活动，是维持二者长久和谐相处的重要保障。

最后，加强原住民作为旅游经营者的管理机制。旅游者的到来对于乡村原住民来说，除了带来可能的矛盾，同时也带来了大量的经济效益。而在乡村旅游发展过程中，乡村原住民提供的产品和服务质量低下、欺诈旅游者的行为也屡见不鲜。因此，需要加强对于原住民作为乡村旅游经营者的管理机制，加强法律培训与道德教育。既要保障原住民经营旅游活动的经济利益，也要保障旅游者体验乡村旅游产品与服务中的合法权益，才能实现旅游者与原住民的和谐相处，充分实现各自的诉求。

（三）乡村旅游者与经营者之间的利益调和策略

旅游者与经营者是旅游产业中需求端与供给端的代表，二者的关系实质上代表了旅游发展过程中的市场调节与自我平衡关系。其调和策略主要包括了产品与管理两个方面。

首先，在产品方面，乡村旅游经营者要充分挖掘旅游者的旅游需求，开发具有乡村原真性特色的旅游产品。乡村旅游者在开展乡村旅游活动的过程中往往具有共性的旅游需求，如体验原汁原味的乡村本土文化、感受乡村纯净的自然风貌等。而乡村旅游经营者在开发旅游产品时，更多考虑的要素为产品的成本与利润、产品的质量等方面，有时对于旅游者的旅游需求会考虑不周到，进而产生旅游产品同质化、质量低的特点，例如有些乡村旅游目的地为重视所谓产品的"质量"，打造了很多人工精致化的非自然景观，或将原住民迁出生活空间，为游客打造专属的游览、体验空间等。这些做法往往导致了旅游者较差的乡村旅游体验，抑制了乡村旅游产业的发展，究其根本原因，正是将乡村文化资本与乡村旅游脱节后产生的不良后果。

其次，在管理方面，乡村旅游经营者要提升旅游服务意识、服务质量，提升旅游者的旅游体验，进而增加游客的满意度。乡村旅游经营者，尤其原住民群体，在经营乡村旅游的过程中，缺乏一定的旅游服务意识，这与其认知基础存在一定的关系。同时，也有一部分乡村旅游经营者长期以来缺乏自我约束的经营管理机制，过于追求经济利益，导致了旅游服务质量低的问题。而随着近些年来乡村旅游的发展，原住民作为乡村本土文化的传承和发扬者，在乡村旅游中的重要性愈加明显，这也使得一部分乡村旅游经营者在经营乡村旅游的过程中自然而然地形成了以自我为中心的乡村旅游经营意识，进而忽略了旅游服务的重要性。从产品与管理两个角度而言，旅游者相较于经营者主要处于被动地位，是产品与服务的体验方。但随着乡村旅游买方市场的到来，旅游者的需求往往成为旅游经营者关注的重点,甚至出现为了迎合旅游者的不合理诉求,影响乡村旅游目的地健康、持续发展的情况发生。旅游者也要善于在满足旅游需求的同时注重对乡村旅游目的地的保护和对其他利益相关者合法权益的尊重。

传统旅游产业中,由于产业规模差异,产业所有者与经营者分离是典型的发展模式之一,产业所有者可能并不直接参与经营管理活动,交由专业的经营管理人员执行,而这些专业的经营管理人员,其业务能力、服务意识等方面均相对专业,能够应对各种类型的旅游者。而在乡村旅游产业发展过程中,个体经营者更为典型,经营者既是产业所有者,也是产业的直接经营管理者,他们除了服务方的角色外,其产业所有者的角色也使得他们具备了较强的自我意识,这与旅游者以自我为中心的意识往往容易产生一定的矛盾,进而激发冲突。这就需要经营者加强服务意识、提升服务质量,而旅游者也需要加强自我管理的能力,充分尊重乡土文化和乡村旅游经营者的合法权益。

(四)原住民与外来经营者之间的利益调和策略

原住民与外来经营者之间的利益调和策略主要包括两个部分,即个体经营者之间的调和策略、原住民与旅游企业之间的调和策略。个体经营者之间的调和主要指原住民作为个体旅游经营者与外来居民作为个体旅游经营者之间的关系调和。随着乡村旅游的快速发展,很多城市居民除了作为旅游者体验乡村旅游产品与服务之外,也萌生了生活在乡村,在乡村开展旅游经营活动的动机。尤其在一些一、二线城市市郊的乡村旅游目的地,这样的情况尤为明显。一些城市居民通过经营民宿、精品酒店、特色餐饮、娱乐活动等形式扎根乡村,成为乡村的新居民。而许多原本出生在乡村的原住民,在青年时期走出乡村接受高等教育之后,又利用自身丰富的专业知识与经济基础,反哺乡村,为家乡乡村旅游产业的发展贡献自身的力量。这两类情况虽然经营主体存在差异,但均可以视为外来经营者。

而原住民作为乡村旅游的个体经营者,一般是指世代居住在乡村,并从事乡村旅游经营活动的群体。原住民个体旅游经营者和外来居民个体旅游经营者二者的区别主要在于基于不同的文化基础,其从事乡村旅游经营活动的思路、投入规模、提供的产品与服务等方面均具有一定的差异。原住民通常认为这些外来个体经营者占据了乡村固有的资源,同时进一步压缩了自己的利润空间,进而容易产生矛盾;但其实,外来个体经营者在占据资源的同时,也壮大了原本乡村旅游的发展规模,提高了乡村的知名度,扩大了乡村的市场规模,同时提升了乡村旅游的产品质量。因此,实现个体经营者之间的和谐共存是乡村旅游稳定、快速、可持续发展的重要保障。要调和双方的利益关系,需要从自发调节与外界调节两个方面入手。

从自发调节的角度而言,需要加强个体经营者之间的沟通协作。同为旅游经营者,不管是外来经营者还是本地经营者,他们的本质目的都是通过从事旅游相关活动来获取经济收益，所以他们之间的关系既有合作，又有竞争，合作主要体现在行业联结上，例如在对食物、特产、交通方式等各方面的资源筛选中，外来经营者会与提供这些资源的经营者保持稳定的联系与供应，这些经营者可能是本地的，也可能是外地的，但是此时地缘的界限并不妨碍合作关系的产生。但要强调的是，这种合作关系往往仅限于以共同利益为基础，可以随着时间的长久持续加深，但一旦这种共同的经济利益平衡被打破，容易直接激化成为矛盾。

外界调节相较于自发调节，可以更为直接和有效地改善双方的关系，而外界调节的核心在于制度性文化资本中的乡村公权力体系的引导。从外界调节的角度而言，政府及相关旅游主管部门，应通过政策引导、有针对性地宣传推广等方式改善二者的利益关系。政府及相关旅游主管部门是乡村旅游公权力的主要构成部分，具有较强的引导和调控作用，可以从利益共同体的角度出发，引导并指导开展原住民与外来经营者的有机互动。同时，可以通过宣传推广的作用加强原住民与外来经营者之间的有效互动，加深彼此的了解与认知，帮助其建立有效的沟通机制，从而推动彼此的合作。要强调的是，这种合作关系相比于自发调节，会具有更明显的效果，同时从长期可持续发展的角度来说，这种合作既建立在眼前的经济利益之上，也着眼于长期的旅游发展效益，同时能够帮助外来经营者更好地融入原住民的社会生活。

旅游企业与旅游地原住民的和谐关系是乡村旅游可持续发展的重要保障。旅游企业与原住民的利益共享、文化资源共享、生态环境共享是乡村旅游可持续发展的基础。不论是旅游企业不尊重乡村原住民经济利益、文化利益、生态利益以及其他利益的获得，而是借助资本权力肆意侵犯原住民的情感，还是乡村原住民阻碍旅游企业项目的正常推进和实施，造成企业的利益受损，均会在乡村旅游经营发展的过程中引起二者的矛盾和冲突。如果仅仅将乡村旅游发展视为一次性交易，双方均本着获取各自的最大化经济利益原则，那么这种和谐关系很难长期维持下去，进而损害到乡村生态环境、文化环境和社会环境[①]。因此，旅游企业与原住民之间的调和也是十分必要的。要保障旅游企业与乡村原住民间长期稳定的和谐关系，需要从以下几个方面入手。

第一，要基于乡村制度型文化资本，建立道德信任机制。双方关系的改善并不完全依赖于法律等正式规则，在很大程度上也要依赖于一种长期共同的道德价值基础，这就是信任机制。信任机制的实现有利于弥补法律关系及法律执行中可能缺乏的人情味，进而调和二者之间的关系，对于乡村而言，这一点更为重要。而由于乡村"熟人社会"的特征导致乡村制度性文化资本较之城市文化资本，更具有人与人之间的温情性，更有利于道德信任机制的形成。第二，建立利益共享机制。根据社会交往理论，个人或群体采取某种方式彼此交往，这种交往旨在获得报酬或回报。旅游企业与乡村原住民之间本

---

① 杨玉梅.旅游企业与原住民的关系治理：基于关系契约理论的解释[J].经济问题探索，2011（4）：173-176.

身就存在着利益的共有和责任的分担。在乡村旅游发展过程中要考虑双方相对均衡的收益，这种收益不仅仅体现在经济收益中，同时还要形成规范的收益分配规则。若原住民所在地区经济发展水平越低，从旅游业中获得的收入在居民收入结构中所占比例相对越大，原住民对旅游业的依赖性就越强，并且还会将收入增加的希望寄托于旅游者数量的继续增长和旅游支出的增加。若原住民所在地区经济发展水平较高，则他们对于旅游业利益的诉求可能更多转化于生活条件的进一步改善及环境的和谐程度等方面。第三，建立环境保护机制。这里的环境既包括自然环境，也包括人文环境。旅游企业会利用经济资本对原住民的乡村本土文化资本进行打造，形成强烈的"伪地方性文化"以吸引游客。乡土文化、民俗民风等文化资本或被改造成赚钱的工具，各种"新潮"的乡村生活方式，反而损害着乡村本土文化的传承和发扬。只有原住民的文化在旅游过程中不断得到强化，才可以实现文化的可持续发展。同样，乡村旅游的发展对本土的自然资源环境依赖性较大，这种不可再生旅游资源的价值离不开乡村生态环境的保护，而原住民的生产生活与自然环境资源密切相关，是乡村旅游发展的基础。如果在旅游开发过程中造成生态环境的破坏，原住民则是这一消极后果的直接承担者，就会造成旅游企业与原住民的对立以及对资源的争夺，这又会加剧对生态环境的破坏，形成恶性循环。旅游企业开发乡村旅游资源，兴建旅游设施，应当符合乡村旅游资源开发、利用和保护规划，有利于生态和环境保护，达到双方利益的统一。

三、制度形态文化资本视角下乡村旅游公权力与乡土权利调和的特征与策略

乡村权力结构是制度形态文化资本的重要组成部分，对乡村旅游的发展具有直接影响。乡村权力结构展现了乡村资源的分配模式、来源渠道、运行规范、权威和影响力度等结构要素的有机组合。同时，乡村权力结构也是乡村社会体系构建的重要基础，而乡村由于其区别于城市的发展背景和经济结构，使得在乡村发展过程中产生了公权力与乡土权力的对立统一。对乡村权力结构的深入分析，是认知乡村社会形态、发挥制度形态文化资本效力、引导乡村旅游发展的重要途径，同时也对我国实现乡村振兴有重要的理论和实践指导意义。

（一）乡村旅游公权力的特征与范畴

从现代公权力角度出发，国家控制乡村的各项政策、制度、机构、组织和人员构成了国家对乡村的控制方式，乡村控制方式的要素之间紧密结合，便构成了乡村公权力的结构体系。目前，我国现行的乡村管理体制是在乡村内部建立以村党支部和村民委员会为主体的二元权力中心，体现出中国特色的乡村管理制度，即国家意志和乡村自治的结

合①。因此，乡村旅游公权力的构成主要由乡村政府管理机构及旅游产业相关的行业及社会组织共同构成。

乡村旅游公权力体系首先从乡村旅游经营管理的角度体现出权威性。乡村政府机构属于国家政府部门的组成部分，具有管理的威望和影响力，面对公共性事件，比如原住民因过度追求旅游经济利益，肆意破坏乡村环境，没有考虑到乡村长远发展等问题时，政府部门的公权力往往具有最直接的制约效能。但不同于城市，乡村的治理往往是一个复杂的过程，不仅要依托政府部门，还要受到乡村现实社会环境的制约。因此，乡村旅游公权力体系首先要以权威性和强制性保证乡村旅游的可持续发展，通过法律规定的权利和义务对乡村旅游发展进行强制性、规范性、科学性的管理，使乡村旅游走上科学发展的轨道，避免乡村旅游发展中的人为破坏。

同时，乡村旅游公权力体系在现实中国乡村发展中又体现出引导性、示范性的特点。政府权威一般在乡村权力结构中占据统治地位。它是国家意志和治理的体现，国家通过政府权威管理农村社区。政府权威凭借其强制力和组织优势实现对民众的管理。历史上，由于交通和信息传播条件的制约，政府权威深入村庄的成本过高，需要整合借助宗法权威和道德权威的力量②。宗族权威在国家法律和制度的认可下协助国家治理，维护公共安全，可以有效地节省乡村社会的治理成本③。改革开放后，基层政府大力推进管理深入基层，但由于现实社会条件及经济成本等原因，在一些地区效果有限，同时还有少部分区域甚至出现基层公权力与原住民逐渐疏离，基层公权力会出现"真空"的问题。随着现代社会的不断进步与乡村振兴发展，以新乡贤为代表的个人精英，他们组成的社会组织希望能够得到村庄的承认，赢得自身的荣誉和尊严，成为国家与社会之间的纽带，推动了个体自我激励的能动性与政府示范导向的互动，尤其在乡村旅游发展过程中，这些存在于公权力体系与乡土权力过渡地带的权力体系架起了基层公权力体系与原住民之间的桥梁，使得政府公权力体系不仅通过其权威性实施对乡村的日常管理，同时通过社会组织的旅游示范带动，体现出其引导性、示范性的特点。

（二）乡土权力的特征与范畴

前文论述中曾经提到，费孝通先生在其著作《乡土中国》中阐述了传统乡村社会的权力构成，提出了四种乡村权力，分别为从社会冲突之中发展出来的横暴权力，从社会合作中发生的同意权力，从社会继替中发生的长老权力，从社会变化中发生的时势权力，而在此基础之上形成的"熟人社会""家族""宗族"成为权力和权威的象征，这就

---

① 马成乾.礼治与法治：中国农村权力结构之二型[J].新远见，2010（7）：49-53.
② 卢素文，艾斌.资源依赖与精英权威：农村社会组织与基层政府的双向依赖和监督[J].中国农村观察，2021（04）：50-66.
③ 刘国良，杨洪泽，王魏.农村基层三元治理模式之建构与法律监督研究[J].理论月刊，2011（4）：181-183.

是传统中国乡村社会中乡土权力的主要构成。

横暴权利与同意权力具有相似的特征，都体现出了阶级性与社会分工。横暴权力是一种压迫性质的权力，它产生于支配者与被支配者的持续冲突过程。横暴权力是有阶级性的，而阶级性是国家的基本属性。另一种权力就是从社会合作之中产生的同意权力，社会分工的结果是每个人都不能"不求人"而生活，所以社会合作是必须的。在这样的基础上，产生了委托方和被委托方。每个人既是被委托的人——我们需要安于其分做好自己的本职工作；每个人又是委托人——我们必须让别人也做好自己的本职工作，这实际上就产生了权利和义务。而随着社会分工的扩大，同意权力也就不断跟随着变大。事实上，这两种权力是同时存在的，它是人竞争与合作行为的映射。

长老权力与时势权力具有相似的特征，都体现出了地方性、教化性、可变性的特征。在认识长老权力与时势权力的时候，我们需要认识到社会继替与社会变化的区别。社会继替是指社会成员新陈代谢的过程，社会变化则是更宏观的，关于社会组成和形态的更替。在中国的乡土社会之中强调长老权力是必要的。长老权力是一种教化权力，历史上乡土社会的极度的稳定性，使得成员在生长的过程中所遇到的问题，他们的长辈一定遇到过。这个时候，经验就显得非常重要，这样的经验是通过教化来传播的，它包括了一系列的社会规范。但任何的社会都是在不断地变化的，在变化之中，用于维护传统和保证文化习得的长老权力难以解释社会变化之中的一些现象。而时势权力的区别在于，社会的变迁通常是发生于旧有社会结构不能应对新环境的时候，当乡土的传统不能答复人们时，人们就会需要有办法的人才，那就是"新乡贤"[①]。应该说，时势权力是中国乡土社会发展过程中的一个动态的平衡机制。

随着社会发展，当下中国乡村中的乡土权力体现出集体性、科学性的新特征。这一特征主要表现在社会分工更为明确的前提下同意权力的作用大大增强，以及随着科学技术的发展和信息水平的不断提高，传统乡土社会中的长老权力逐渐被削弱，具备科学知识的人才逐渐发挥出时势权力的重要性。中国传统乡村社会是一个以教化权力为主，横暴权力、同意权力、时势权力为辅的权力结构。随着我国实行社会主义市场经济体制，乡村地区的经济模式也发生了变化，从传统自给自足的"小农经济"向市场化趋势发展。传统乡村社会的生产生活经验大多都是先辈口口相传而得，并且在封闭性较强、流动性较弱的社会，靠经验足以维持日常生存。当市场经济的风潮席卷而来后，乡村地区的经济发展模式也随之改变，每个人不再是不依附他人而存在的独立个体，人与人之间的关系也发生了改变，基于相互默认基础上的契约，一方有义务完成约定的事务，同时也有权力让对方履行义务。用费先生的同意权力解释最为恰当，这也显示出未来乡村权力结构中同意权力的比重势必加大。传统乡村社会自我封闭，也就造成了信息堵塞，随

---

① 沙尔赛开.共生模式下乡村旅游发展优化策略[J].社会科学家，2020（8）：50-56.

着思想文化的发展，对千百年故步自封的乡村社会发起了挑战。一些拥有"地位"的长老在信息化潮流面前，也无能力控制整个乡村社会的发展状态。此时，掌握新知识的群体成为时代的主流，他们所熟知的知识在经济生产、生活娱乐等方面都获得诸多好评，从而赢得了村民的信任，也体现出了时势权力的重要性。对于乡村旅游目的地而言，这两类权利均有用武之地，一方面，大多数乡村旅游目的地传统文化保留较好，这就使得在社会治理的过程中，长老权利还是有一定的权威性，另一方面，乡村旅游发展的过程，也是现代文明不断冲击传统村落的过程，旅游者新需求的满足、目的地的新发展的方向等往往让时势权力在旅游业经营领域拥有更大的话语权。

（三）不同类型间权利的调和策略

第一，逐步加强基层民主建设。目前，我国乡村地区主要以二元权力结构为主，且在很长一段时间里，村民的自治权力没有发挥实质性作用，继而削弱了乡土权力，忽略了其在乡村发展过程中的重要性，造成了一些不利的后果。实现公权力与乡土权力的有机统一，首先应加强旅游目的地管理中的自治体系建设，让村民真正掌握并在一定范围内有效行使权利。具体实施时，可以加强旅游产业村民自治组织的建设，培育和发展群众性旅游业管理组织，让村民的利益诉求渠道不再单一。其次，在乡村旅游发展的过程中，要突出原住民的主体地位，发挥其主人翁意识，这也是体现其乡土权力的过程。

第二，加大人才培养和回流力度，重点发挥现代乡土权力的重要性。传统乡村社会的权力可以说既是丰富的，也是单调的，长老的教化权力处于主流地位。就现代社会的发展而言，这种权力结构随着科技发展已经逐步支离破碎，信息通过互联网已传入千家万户，此时的乡村社会更需要新兴科技人才及有才华的人群回流，共同建设社会主义新农村，发挥乡土权力在乡村社会中的重要性[①]。具体而言，首先应当完善原住民的教育机制，让他们多接受教育，培养个人的一技之长，其实这也是增加乡村身体形态文化资本的过程。其次，通过惠民政策更多吸引外地成功人士返乡。例如，在乡村旅游发展过程中，大量年轻人会选择回乡创业，在民宿、休闲旅游等业态建设中起到重要作用，同时这些人才利用自己的知识与技能大力参与到村庄事务的管理，既是公权力的有效补充，也保证了乡土权力的科学发挥。

第三，加强乡村社会文化建设力度，培育乡村特色文化。乡村社会的改革不仅是政治、经济方面，同时需要营造一种文化氛围，为新农村建设提供文化资源和精神动力。随着乡村地区的经济不断发展，村民的文化生活需求也不断提升，乡村公权力体系应当着力鼓励和引导乡村地区自发组织的文化团体，并在政策和经济上给予一定的支持和帮助。只有大力培育富有乡村特色的文化，并促进乡村文化的持续发展，才会有持续的文

---

① 蒲实，孙文营.实施乡村振兴战略背景下乡村人才建设政策研究[J].中国行政管理，2018（11）：90-93.

化资源和精神动力，才有可能促进乡村文化资本的再生产，并形成有利于乡村社会全面健康发展的人文环境。而特色乡土文化的培育，既可以保证乡土权力在乡村社会中的有效实施，也可以转变为制度类型文化资本，从优化目的地管理的角度指引乡村旅游健康可持续发展。

四、制度形态文化资本视角下社会认定体系对乡村旅游发展的激励特征与实施策略

（一）制度形态文化资本视角下社会认定体系对乡村旅游发展的影响特征

政府、公共部门、第三方组织的公权力除了体现在他们拥有的管理及协调职能之外，由其制定、主导或认可的社会认定体系也以一种无形的影响力影响着乡村旅游的发展。乡村旅游的社会认定体系是乡村制度形态文化资本的重要构成，其主要指由政府、政府相关公共部门、第三方组织面向社会发布的一系列荣誉称号评定体系，在经过一定的评定和认可之后，颁发给与乡村旅游相关的组织与个人。这些荣誉称号彼此之间可能存在一定的相关性、阶梯性、等级性的关系，也可能彼此之间毫无关联；有些荣誉称号可能具有一定的限制条件，如仅限于一定的时间范围以内。按《现代汉语词典》的解释，荣誉称号一般可以由两个部分组成。荣誉是指光荣的名誉，而称号则是赋予某人、某单位或某事物的名称（多用于光荣的）。因此，荣誉称号实质上就是由外部机构所授予的具有光荣名誉性质的名称，它意味着某种肯定、认可或鼓励。这也成为制度形态文化资本的一种特殊表现形式。

社会认定体系对乡村旅游发展的影响特征主要体现在以下几个方面。

第一，授予主体的多样性。荣誉称号可以由多个主体进行授予，政府及其相关管理部门作为公权力的核心，其授予的荣誉称号多具有重要的价值意义，如"全国乡村旅游重点村镇"是目前乡村旅游发展中最能体现乡村旅游目的地整体价值的称号之一。而第三方组织也可以作为荣誉称号的授予主体，例如由多位专家或社会组织组成的某一专业性乡村旅游协会，也可以通过自主认定和评价的形式向某乡村旅游目的地授予其协会认可的某荣誉称号。同样，个人也可以作为荣誉称号的授予主体。例如某一影响力较强的公众人物，也可以自发进行一次最喜欢的乡村旅游目的地的评选等。

第二，影响力价值的无形性。社会认定体系下乡村旅游相关的组织或个人获得的某荣誉称号，从直观意义上而言并不具备任何的直接经济价值，只可能是一张奖状、一本证书、一块牌子。但就是这简单的奖状、证书、牌子，却成为乡村旅游发展中的无形资产，甚至可以发挥巨大的影响力。善于利用乡村旅游相关组织或个人获得的各类荣誉称号，可以为乡村旅游的快速发展带来巨大的利益。例如，某一乡村旅游目的地拥有多个

"金牌农家菜"称号，针对这一荣誉进行有针对性的宣传推广，可以有效地帮助乡村旅游目的地打开旅游市场，吸引游客前来品尝，再通过不断地发酵使得这一荣誉的价值被进一步放大。

第三，影响力价值的难以评估性。虽然社会认定体系下乡村旅游相关的组织或个人获得的各类荣誉称号具有无形的价值，但由于授予主体不同、认定的专业程度不同、不同社会群体的认可程度不同等因素，导致这些荣誉称号可发挥的影响力存在一定的差异性。同时不同类型的荣誉称号，由于体现的都是一种无形的价值，因此很难对其既定价值和未来价值进行预测和评估。例如在乡村旅游发展过程中，有主体认为获得的荣誉称号越多，则对乡村旅游的发展越有利。从表面上看这一论断没有问题，因为不同认定体系下的荣誉称号都可以发挥其无形价值，但从现实发展过程看，却往往会出现一定的问题。国家级、省级乡村旅游发展重点村镇的荣誉称号可以使得乡村旅游目的地获得一定的社会影响力，帮助其打开客源市场，获取可能的政策发展优势及资本支持。但这一荣誉称号获得过程中，如果没有正确的荣誉感和政绩观，也有可能会使得原住民在高要求、高标准的乡村旅游发展建设进程中，其生活空间进一步被压缩[①]；同时个体经营者的经营管理要求也会随之提升，旅游发展可能会更趋向于呈现企业化、规模化发展的趋势，也有可能进一步压缩个体经营者的利润空间，进而引发一定的社会矛盾。与此同时，由于第三方组织作为社会认定体系下荣誉称号授予的一大主体，其荣誉称号的价值更体现出不可评估性。政府及相关主管部门可以以国家级、省级、市级等层级的限定条件，对荣誉称号的无形价值进行一定程度的评估，但不同的第三方组织由于其专业性程度不同、社会影响力及评价不同、组织性质的不同等特点，使得对其授予的荣誉称号在乡村旅游发展过程中发挥的影响力很难进行合理有效的评估。

（二）制度形态文化资本视角下社会认定体系对乡村旅游发展的影响机制

认定体系对乡村旅游目的地旅游发展的影响是一个长期的过程，具体而言，认定体系从制定、颁布到评定的过程就是对乡村旅游目的地旅游发展的一个影响过程，而认定主体与乡村旅游目的地在长期间接互动影响的过程中，形成了认定体系对乡村旅游发展的影响机制。就认定主体而言，不同认定主体的权利即是制度形态文化资本的体现，如政府及相关主管职能部门，因其公权力的权威性，其发布的认定体系就具有了较为显著的影响力；第三方组织作为行业或领域的代表，除了部分机构可能具备一定的行政权力外，其内部专业人员的构成、行业标准的颁布等方面均体现出与组织性质相匹配的社会影响力。

具备权威性及广泛社会影响力的认定主体，其颁布的认定体系，首先从制定角度

---

① 王雨昕. 乡村旅游的负面效应及对策研究[J]. 商场现代化, 2007 (17): 256–257.

就体现出一定的科学性、系统性、指导性，为乡村旅游发展指明了方向。例如，文化和旅游部评定的"全国乡村旅游重点村"，从旅游资源、自然生态、传统文化、旅游产品、乡村民宿、基础设施、公共服务、就业致富等多个方面入手进行评定，从制定角度而言，既考虑了当下乡村旅游发展的基础条件和重点问题，也考虑了旅游业在乡村整体发展中的地位与重要性，评定细则的制定由学者与行业专家共同参与并经过了详细的理论研究与实地调研，因此在这一认定体系发布后得到了各乡村旅游目的地和社会各界的广泛关注，这一认定的社会影响力也在迅速提升。争取获得认定，取得荣誉称号成为很多乡村旅游目的地发展的既定目标。这一目标的确定，对于还未发展成熟的乡村旅游目的地而言，成了其发展乡村旅游的系统指南；对于已经发展较为成熟的乡村旅游目的地而言，这一目标则成了其修正发展方向、不断优化提升的重要指引，其无形的价值及社会影响力在还未申报认定之时已经开始显现。而对于乡村旅游目的地的经营者而言，获得认定及相应的荣誉称号，可以为其带来明确的现实利益，也成了他们个人努力实现的目标，使得各个利益主体在发展初期达成了较强的利益共识，形成了较为牢固的利益共同体。对于旅游者而言，不同的认定体系也为其选择目的地的决策行为提供了重要的参考。

其次，认定体系评判过程的公平、公正、公开，再次加深其社会影响力，为现阶段乡村旅游目的地的旅游发展状况进行科学检验，也为不同乡村旅游目的地下一阶段发展提供思路。正规的认定体系的评判过程是公开进行的，例如"全国乡村旅游重点村"的评定，需要文化和旅游部对全国申报乡村旅游重点村的各个村镇进行乡村旅游发展情况的全面评估，由专家学者及行业人士构成评估群体，通过材料评估及现场实践评估等方式完成对乡村旅游目的地的全面考察。这一过程既是认定体系对其自身影响力的加深过程，通过专业的评估和对比分析，最终得到一定的结论面向社会公布，也使得认定体系下荣誉称号的获得对于乡村旅游目的地来说显得更为珍贵。而就乡村旅游目的地的管理机构而言，这一过程不仅仅是一个检验发展成果的过程，也是学习和改进的过程，还是加强乡村旅游目的地社会影响力的过程。第一，通过检验及分析，乡村旅游目的地获得认定主体对自身乡村旅游发展的评估，明确自身的优势与不足，确定下一步的发展方向。第二，获得认定主体的肯定，取得荣誉称号，成为这一阶段乡村旅游发展的阶段性成果，而荣誉称号带来的无形价值成为下一阶段乡村旅游发展的重要依托。第三，通过评定过程的学习，可以使乡村旅游经营管理者学习到其他乡村旅游目的地旅游发展过程中的先进经验，帮助其打开乡村旅游发展的思路，为下一阶段工作做好准备。

最后，认定体系下荣誉称号的获得为乡村旅游发展带来实际价值，为乡村旅游可持续发展奠定基础。荣誉称号的获得意味着这一制度形态文化资本的价值得以最终实现，乡村旅游发展中的某一阶段性成果得到肯定。而对于乡村旅游发展中的各利益主体而言，可以为其带来一系列无形价值，如政策的倾斜、资本的注入、市场的增加等。而认定体系并不是一个阶段性的过程，其荣誉称号往往具有一定的限制条件，例如时效性、淘汰制等。因此，在获得相应的荣誉称号之后，也意味着乡村旅游的发展进入了长期维持并改进提升的阶段，这也使得乡村旅游发展进入了一个良性循环的可持续发展阶段。

综上所述，认定体系对乡村旅游发展的影响是一种长期阶段式的影响过程，双方间接互动的过程既是认定体系实现其自身社会影响力及无形价值不断提升的过程，又是乡村旅游明确自身发展方向，实现乡村旅游科学合理可持续发展的过程。

（三）制度形态文化资本视角下社会认定体系对乡村旅游发展的激励策略

作为乡村旅游制度形态文化资本的主要代表之一，认定体系在乡村旅游发展过程中拥有巨大的无形价值，而当下乡村旅游发展过程中认定体系却没有完全发挥出其价值。究其原因，主要还在于乡村旅游发展中各个利益主体没有深刻认识到其所能发挥的作用，更多还是将认定体系下获得的各种荣誉称号作为一种成绩、成果的彰显。而将其价值最大化，还需要乡村旅游发展中各利益主体团结协作，更好地服务于乡村旅游的发展。具体而言，可以从以下几个方面出发，促进其价值最大化。

首先，政府及相关主管部门应当构建与认定体系相关的激励机制，鼓励乡村居民及旅游企业积极投身乡村旅游产业建设，完善利益分配制度，进而构建乡村振兴发展利益共同体。要充分发挥政府及相关主管部门在乡村旅游发展过程中的顶层设计和统筹管理作用，积极协调和统筹来制定整体的发展措施。尤其可以依托具体某一权威性认定下的发展指标，制定相关的激励机制。同时，政府部门要充分发挥主观能动性，积极主动地协调管理乡村旅游利益主体的相互关系，为乡村旅游发展和优化提供必要的公共信息和政务服务功能，加强认定价值的宣传和激励政策，并拓宽利益共同体体系下各个利益主体之间的沟通便易度，促进整体产业良性发展。具体而言，需要依托某一权威的认定体系，构建乡村旅游发展利益共同体的共生互促平台。政府及相关主管部门应当要积极地鼓励各方利益主体参与乡村旅游发展过程，并重视其成长；主要经营管理者可以依托某一权威的认定体系统筹各种资源，寻找各种市场投资机会，从资金投入、产业发展、就业创业等多个角度来扩大乡村旅游产业发展的格局。各方利益的分配方面，要以市场为基础，统筹协调各种社会资源，并且在市场的引导下，不断调整旅游资源的配置、各个利益主体的权责边界。此外，还需要构建完善的引导和监督机制，加强对个人、企业、组织等的宣传教育工作，积极引导乡村旅游的利益共同体朝着长远利益的方向发展，同时加强权责体现和利益分配均衡公平化的监督，确保乡村旅游能够实现健康稳定发展。

其次，应当明确乡村原住民的主体地位，加强原住民在乡村旅游产业中的参与度，激发其主人翁意识。乡村旅游的快速发展为乡村振兴注入了新鲜血液，作为乡村经济振兴的主体，要突出原住民在乡村发展中的作用，通过增加村民在乡村旅游发展过程中的参与比重，增强村民的心理自豪感和主人翁意识，保障村民在乡村旅游发展下的基本权利,来有效体现村民在乡村旅游的长期稳定发展①。而从认定体系的角度而言,原住民往往对认定体系的认知不够深刻,甚至觉得认定体系下的荣誉称号与自身无关,这种较为狭隘的认知往往导致原住民对认定体系的漠不关心,无法真实地感受到其巨大的无形价值。要让原住民真正认知认定体系能为乡村带来的无形价值,必须要强化其在乡村建设发展过程中的主体地位,让通过社会认定体系带来的价值真正惠及乡村原住民。

具体而言,首先可以加强原住民与外来旅游企业间的直接合作,让原住民与乡村旅游企业之间构建平等互惠的关系。其次,政府及相关主管部门要增强原住民的自豪感和主人翁意识,通过开展与认定体系相关的各类民俗文化、自然资源等乡村旅游资源的保护和宣传工作、举办节庆活动、鼓励非物质文化遗产的传承等多方式,让原住民意识到这些旅游资源是自身的宝贵财富,是促进经济发展和乡村振兴的基础,而自己则是这些宝贵资源的主人,只有在政府的引导和支持下、开发企业的合作和利益共享下,在实现社会普遍认知及认可的前提下,才能真正使这些旅游资源转变为旅游发展背景下经济发展的红利。最后,要加强对具有传统乡土权力的组织和个人的引导,通过公权力和乡土权力的双重引导,进而使原住民明确自身在乡村发展中的定位,主动参与与乡村旅游发展相关的认定工作。例如,乡村具有许多的非物质文化遗产传承人,这些人既是乡村原住民,又可能因为其掌握的一门技艺,拥有较高的身体形态文化资本,在原住民社会群体中具有一定的权威,从而能够影响乡村制度形态文化资本的生成和转化。要积极引导这类人群参与认定体系的获取过程,既让其认识到认定的重要性及无形价值,及对自身发展的影响,同时要让其有参与感和荣誉感,也可以通过这些传承人的影响力推动其他原住民认识到乡村旅游发展过程中相关认定体系的价值。在对某一荣誉的获得、某一认定体系的认可过程中,调节不同主体间的关系,形成乡村旅游发展的共同体,以制度形态文化资本的生成和转化促进乡村旅游的新发展。

五、案例分析:制度形态文化资本视角下乡村旅游行业管理领导力体系分析

制度形态文化资本视角下乡村旅游经营管理涉及原住民、外来旅游经营者、旅游企业、旅游者、政府部门以及行业协会等主体。其中,原住民、外来旅游经营者、旅游者是直接利益相关者,政府部门及行业协会是间接利益相关者②。虽然是间接利益相关者,但在具有"科层制"特点的当代社会背景下,政府部门尤其是旅游行业部门的管理者在

---

① 林晓娜,王浩,李华忠.乡村振兴战略视角下乡村休闲旅游研究:村民参与、影响感知及社区归属感[J].东南学术,2019(02):108-116.
② 韦银艳,邓爱民,喻春艳.试论乡村旅游可持续发展的动力机制:基于利益相关者理论视角[J].湖北理工学院学报(人文社会科学版),2020(5):39-45.

乡村旅游利益相关者中仍然起到了引领性、协调性的核心作用。因此从制度形态文化资本的角度审视乡村旅游行业管理的领导力体系的架构，对乡村旅游利益相关者间的调和、乡村旅游的健康发展、乡村优秀文化的有效传承等均具有重要的意义。

（一）基于WICS模型的行业管理领导力分析维度

WICS领导力模型是罗伯特·斯腾伯格基于心理学基础，对高效领导者所具备素养的全面分析结果。这一研究成果最初被运用于教育管理领域，后由于其具有普适性和实用性，也被广泛运用于其他管理领域的领导力研究中。斯腾伯格认为智慧（Wisdom）、智力（Intelligence）、创造力（Creativity）和它们之间的综合（Synthesized）构成了完整的领导力体系[①]。这一理论将领导力聚焦在决策能力的提升，而非难以把握和普及的个人气质、魅力等的养成，因此具有突出的现实指导意义和推广价值。

某种程度上，制度形态文化资本是一种可以将个人层面的身体形态文化资本转换成集体层面客观形态文化资本的方式，而转化的重要手段之一，就是管理者领导能力的培育和实施。对乡村旅游行业管理部门领导而言，尤其需要不断增强领导力，既懂得如何分辨在哪些领域减少没有法律依据和授权的行政权，学会"简政放权"，又需要不断创新和加强行业的监管和引导能力，科学管理，学会"放管结合"，同时还需协调不同利益主体的诉求，以人民的幸福感和获得感为工作中心，学会"优化服务"。因此，乡村旅游行业管理在一定程度上就是根据大政方针指引、市场环境变化、企业和旅游者诉求等不断进行科学决策的过程。而以WICS模型审视乡村旅游行业管理领导力的构成，也可以从决策的生发、分辨、执行和调适的视角，对行业管理创造力、行业管理智力、行业管理智慧及综合运用开展分析，并在此基础上构建起行业管理领导力体系。

（二）乡村旅游行业管理创造力分析

WICS领导力模型认为领导力首先体现在决策的生发上，具有远见和开创性的决策思路的产生是领导活动开展的前提。行业管理的创造力往往指向某一具体任务的实施和某些现实问题的解决。比如，乡村旅游管理部门面对"非遗与乡村旅游开发结合"的问题，就需要开展科学决策，展示领导力，就首先要有"行业管理的创造力"，这一创造力的核心是制定出一揽子解决问题的备选方案和引导路径。

1. 备选决策方案生成的领导力要素

根据WICS领导力模型，备选决策方案的产生需要领导者具备八种能力[②]。其一，重

---

① Sternberg R J. WICS: Wisdom, Intelligence, and Creativity Synthesized [M]. New York: Cambridge University Press, 2003: 6.

② Sternberg R J. A Model of Educational Leadership: Wisdom, Intelligence, and Creativity Synthesized [J]. International Journal of Leadership in Education: Theory and Practice, 2005, 8（4）: 347.

新定义问题的能力。对问题本身需要进行深入分析，明确症结所在。如对"非遗进乡村"问题的解析，需要从非遗传承人的诉求、乡村旅游目的地的诉求、旅游者的诉求，甚至非遗传承人与其他原有乡村旅游产业经营者的关系、外村引入与本村原生非遗经营者的利益关系等维度考虑分析，而不能简单地引入了之。其二，探索答案的能力。能够针对问题本身探索出可能有效的解决方案。对非遗传承人乡村研习场所的配备，对乡村不同非遗业态的布局，对旅游者非遗体验的引导等都是可供选择的促进"非遗进乡村"的解决方案。其三，推销方案的能力。能够向相关群体，包括下属清晰明了地解释并剖析预选方案。其四，看到认知局限的能力。能够清醒地认识到自身认知的局限，从而在备选决策的制定上做到兼听则明。如在面对"非遗进乡村"时，旅游管理部门就需要善于聆听传承人、旅游者、村民、经营户等不同群体的心声，了解诉求，征询意见，统筹思考。其五，承担风险的能力。能够愿意为自己的决策失误承担责任，并尽量规避决策风险。其六，克服障碍的能力。能够从情感、思想意识等方面克服制定备选决策时的障碍。其七，忍受模糊性的能力。即对决策实施后结果预判存在不确定性的容忍。并不是所有决策都能够有清晰的结果预判，管理者往往需要对结果的部分模糊性抱有宽容的态度。其八，终身学习的能力。环境在变化，时代在发展，只有具有终身学习能力，对问题解决的决策才会具有前瞻性。比如，随着信息技术的发展，对于乡村旅游的智慧化治理，就需要管理者不断学习，提高信息化管理和使用水平，优化决策思路。

2. 乡村旅游行业管理创造力构成的维度

乡村旅游行业管理创造力的要素构成虽涉及错综复杂的八个方面，但总体而言，可归纳为两个维度，即"认知"和"态度"。领导者的认知水平与层次决定了备选决策是否能够生成，以及生成的质量如何，直接关乎行业管理创新能力的高低。而领导者的态度则决定了是否愿意直面问题，以及对问题的处理程度和工作实施的力度，直接关乎行业创新的动机。可见，乡村旅游行业管理创造力作为行业管理领导力系统的首要要素，影响到决策的生发，而认知与态度则是行业管理创造力产生与发展的关键。

（三）乡村旅游行业管理智力分析

WICS领导力模型中所指智力并非传统智商的概念，而是一种"成功智力"。斯腾伯格认为这种智力实质上是"一种在工作、生活中获得成功的能力"[①]，可以使得领导者面对备选的决策集簇时，通过回忆、分析、判断、评价、修正、适应等多种方式获得某一或某系列的最优决策。成功智力通常由理论智力和实践智力两部分构成，从不同维度促成决策的成功。

---

① 李政，胡中锋.WICS领导力模型：缘起、特征与启示［J］.高教探索，2016（08）：18-23.

1.乡村旅游行业管理理论智力分析

理论智力也被称为"分析性智力",这种分析通常指向"思维",是理性的分析,而非感性直觉的体悟,其与领导者的记忆力、逻辑推理能力等密切相关。在面对备选决策时,领导者首先要调用记忆力对已有的知识进行回顾,在此基础上,通过归纳、演绎等方式找寻决策与预期结果之间的因果关系,运用逻辑推理推演出不同决策实施后的可能结果和对其他相关因素的影响,从而做出理性的抉择。比如,乡村旅游管理部门领导者在研制"厕所革命"的奖补方案时,面对旅游厕所修建是"以奖代补"还是"前期补助",奖补经费是一次性发放还是与后期管理相挂钩,实施分期发放等决策的选择过程中就需要运用"理性智力",首先对不同地区旅游厕所目前的建设管理情况、地方财政的现状和对旅游厕所前期的投入程度等进行知识性回忆,接着以逻辑推演的方式对不同奖补方案的实施效果进行预判,以选择更为科学的决策。

2.乡村旅游行业管理实践智力分析

实践智力的概念是斯腾伯格的创新,它与领导者的"经验"密切相关。长期的工作实践会积淀起领导者的"隐性知识",这一知识是潜在的,在行动中蕴含而未被表述的。而这类高度个人化的知识,会以感性的、直觉式的"经验"的形式塑造其实践智力,从而影响领导决策。实践智力调控的是决策行为和环境之间的关系,领导者往往需要使用实践智力对理论智力的判断结论进行验证、纠偏。因为在决策的现实实施过程中,并非都能得到逻辑推演的效果,环境的多元变化会对决策产生巨大的影响,而领导者的实践智力则是预判这一影响的关键。在旅游行业,这一受环境影响较大的行业管理过程中,实践智慧的价值体现得尤为突出。某一决策的制定不仅与旅游企业和消费者的行为相关,政治环境、自然环境、金融环境等因素的变化也会对其产生不可小觑的影响,因此乡村旅游管理部门领导力的提升尤其需要关注实践智力的养成。

(四)乡村旅游行业管理智慧分析

斯腾伯格认为领导的智慧在于不仅考虑自身的利益,而且兼顾人际、组织间等不同主体的利益,以及长期和短期利益的关系,并在遭受非议的时候,能够坚持追求利益的平衡,采取相应的策略实施方式。[1]可见在WICS领导力模型的语境下,智慧是决策实施时利益平衡的把控能力。这一能力与技巧和意志两个方面的因素相关。

1.乡村旅游行业管理智慧的技巧

领导者在决策实施的过程中,需要有协调各方利益的技巧。这种技巧需要领导者在空间维度上善于找到多元主体利益的衔接点,并能够实现利益的共生;在时间维度上探寻短期、中期、长期利益的平衡点,实现利益的延续。乡村旅游管理部门虽是乡村旅游

---

[1] 徐佳.WICS领导力系统模型初步探索与简评[J].科学决策,2008(12):30-31.

建设的主体，但由于乡村旅游涉及面广、管辖维度多，涉及自然资源、生态环境、农业农村、交通运输、林业和草原等多个相关部门的管辖范畴，与旅游者、原住民、企业经营者等社会主体的利益也息息相关。同时，乡村旅游对乡村整体建设还有重要影响，因此涉及地区经济、社会、文化短期发展和中长期目标达成的问题。面对错综复杂的管理局面，领导者尤其需有平衡各方利益的技巧，从而争取全面支持，实现各行业积极融入，各部门齐抓共管，乡村原住民共同参与的目标。

2. 乡村旅游行业管理智慧的意志

面对各方利益的诉求，乡村旅游行业领导者一方面要有平衡的技巧，另一方面也要养成坚定的意志，增强抗压能力，克服负面质疑所带来的困扰，拒绝不合理的要求，坚持科学决策的落实。事实上，现代社会学研究告诉我们，一方面个体利益并不总是与集体利益相契合，另一方面，个体理性有时反而会导致集体的非理性，个体利益正当诉求的汇集，也会带来集体诉求的扭曲异化。因此，领导者的意志力在贯彻正确决策的过程中就起到了重要的作用。坚持科学决策，不为外界因素影响，也是一种难能可贵的领导能力。

（五）基于WICS模型的乡村旅游行业管理领导力体系构建及优化策略

1. 行业管理领导力体系构建

斯腾伯格认为成功的领导者需要运用创造力生成新的决策思路，借助智力明确优劣，实现科学选择，最后通过智慧让决策为相关群体的共同利益服务，其中任何要素的缺失都会降低领导力的效能。[①]而"创造力""智力""智慧"三要素间的内聚、互动、融合就是WICS模型中所谓的"综合"。这种"综合"使得领导力要素间形成了自恰，且有利于降低系统内部的熵值，使得系统本身更加有序和谐。至此，可以基于WICS模型，构建起乡村旅游行业管理领导力体系如图4-1所示。

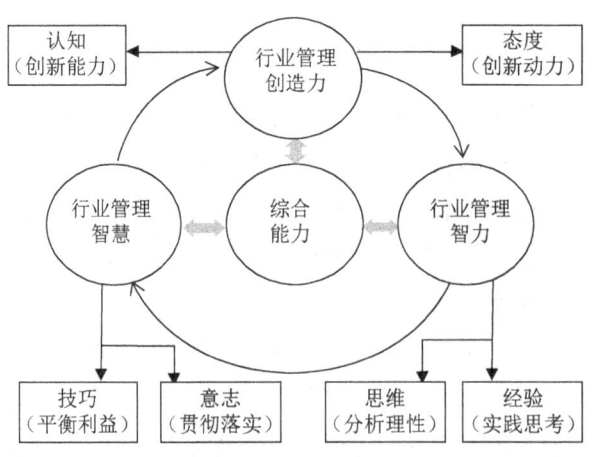

图4-1 基于WICS模型的乡村旅游行业管理领导力体系

---

① 蔡笑岳，苏静.智力心理学研究的人性审视[J].华南师范大学学报（社会科学版），2005（6）：117-122.

2. 乡村旅游行业管理领导力体系分析

行业管理创造力、行业管理智力、行业管理智慧形成了彼此衔接、环环相扣的管理决策过程。这一过程涵盖了决策的生成、选择、执行的各个阶段，也阐释了不同阶段中所需要的不同类型的领导力，构成了较为完善的以决策为中心的行业管理领导力体系。

由图 4-1 可见，乡村旅游行业管理创造力是备选决策生发的前提，而领导者的认知能力和对问题的处理态度是其主要的影响因素。行业管理智力是决策科学选择的基础，"思维"尤其是逻辑思维所带来的理性分析和"经验"的积淀带给领导者的实践性思考，影响了行业管理智力的生成。乡村旅游行业管理智慧是科学决策得以实施的保障，领导者平衡各方利益的"技巧"和坚持贯彻落实决策的"意志"，对其起到了主要的影响作用。此外，决策的实施过程中，或是决策顺利实施后，行业管理的环境会发生新的变化，也会有随之而来的新问题，需要领导者再次形成相应的决策。因此，乡村旅游行业管理智慧与行业管理创造力相互衔接，又开始新一轮的决策过程。而这三大要素的"综合"，则起到了调适和融合的作用，在决策的生成、选择、执行过程中，不断反馈、纠偏、强化，使得领导力体系形成了完整的闭环性整体。

3. 乡村旅游行业管理领导力提升策略

结合基于 WICS 模型的乡村旅游行业管理领导力体系的构建，可以基于制度型文化资本对乡村旅游行业管理者领导力的提升提出以下建议。

实现创新性与可行性的统一。面对乡村旅游行业发展中的问题和需达成的任务目标，行政管理过程中首先要增强创新性，领导者要放开思路，广泛借鉴国内外的先进做法，并以开放的心态积极听取上下级、利益相关者和群众的意见，从而跳出思维的桎梏，提升认知水平，坚定改革发展信念，开创性地制定行政决策。同时，领导者还需关注决策的可行性，通过田野调查等方式充分了解管辖范围内乡村旅游领域的现状和发展趋势，从而在决策之初就通过推演预判决策执行的程度，选择更有利于顺利开展的策略。而在决策执行过程中，还要能够有意识地调整和纠偏，确保决策有始有终地贯彻。

实现理论性与实践性的统一。"唯理论"和"经验论"是哲学中两个既互相对立又互相影响、彼此渗透的学派，二者的精华都应该为当代行业管理者所吸收和践行。一方面，乡村旅游行业管理者需增强理论功底，掌握行业管理的前沿知识，并有意识地训练自身的记忆、分析、推理、思辨等思维能力。另一方面，不断积累行业管理经验，尤其是将前期工作的心得体会转化为自身的"隐性知识"，增强对行业判断的敏感度和准确性，同时积极听取成熟管理者的意见，做到决策既有理论支撑，又有现实依据。

实现原则性与灵活性的统一。一方面，乡村旅游行业管理领导者要坚守底线，需建立宏观思维，以国家利益和人民群众的利益至上，在决策的制定和实施中把握住原则，增强领导意志力，不能因局部利益、部门利益、短期利益影响到乡村发展的大局。另一方面，领导者也要走进乡村旅游行业，倾听各方利益主体的心声，尊重和及时呼应管理对象的诉求，在遵守原则的基础上灵活调整实施策略，以新观念、新思路、新方法面对错综复杂的乡村旅游行业发展变化，争取达到各方利益的平衡和整体效能的最大化，并通过制度形态文化资本的有效运作，促进乡村身体形态文化资本、客观形态文化资本的生成和转化。

第五章　文化资本视角下乡村旅游发展新趋势

一、时代新使命：文化资本视角下的乡村振兴与乡村旅游发展分析

（一）乡村振兴背景下乡村旅游发展的价值与意义

1. 乡村振兴概念及内涵

党的十九大报告提出"乡村振兴战略"，为我国"三农"问题的解决提出了新的思路。党的二十大报告中明确指出"全面推进乡村振兴。全面建设社会主义现代化国家，最艰巨最繁重的任务仍然在农村。坚持农业农村优先发展，坚持城乡融合发展，畅通城乡要素流动。加快建设农业强国，扎实推动乡村产业、人才、文化、生态、组织振兴"。

实施乡村振兴战略是全面建设社会主义现代化国家的重大历史任务，是新时代做好"三农"工作的总抓手。乡村振兴战略提出"产业兴旺、生态宜居、乡风文明、治理有效、生活富裕"总要求，说明乡村振兴不仅包括经济的振兴，还要同步实现政治、社会、文化、生态等全面振兴。

在"产业兴旺"方面，要发展壮大乡村产业，积极推动乡村产业融合，构建由当地农民高度参与并且能够彰显地方特色的产业体系，推动乡村产业全面振兴；在"生态宜居"方面，要建设美丽乡村，实现农业绿色发展，乡村人居环境得到改善，同时要注重对乡村生态的保护与修复；在"治理有效"方面，要实现农村基层党组织对乡村振兴的全面领导，夯实基层政权，促进自治、法治、德治有机结合；在"乡风文明"方面，要繁荣乡村文化，弘扬中华优秀传统文化，丰富乡村文化生活；在"生活富裕"方面，要实现农民生活富裕，完善乡村基本公共服务，增强农民的获得感和幸福感。在整体乡村振兴战略实施过程中，产业兴旺是农民生活富裕的前提，是生态宜居的重要动力，也是乡风文明、治理有效的基础[①]。

2. 乡村振兴背景下乡村旅游的价值

（1）乡村旅游是乡村振兴事业的重要组成部分

国家乡村振兴战略规划中对乡村旅游也做出了明确的安排，乡村旅游是乡村振兴战略全面实施的重要组成部分。乡村振兴战略的提出，为乡村旅游发展提供了前所未有的机遇，为乡村旅游的发展指明了前进的道路。

《乡村振兴战略规划（2018—2022年）》中提出，"实施休闲农业和乡村旅游精品工程，发展乡村共享经济等新业态，推动科技、人文等元素融入农业。""顺应城乡居民消费拓展升级趋势，结合各地资源禀赋，深入发掘农业农村的生态涵养、休闲观光、文化体验、健康养老等多种功能和多重价值。""大力发展生态旅游、生态种养等产业，打造乡村生态产业链。"在文化和旅游深度融合领域，规划明确提出"推动文化、旅游与其他产业深度融合、创新发展。"其中包括："实施农耕文化传承保护工程，深入挖掘农耕文化中蕴含的优秀思想观念、人文精神、道德规范，充分发挥其在凝聚人心、教化群众、淳化民风中的重要作用。划定乡村建设的历史文化保护线，保护好文物古迹、传统村落、民族村寨、传统建筑、农业遗迹、灌溉工程遗产。传承传统建筑文化，使历史记忆、地域特色、民族特点融入乡村建设与维护。""以形神兼备为导向，保护乡村原有建筑风貌和村落格局，把民族民间文化元素融入乡村建设，深挖历史古韵，弘扬人文之美，重塑诗意闲适的人文环境和田绿草青的居住环境，重现原生田园风光和原本乡情乡愁。""建设一批特色鲜明、优势突出的农耕文化产业展示区，打造一批特色文化产业乡镇、文化产业特色村和文化产业群。大力推动农村地区实施传统工艺振兴计划，培育形成具有民族和地域特色的传统工艺产品，促进传统工艺提高品质、形成品牌、带动就业。积极开发传统节日文化用品和武术、戏曲、舞龙、舞狮、锣鼓等民间艺术、民俗表演项目，促进文化资源与现代消费需求有效对接。"相关论述从农耕文化的角度，为乡村文旅深度融合发展提供了具体的行动指南。

（2）乡村旅游提供了乡村振兴新动能

乡村振兴战略作为党和国家的战略决策，具有战略性、全局性、长期性的特点，乡村旅游发展必须服务于乡村振兴战略的总要求。乡村旅游是乡村振兴的重要动力。大力发展乡村旅游是实施乡村振兴战略的重要抓手。乡村旅游是文旅产业的一个重要分支，是推动乡村经济繁荣的新型产业手段，能够在乡村振兴战略中发挥新引擎作用。

发展乡村旅游能有效激活农村产业。乡村振兴、产业兴旺是基础和关键。旅游业作为我国国民经济的战略性支柱产业，是乡村产业振兴的重要产业选择。旅游业作为扶贫产业、综合产业、美丽产业、幸福产业，能为乡村产业振兴发挥引擎作用。乡村旅游

---

① 陈诚.乡村振兴战略背景下农村产业发展规划研究［D］.扬州：扬州大学，2020.

为农村产业转型发展提供了新的方向,能够挖掘农业产业的附加价值,促进三产融合发展,丰富并激活农村产业潜力,延伸产业链,实现农业现代化。发展乡村旅游和休闲农业可以盘活农村土地,也是提高农村土地资源利用效率和产出附加价值的途径之一①。

发展乡村旅游能增加农民收入,带动村民致富。乡村旅游可以实现农民在家门口就业,让农民通过参与乡村旅游产业而促进生活富裕。发展乡村旅游不仅帮助乡村原住民实现了小康生活的梦想,更能够在共同富裕的道路上发挥更大的作用,这既是我国乡村振兴战略的出发点,也是落脚点。

发展乡村旅游汇聚人力资源。发展乡村旅游能够吸引农民工返乡创业、城市创客下乡创业、游客来乡旅游,进一步凝聚农村人气,为乡村振兴发展汇聚急需的人力资源。

发展乡村旅游能促进文化传承,助力文化复兴。发展乡村旅游能更好地传承乡土文化,改善农村教育落后状况。乡村旅游发展传承乡村农耕、村俗、服饰、餐饮、宗祠、建筑、民俗等物质和非物质乡土文化,不断促进我国乡村地区的文化繁荣昌盛。

发展乡村旅游有助于助推生态宜居乡村建设。"绿水青山就是金山银山"。乡村旅游需要以良好生态环境为前提条件。如果没有良好的自然生态,如果环境都是污水横流、空气污染,那么乡村就找不到那一片诗情画意,找不到那一片田园风光②。同时,发展乡村旅游、乡村全域旅游化也更能提升乡村生态品质,为营造生态宜居环境,将乡村建设成为现代版的"富春山居图",建设宜居宜业和美丽乡村奠定基础。

(二)文化资本视角下乡村旅游与乡村振兴的关系

1. 文化资本视角下乡村旅游与产业兴旺

乡村振兴所指的产业兴旺内涵丰富,实施乡村"产业兴旺"既要基于农业产业又不能仅限于此,而应着眼于优化农业产业发展,在此基础上大力发展第二产业、第三产业,促进一二三产业融合发展,强化农业产业对第二产业、第三产业的支撑力度,提升第二产业、第三产业对农业产业的反哺力度③。

乡村文化通过资本转化,以文化资本的形式丰富了旅游产品供给,促进旅游产业的发展,同时也激发旅游业综合性和带动性的特质,黏结第一产业和第二产业,推进协同发展,促进全产业链资源配置的优化,以满足包括旅游市场在内的消费市场的多样化需求,以获取更多的价值,从而促进乡村多产业的兴旺。

2. 文化资本视角下乡村旅游与生态宜居

实现乡村振兴,生态宜居是关键。乡村优美的生态环境是农村核心竞争力,生态优势可转化为乡村旅游资源进行开发,乡村旅游的良性发展又对生态宜居的乡村建设给予经济扶持,注入更多新鲜血液,二者之间互为辩证发展的关系。

---

①② 王健,杨艳.乡村振兴与乡村旅游有效衔接路径探究[J].旅游与摄影,2022(7).
③ 刘洋.乡村振兴战略下合江县乡村旅游发展路径研究[D].成都:成都理工大学,2020.

文化资本视角下生态宜居的环境其实涉及两个方面的内容,"生态"主要是乡村客观形态文化资本的外在特征,是乡村优越的自然环境带来的可供开发的资源性优势;"人居"则是从人的感知角度而言的,是促进乡村身体形态文化资本增值的重要因素,良好的人居环境可以带来愉悦的心情、便捷的生活、舒适的感受,从而为乡村个体和群体生活热情的提高甚至服务技能的提升提供环境性支撑,更为旅游者乡村旅居体验的提升奠定了基础。

旅游业作为资源型产业,"绿水青山"是乡村旅游发展的重要依托。为了将生态环境有效地转化为乡村旅游资源,环境保护与整治越来越引起旅游开发经营者的重视,优美的旅游环境可以增强游客的游赏体验,旅游活动过程中也能通过潜移默化地提高游客的生态保护意识,使得乡村旅游在绿色发展中落实"绿水青山就是金山银山"的要求[①]。

3. 文化资本视角下乡村旅游与乡风文明

乡风文明的核心内容是乡村文化振兴。乡土文化与乡村旅游融合发展是实现乡村文化振兴的主要途径。旅游与文化相依相生,以旅游为媒介促进文化的保护与传承,而乡村文化为乡村旅游发展提供了资源和底蕴,二者互融已成为必然趋势[②]。

文化资本视角的核心内容就是将乡村文化视为可供乡村旅游发展的、具有增值效益的核心资源。乡村特色是乡村旅游的最大竞争力,而乡村文化是乡村特色的主要展现,以地域特色文化指导乡村旅游发展,能够有效提升乡村旅游市场吸引力。

此外,文化资本自身具有再生产的属性。从乡村旅游的角度看,乡村旅游带动当地经济发展的同时也有利于强化人们对乡村文化的保护;在发展乡村旅游的过程中有利于本土居民文化素养的提高,在这一过程中汲取外来的先进文化,推进乡风文明建设。这一过程本身也是乡村文化资本再生产的过程。

4. 文化资本视角下乡村旅游与治理有效

乡村治理是实现乡村振兴的重要保障,更是我国治理体系现代化与治理能力现代化的关键。当前我国乡村旅游进入高速发展阶段,农业产业实现多元化,这些变化为乡村治理有效提供源源不断的动力与活力。

乡村治理是乡村制度形态文化资本生成的重要途径,而治理有效则是乡村制度形态文化资本的组成部分。有序的乡村治理环境有利于提升乡村旅游目的地认知形象,营造高内涵的乡村意境,推进乡村旅游品牌建设;良好的社会环境、完善的法律保障也可为乡村旅游发展保驾护航。

从乡村旅游角度来看,乡村旅游激活了乡村潜在资源,引导进城务工人员返乡创业,缓解乡村"空心化"问题,充实乡村治理力量,吸引更多人才参与乡村开发建设;

---

①② 刘洋.乡村振兴战略下合江县乡村旅游发展路径研究[D].成都:成都理工大学,2020.

乡村旅游带来的经济效益可以解决治理过程中资金短缺的问题，使乡村发展朝着乡村振兴的总要求不断前进①。

5.文化资本视角下乡村旅游与生活富裕

生活富裕是乡村振兴战略的根本要求，同时也是实现全体人民共同富裕的必然要求。文化资本视角下的乡村生活富裕还体现出了"共享"的理念。乡村文化资本所有权的界定往往是很困难的，但乡村原住民无疑是文化资本形成中最重要的主体，因此应该享有文化资本开发利用所带来的收益，共享发展红利。从乡村旅游的角度而言，就是通过对乡村文化资本的旅游开发，使得乡村居民共享旅游业发展的红利，促进"生活富裕"目标的实现。

自2023年1月8日起，新型冠状病毒感染从"乙类甲管"调整为"乙类乙管"，旅游业迅速回暖，各地也相继出台了景区门票减免或打折、发放文化和旅游消费券等惠民利民政策措施。尤其是经历过疫情后的旅游者，对生态、绿色、健康的生活更加向往，乡村旅游将大有作为。发展乡村旅游越来越成为促进农民增收、生活富裕的重要途径。

（三）文化资本视角下乡村旅游促进乡村振兴策略

文化资本视角下乡村旅游建设促进乡村振兴发展，主要目标是满足市场需求，提高乡村旅游产业核心竞争力，优化升级乡村旅游产业经济结构，增强乡村旅游产业发展的多样性和市场的兼容性，并以此为契机，优化居住环境，传承乡土文化，改善治理机制，全面提升乡村常住人口的文明程度，助力和谐乡村建设，从经济基础和精神风貌两个方面促进乡村振兴发展。具体工作的开展，可以从乡村旅游实施主体维度进行划分，从政府管理部门、市场经营主体、乡村旅游人才三个角度加以分析。

1.政府管理部门行动策略

政府管理部门的乡村旅游管理行动是乡村制度型文化资本生产和转化的引领者和重要实施者。发展本地乡村旅游产业，离不开政府的整体引导和规划，需要将乡村旅游产业的发展规划纳入乡村振兴的整体战略实施中，并且要将发展乡村旅游产业、促进乡村旅游经济结构优化升级作为一项重点工作来抓。此外，政府部门要在统一规划下，做好相关基础设施的建设工作，考虑如何构建公共交通资源、如何安排公共服务设施等，从而保证乡村旅游产业优化升级相关的保障政策、设施、服务的健全。

针对乡村旅游产业规划方面，政府部门要因地制宜地选择本土乡村旅游产业发展的核心资源，将其开发成凸显本地旅游特色的核心旅游产品。在规划乡村旅游特色产品时，要本着去同质化的原则，统筹区域内不同乡村旅游目的地的产品能够相互配合、相

---

① 刘洋.乡村振兴战略下合江县乡村旅游发展路径研究［D］.成都：成都理工大学，2020.

互弥补,从而形成系列化的完整乡村旅游产业,使得每个乡村旅游区的产品或项目都能最大化地实现其旅游价值,并形成区域乡村旅游产业发展的合力[①]。

在深挖乡村旅游的特色文化和核心旅游资源的同时,要加强对其的保护和传承,以实现乡村旅游产业的可持续化发展。为了能够充分提升乡村旅游产业的市场竞争力,突出核心资源,打造知名品牌是乡村旅游产业优化升级的关键,但是并不意味着可以对其进行过度开发和滥用,坚持对乡村特色文化和核心资源的保护和传承,是实现乡村旅游产业优化升级、推动乡村振兴战略实施的题中之义。政府部门要出台相关的制度或文件,同时定期对乡村旅游产业发展过程中依赖的特色文化、核心资源等进行调研[②],对文化资源的破坏现象依法予以处理与纠正。此外,还需要畅通第三方监督机制,可通过服务外包和舆论监督等方式确保乡村旅游的文化资源能够得到保护和可持续利用。

2. 市场经营主体行动策略

在加强乡村旅游产业核心竞争力的同时,要推动乡村旅游产业经济结构的升级和创新,通过产业融合发展的方式,让乡村旅游产业更加多样化,从而增强市场的兼容性。而这一过程的主要实施者理应是乡村旅游市场经营的主体,即各类乡村旅游企业。

乡村旅游产业与其他产业的融合,不仅是乡村旅游经济结构的创新,更是乡村旅游产业优化升级的趋势,单纯依靠乡村旅游来推动乡村振兴战略实施已经不能满足当前局势的新要求,在大力发展乡村旅游的过程中,需要将特色农业、乡村康养等不同产业进行有效融合与创新,实现多样化的乡村旅游产业发展新模式,从而推动乡村旅游产业结构的优化升级。在这一过程,乡村旅游企业要善于开发和运用身体形态文化资本和客观形态文化资本,并遵循制度形态文化资本的管理要求,在乡村旅游的产品打造上实现创新,并以此为抓手,实现整个产业链的转型升级。

第一,乡村旅游产业与特色农业发展相融合。随着农业经济的不断发展,各类现代化生物科技、耕作技术等层出不穷。可以用寓教于乐、休闲体验的方式将特色农业与乡村旅游产业相融合,通过打造一批特色农业产业园、农业教育基地等来实现二者的融合与创新,促进乡村旅游产业结构的优化升级。

第二,乡村旅游产业与乡村特色文化产业相融合。文化是旅游的灵魂,对于地大物博、物产丰富的中国来说,广袤的土地上养育了多种多样的民俗文化和人文景观。不少地方都有特色的民族文化与工艺,而加强乡村文化发展和振兴也是我国文化战略发展的一部分。所以在乡村旅游产业发展过程中,要对乡村特色文化进行挖掘、整理、开发与创新,并且将其开发为具体的乡村旅游项目,从而让游客感受到乡村传统文化的独特魅力、多样化的民俗风情。

第三,乡村旅游资源的多产业融合,仍然要依托本地的优势资源,比如有的地方适

---

①② 韩博然. 乡村旅游经济产业优化升级策略[J]. 社会科学家,2021(04):52-57.

合养老旅居，就可以推动乡村旅游产业与养老业的融合等。乡村旅游产业结构的优化升级，要根据本地的特色和优势，加强多产业融合和创新①。

3. 乡村旅游人才行动策略

乡村旅游产业结构优化升级，专业型人才是关键，这也正是身体形态文化资本提升和运用的题中之义。在专业化人才的培养上，要本着人才引进、人才留存与本地人才培养齐抓并走的思路来开展工作。第一，在政府的规划和引导下，积极推动人才引进来促进乡村旅游产业的优化升级，为乡村旅游产业发展带来新的活力。当然，人才引进的成本投入相对较高，可以以区域为单位，聘请专业顾问和培训人员来针对当前的管理者、经营者进行指导和培训工作，并为日常的管理和运营提供咨询服务，保证乡村旅游产业优化升级能够朝着正确的方向发展。第二，要加强专业化人才的留存，对于外部引进的专业化人才要考虑留存问题，从生活角度、工作角度等多方面为专业化人才提供优越的条件或政策，例如对于专业人才的购房政策、子女的上学优先政策等，从而为人才留存提供保障。第三，要对当前的乡村旅游工作人员进行专业化服务和基本管理的培训，加强工作人员的服务质量和工作水平的奖惩制度，从而在培训和激励的双重保障下，有效提升工作人员的专业化水平。此外，乡村旅游经营管理者要加强与地方高校在专业人才培养上的合作，保证乡村旅游专业化人才队伍的充足供给，为乡村旅游产业优化升级解决后顾之忧。

二、应对新挑战：文化资本视角下疫情防控措施优化调整后乡村旅游发展分析

近年来，国际环境复杂多变，新冠疫情影响深远，我国旅游业坚持以习近平新时代中国特色社会主义思想为指导，深入贯彻落实党的二十大精神，迎接挑战，把握机遇，顽强拼搏，开拓进取，不断前行。尤其是自新冠疫情蔓延以来，给各领域带来了巨大冲击。以2022年为例，2022年新冠疫情的散发贯穿全年，给旅游行业带来诸多不确定因素。各地防疫措施收紧，消费市场的出游行为也更趋保守。我国旅游业发展服从疫情防控工作大局，严格落实常态化疫情防控要求，各地根据疫情防控需要动态调整旅游场所开放政策，更新疫情防控指南，推动"限量、预约、错峰"常态化，启动旅游热点防疫预报机制，有效预防了疫情的发生。2022年文化和旅游部会同相关部门印发了《关于促进服务业领域困难行业恢复发展的若干政策》《关于金融支持文化和旅游行业恢复发展的通知》等。深入开展文化和旅游企业服务月活动，集中推出800余项活动和惠企举措，文化和旅游领域纳入设备更新贷款贴息政策备选名单项目1237个。创新旅游服务

---

① 韩博然.乡村旅游经济产业优化升级策略［J］.社会科学家，2021（04）：52-57.

质量保证金管理，自2022年4月起，暂退比例提高至100%，允许新设旅行社暂缓交纳。联合在线旅游企业发布旅游市场促进计划，建立健全了季度经济形势研判机制等①。各地文旅管理部门扎实做好"六稳"工作、全面落实"六保"任务，帮助旅游业市场主体用好用足普惠性扶持政策，还出台针对旅行社等旅游市场主体的一揽子纾困助企政策，启动了旅游服务质量保证金改革试点，开展中小旅游企业服务月活动等，帮助旅游企业走出疫情所导致的经营困境②。

由于新冠疫情散发的影响，2022年我国旅游业发展全国国内旅游总人次25.3亿，同比下降22.1%，恢复至疫前42.1%；实现国内旅游收入约2.04万亿元，同比下降30%，恢复至疫前30.7%。③2022年国内游客旅游人数，城镇居民游客19.3亿人次，比上年下降17.7%；农村居民游客6.0亿人次，下降33.5%。2022年国内旅游收入中，城镇居民游客花费16881亿元，比上年下降28.6%；农村居民游客花费3563亿元，下降35.8%。④

随着奥密克戎变异株成为全球流行优势毒株，且致病力较早期明显下降，我国疫情防控进入新阶段。文化和旅游部及时优化跨省旅游经营活动政策，取消"熔断"机制，恢复跨省团队旅游。自2023年1月8日起，新型冠状病毒感染从"乙类甲管"调整为"乙类乙管"，旅游业迅速回暖。国内旅游方面，据国内旅游抽样调查统计结果，2023年一季度，国内旅游总人次12.16亿，比上年同期增加3.86亿，同比增长46.5%。其中，城镇居民国内旅游人次9.44亿，同比增长52.0%；农村居民国内旅游人次2.72亿，同比增长30.1%。国内旅游收入（旅游总花费）1.30万亿元，比上年增加0.53万亿元，增长69.5%。城镇居民出游花费1.12万亿元，同比增长79.5%；农村居民出游花费0.18万亿元，同比增长26.1%。⑤

经历了新冠疫情，旅游者越发感受到绿色生活、休闲康养的重要性。乡村旅游因其绿色无干扰、人文无破坏的生态环境及"旅居合一""清净雅致"的度假氛围得到了众多旅游者青睐。越来越多的人愿意走进乡村，体验静谧的郊野生活。作为健康旅游的重要代表，乡村旅游持续回暖，成为旅游业复苏的排头兵。

以南京市为例，近年来乡村旅游发展迅猛，成绩喜人。2022年虽然一定程度受疫情影响，但是已经呈现出快速的回温势头。2020年10月1日至7日，62个乡村旅游区

---

① 中华人民共和国文化和旅游部.2023年全国文化和旅游厅局长会议工作报告［R/OL］.北京：文化和旅游部，（2023-01-05）【2024-01-12】.https://www.mct.gov.cn/whzx/whyw/202301/t20230105_938463.htm.
② 中华人民共和国文化和旅游部.2022年全国文化和旅游厅局长会议工作报告［R/OL］.北京：文化和旅游部，（2023-01-06）【2024-01-12】.https://www.mct.gov.cn/whzx/whyw/202201/t20220106_930306.htm.
③ 中国旅游研究院.2022年中国旅游经济运行分析与2023年发展预测［M］.北京：中国旅游出版社，2023：3.
④ 国家统计局.中华人民共和国2022年国民经济和社会发展统计公报［R/OL］.北京：国家统计局，（2023-02-28）【2024-01-12】.https://www.gov.cn/xinwen/2023-02/28/content_5743623.htm.
⑤ 中华人民共和国文化和旅游部.2023年一季度国内旅游数据情况［R/OL］.北京：文化和旅游部，（2013-04-21）【2024-01-12】.https://zwgk.mct.gov.cn/zfxxgkml/tjxx/202304/t20230421_943280.html.

共计游客量为138.5万人次，同比恢复到88.7%。①疫情防控常态化背景下的乡村旅游呈现出哪些变化，游客对于乡村旅游的取向有何差异，未来乡村旅游将如何发展？本研究选取南京江宁区黄龙岘茶文化村等全国乡村旅游重点村，进行了问卷调研和随机样本访谈，内容涵盖出游动机、旅游地选择、项目体验等方面，以期了解文化资本视角下疫情防控措施优化调整后乡村旅游的发展趋势。

（一）疫情防控措施优化调整后乡村旅游出游特征

1. 出游动机特征

从出游动机分析（见图5-1），29.2%的受访者出游的主要动机是"休闲康养"，27.7%的旅游者主要出游动机为"观光游览"，休闲康养需求的出游动机超过了传统的观光游览，可见疫情后，人们对于身心健康的重视程度明显上升，彰显出游客对健康生活方式的重视。22.3%的旅游者出游动机为"情感交流"，疫情的发生使得人们更加珍视人际交往，旅游者对于旅游体验促进感情维系、生活和谐功能的关注度进一步提升。调查显示，还有12.6%的旅游者主要出游动机为"亲子研学"，这也体现了乡村旅游在文化传承、自然教育等方面的重要性。疫情防控措施优化调整后，乡村旅游产品的开发应体现旅游者的多元需求，乡村旅游的产品形态也需要随之优化调整。

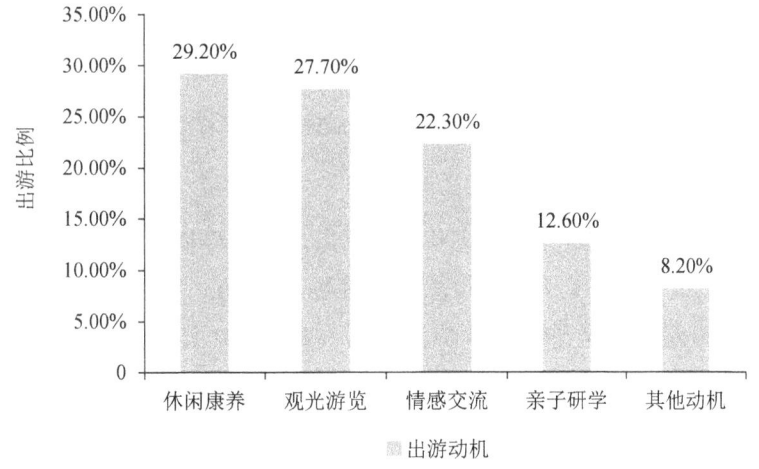

图5-1 乡村旅游出游动机特征分析图

2. 目的地选择特征

从乡村旅游目的地选择要素分析（见图5-2），100%的游客体现对目的地安全性的关注，具体表现在对疫情防控物资配备、防控设施设备的有效性关注以及防疫人员专业服务及保障等方面。吸引力要素依然是客群考虑的重要因素，其占比约为93.6%。关注

---

① 南京市文化和旅游局.2020年"十一"黄金周文化旅游市场综述［R/OL］.南京：南京市文化和旅游局，（2020-10-12）【2024-01-12】.http://wlj.nanjing.gov.cn/njswhgdxwcbj/202010/t20201012_2429155.html.

度位于第三位的要素为景区舒适度，占比约为76.4%，重点体现为景区饱和程度、累计人流量、节假日的游客量等，尤其是疫情发生后，大多数景区或者旅游体验项目均实行了预约制，游客可以根据网络热度及景区舒适度变化，科学合理选择适宜的乡村目的地开展旅游活动。此外，出游成本也仍是游客考量的要素之一，该要素占比约为47.2%。22.9%为其他要素选择，主要包括随机出行、旅伴代为选择等。疫情防控常态化背景下，乡村旅游者的出游更为谨慎，考虑维度更为全面，尤其是对安全的注重成为所有旅游者共同关注的要点。"说走就走的旅游"正在向"权衡多维影响因素"转变。

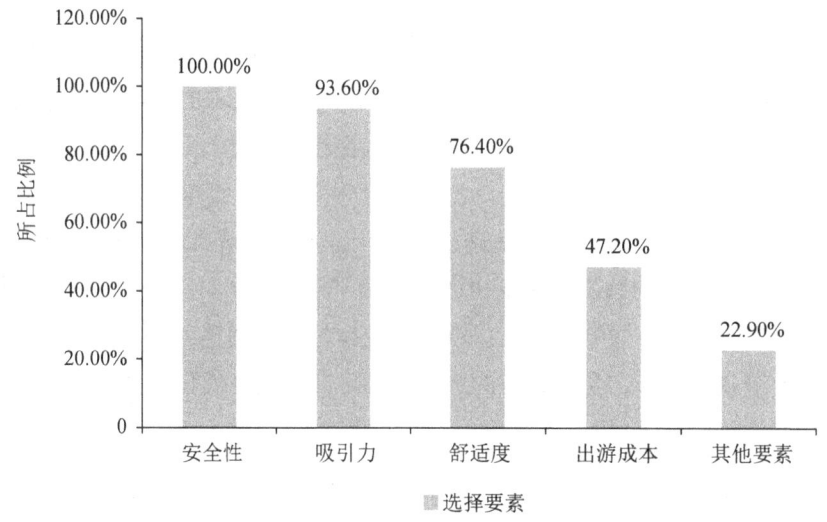

图5-2 乡村旅游目的地选择特征分析图

3. 乡村旅游出游时空特征

在疫情防控措施优化调整后，从乡村旅游出游时空特征分析，南京乡村旅游主要面向还是城市近郊及周边1小时都市圈内的客源，100km以内的游客占比76.8%（见图5-3）。调研显示，这类游客在旅游目的地一般以1~2日游为主，并且倾向于固定在某一乡村旅游点及周边开展休闲度假旅游。调查还显示，72.3%的近程游客并不是首次出游，呈现出在某一乡村旅游目的地明显的重复出游特征；而逗留2日以上的游客则主要以省内远距离及省外客源为主，乡村旅游点仅是其出游的节点之一，呈现出环游特征。由此可推断，乡村旅游目的地出游呈现出近程游客"高频游"和远程游客"节点游"并存的特点。

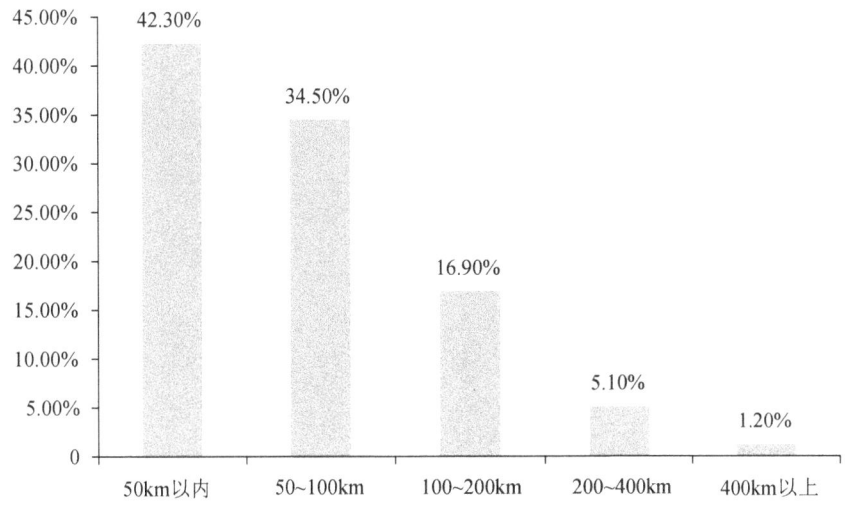

图 5-3 乡村旅游出游时空特征分析图

(二) 疫情防控措施优化调整后乡村旅游项目体验与分享特征

1. 体验特征

从疫情防控措施优化调整后乡村旅游体验项目的参与度来分析（见图 5-4），乡村美食体验、精品民宿体验、特色康养项目的消费居于前三位，体验人数分别占比为 42.3%、36.8% 和 24.7%，分别对应旅游六要素中的食、住、娱要素，其中，美食是乡村旅游的传统体验项目，而民宿和特色康养为代表的新业态产品受到大众广泛青睐则呈现出了新的需求特点。住民宿、干农活、享农趣，在乡村清新的空气中体验传统的农耕生活，已经成为都市人的新时尚。同样值得关注的是，伴随着文旅融合的加速推进，乡村农耕和非遗文化也迅速融入了旅游业态，并且以崭新的形式展示出来，乡村民间技艺展示、传统文化艺术展演、民俗互动类体验项目也得到了众多游客的关注，此类型占比约 23.6%，其他体验活动等占比为 14.6%。综合而言，乡村旅游者的旅游体验观念有了较为显著的变化，对于旅游产品的品质要求更高，康养、休闲类项目受到欢迎，精品化、个性化、深度化的乡村旅游体验活动成为大众热捧的项目，彰显出乡村旅游的新时尚，也从一个侧面说明了疫情防控措施优化调整后，旅游者对旅游出游品质的关注。

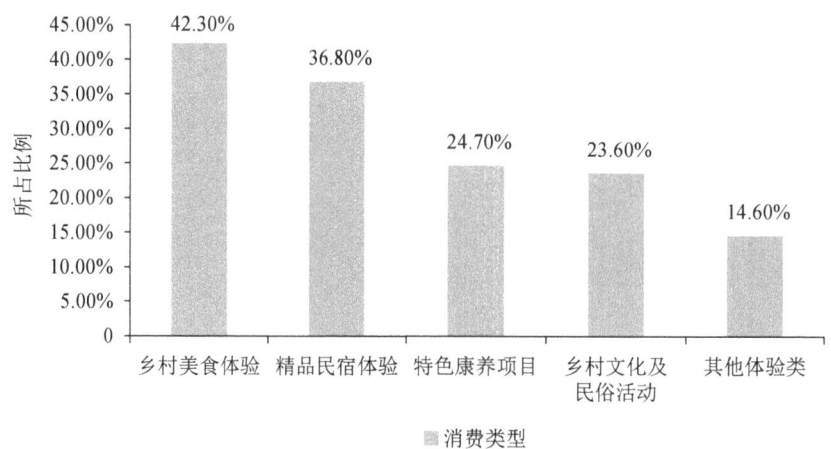

图 5-4　乡村旅游项目体验特征分析图

2. 分享特征

本次研究还针对游客乡村旅游体验的分享意愿和首要分享方式做了调研（见图 5-5），32.4% 的乡村旅游者在旅游过程中会实时将体验及感受通过线上方式与人分享，愿意将乡村旅游经历以朋友圈、微博、抖音、小红书等新媒体形式即时展示出来，36.2% 的游客的首要分享方式是在旅游行程结束后，经过筛选、总结等过程将旅游体验以线上自媒体等形式加以分享，这两项所占总比重超过 60%，可见在互联网时代，旅游体验分享方式呈现出明显的网络化倾向。还有 23.3% 的旅游者首要分享方式是朋友聚会等线下其他方式，不愿分享的群体仅占 8.1%。说明疫情发生后，乡村旅游在危机干预、情感维系、身心重塑等方面作用显著，也反映出历经封闭和压抑状态下的人们对开放生活、人际交流的向往。疫情防控措施优化调整后，旅游经历的"乐于分享"，尤其是开展"网络分享"，成为乡村旅游者的重要行为特征，也为有的放矢地进行旅游营销提供了契机。

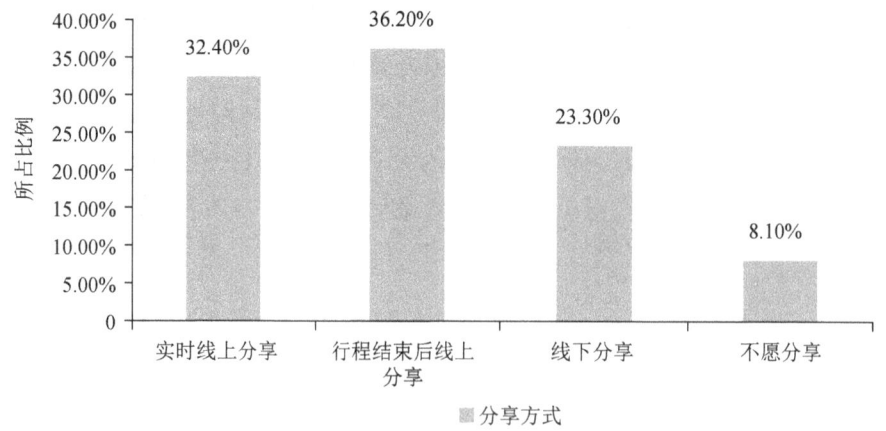

图 5-5　乡村旅游体验分享方式分析图

(三)疫情防控措施优化调整后乡村旅游发展策略

从以上调研分析可见,疫情在给我国社会经济、生活方式带来影响的同时,也对乡村旅游创新发展提出了新要求。乡村旅游目的地建设,应该积极融入新的发展理念,并在发展策略和路径上做出相应调整。基于文化资本视角,可以从政府和企业主体两个角度提出乡村旅游优化发展策略建议。

1. 政府层面策略建议

政府层面的管理主要是通过政策的制定与引导,进一步增强制度形态文化资本的丰度和品级,促进乡村旅游的复苏。具体而言,政府需进一步加大政策扶持力度,通过政策驱动加速旅游业快速复苏和发展。

其一,出台疫情防控措施优化调整后的各类扶持性政策。出台的政策既要针对旅游企业,还要面向社会各类企业,帮助企业生产,繁荣社会经济,比如改革带薪休假制度,制定宽松的财政政策、稳健的货币政策,实行税收减免政策,完善社会保障政策,制定专门针对小微企业的扶持政策、减免商户租金、协助复工复产,避免产业链断裂。企业生产恢复了,人们的可自由支配收入得到保证,旅游需求会进一步释放,进而推动乡村旅游的快速恢复和发展。

其二,建立疫情防控措施优化调整后的应急管理与安全预警机制。旅游产业具有很强的敏感性和脆弱性,建立危机应对机制,研究危机对策,尤其要研究在危机之下的转机,发展新阶段的旅游发展新机制。一是强化保险,设立新险种,特别是面向自然灾害、流行疾病等风险性大、影响性强的险种必须要设立;二是整合现有医疗资源,建立全国性的急救体系和长期疫情防控体系,能够及时处置旅游景区所发生的各类重大风险;三是构建应对突发事件的现代旅游治理体系,不断提升旅游治理水平,党政统筹,多方共建,做到旅游企业和政府部门联动监控、文旅企业联防联控管理、居民和游客监督支持的有机结合;四是提高风险识别分析能力,建立旅游业突发危机预警机制。通过建立决策智库,加强与相关研究机构的合作,及时发布共享涉及风险影响的各类数据,为科学制定应对风险的战略决策提供依据。

其三,加强疫情防控措施优化调整后旅游市场秩序维护与服务管理。首先是加强旅游市场秩序管理。疫情恢复阶段,各类旅游企业复工开园心切,容易出现旅游市场秩序和服务质量问题。要从现在就重视起来,各级政府部门须要求明确,下级部门要监管落实到位,确保全行业在恢复期不出问题。其次是做好旅游市场恢复的服务管理。面对疫情防控措施优化调整后的复工开园,政府应该与旅游企业一道出主意、想办法、拿措施,确保能够落地和管用。同时注意让旅游企业发挥市场主体作用,政府的重点是排忧解难,不要干涉旅游市场的正常运行,切实改善旅游供给侧,推动旅游产业转型升级。还要制订旅游振兴计划。各级政府要想办法扶持和救助旅游业,考虑编制促进夏季或秋季旅游业的振兴计划，增加旅游发展资金，给予更多的财力支持，以拉动消费促经济发展，奖励复工开园有贡献的旅游企业及从业人员。①

其四，鼓励指导成立行业协会，争取更多政策支持。要把类似于新冠疫情这样重大突发疫情产生的负面影响控制在最低程度，并非是单个企业能力所能企及的，需要全行业团结起来共同应对方能渡过难关。毋庸置疑，特定区域内的乡村旅游项目之间的确在资源、客源、人才等方面存在竞争关系，但事实上在许多领域更亟待彼此深度合作。在实业界越来越倡导各竞争方积极构建新型竞合关系的今天，乡村旅游业也应该充分吸纳现代管理理念，通过成立乡村旅游业协会、区域旅游商会等形式多样的组织载体，把平时松散的、有时甚至对立的乡村旅游投资者组织起来。暂时搁置纷争，统一各方认识，强调构建利益共同体共同应对突发疫情的重要性。本着坦诚、谅解、共赢的心态，化解矛盾，弥合分歧，求解最大公约数。借助乡村旅游业协会、区域旅游商会等社会组织形态，投资者可以壮大团队游说实力，更多地依托集体发声，争取更大的话语权和影响力，敦请各级政府及时出台并兑现更多优惠政策，针对遭遇疫情打击的乡村旅游企业，量身定制和及时实施一系列纾困解忧举措，尤其在财政补贴、税收优惠、融资贷款、土地规划、人员培训、疫情防控等方面更要体现政府的主动作为与责任担当。也可以考虑由会员企业缴纳适当比例的会费成立应对疫情的行业互助基金，为某些陷入困境的同行提供点对点的支持和援助，帮助相关企业攻坚克难。②

2. 企业层面策略建议

作为乡村旅游的经营主体，乡村旅游企业在疫情防控措施优化调整后，更需要提升自身的实力，一方面苦练内功，增强个体和团队的"身体文化资本"，提高管理和服务的能力，另一方面提升产品层次，充分开发不同类型的乡村文化资本，提高乡村旅游吸引力，以契合疫情防控措施优化调整后旅游者消费转型的新特点。具体而言：

第一，利用游客空档期，检修完善相关设施。在新冠疫情肆虐最为严重时期，为了确保游客的健康安全，相关部门要求乡村旅游项目一律停止对外营业。随着疫情趋于减弱，少数旅游项目才开始有序对外开放。对经营者而言，2022年错失了春节期间的黄金销售时段以及年后的数个周末，的确损失了一笔不菲的营业收入，但是，痛定思痛，需要换个角度辩证地看待突发性危机的影响。只要应对得当，这也可能恰恰是乡村旅游业重现辉煌的一次重要转折点。正好利用目前游客少、机会成本低的良好时机，系统检查各种乡村旅游设施的安全性能，逐个排查安全隐患，结合各类设施的具体情形，针对性地开展修葺和重建，以确保相关工程的绝对安全。回顾2003年"非典"疫情一结束，乡村旅游市场便迅速火爆，当时压抑数月的消费热情被瞬间点燃，消费上出现反弹。依

---

① 罗伟，靳梦婷，林雅慧，等.危机与振兴：新冠肺炎疫情后我国乡村旅游产业发展研究[J].武汉轻工大学学报，2020，39（02）：73-79.
② 曹宗平.新冠肺炎疫情冲击下乡村旅游业将何去何从[J].广西财经学院学报，2020，33（04）：25-34.

据人们的消费惯性进行合理推测，新冠疫情平缓之后，乡村旅游业也将迎来一波消费高潮。近期各地的旅游消费旺盛，也证明了这一趋势，为了迎接客流高峰期，悉心检查和维修相关设施显得既紧迫又必要。

第二，优化产品设计，构建乡村旅游多元产品谱系。疫情防控措施优化调整后，人们对于身心健康、情感沟通、知识提升的诉求越发显著，"近程高频游"和"长线节点游"并存的现状对产品的多元性提出了要求。要在"旅游+健康"的大背景下，根据乡村旅游产品的不同特质，优化设计，构建适合不同类型旅游者的多元产品谱系。尤其要紧抓疫情防控措施优化调整后人们对田园生活向往的机遇，促进乡村旅游与都市型现代农业、文化体育产业、康养产业等融合发展，重点发展乡村康体旅游、研学教育旅游等，提升亲子研学、休闲乡居、度假养老等产品的质量，促进乡村观光、休闲、教育、康养等旅游业态的多维发展。

第三，重视文旅融合，凸显乡村传统文化魅力。文旅融合在乡村旅游发展中已成为常态，优秀乡村传统文化已成为乡村旅游目的地重要的吸引力来源。在疫情防控措施优化调整后，乡村优秀传统文化的旅游开发，尤其需要重视生态意识的彰显和文化自信的树立。例如，通过传统农耕文化的民俗演艺，体现人与自然和谐相处的价值，引导旅游者进行保护环境、珍爱自然的反思；通过非遗工艺的体验和商品化开发，促进旅游者对民族文化的了解与认同，激发民族精神，坚定战胜疫情的决心与信心等。同时，在乡村传统文化开发中，还要进一步增强旅游产品的"参与性""趣味性"，以旅游者更加喜闻乐见的方式，提高游客满意度，培育乡村旅游文化品牌，在文化传承、活化开发上实现新的提升。

第四，创新营销方式，引导激发消费需求。在科技振兴、万物互联的新时代，一方面，乡村旅游经营者应积极与在线旅游平台、科技企业等合作，利用5G、物联网、大数据等新技术，线上线下结合，借助"云旅游"，利用AR/VR互动，加强游客的代入感和互动体验，探索乡村旅游营销转型升级新途径。另一方面，应注重利用疫情后旅游者"乐于分享"，尤其是线上分享盛行的特征，拓展新型营销渠道，如建设线上旅游社区推广平台，跟踪服务乡村旅游消费者群体，借助快手、抖音等新媒体手段进行特色产品的宣传推介，充分发挥旅游者自媒体的作用，通过引导，进一步激发消费需求。

第五，升级公共服务体系，保障乡村旅游活动安全有序开展。安全性成为旅游者出游的首要考量要素，因此更加凸显了旅游公共服务建设的重要性。需要进一步树立"安全、共享、绿色、便捷"理念，实现旅游与乡村公共服务体系建设的统一规划、高标准建设。从硬件上，优化乡村旅游道路、游客中心、旅游厕所等重要设施的建设；从软件上，需要适时构建标准化乡村旅游服务质量体系，明确品质化服务内涵，规范乡村旅游区经营管理工作，推动乡村旅游的高质量发展。政府职能部门则要进一步规范市场秩序，加大督查力度，对违法和不规范的行为强化监管力度，倒逼乡村旅游经营者提升服务品质,为乡村旅游发展营造良好的环境。乡村旅游目的地的经营和管理不可有侥幸和麻痹思想,要以全面复工复产为抓手,牢牢树立"防疫+""安全+"的理念,在疫情防控措施优化调整后,保障出游的安全,让旅游者能够真正"安心""放心""舒心"。

三、资源新开发:文化资本视角下的乡村旅游声景观开发

随着各地乡村旅游如火如荼地发展,同质化竞争也愈加明显,如何寻找乡村旅游发展的新突破口,提升区域乡村旅游目的地的吸引力,成为必须直面的问题。

按照布尔迪厄文化资本的理论,客观形态文化资本是指具体的文化产品。在乡村旅游开发过程中,旅游景观就是典型的可直接为旅游者感知到的客观形态文化资本。旅游景观是旅游吸引力的核心构成要素,但长期以来对于乡村旅游景观的研究基本都停留在视觉因素的领域,而忽视了听觉因素对旅游体验的影响。旅游作为全方位的体验过程,感知器官的协调合作和充分运用,是提升旅游审美等级、达到旅游"畅爽"体验的重要途径。因此,听觉在乡村旅游体验的过程中同样不能忽视。从客观形态文化资本的角度而言,布尔迪厄所指的"具体可感知"的文化产品,感知的途径也不仅仅限于视觉感知,听觉感知也是旅游者重要的感知维度,而且,"声景观"本身即是自然、人文等各类声音的综合体现,是乡村地域文化的另一种体现形式。因此乡村"声景观"同样属于客观形态文化资本的重要组成部分,但往往是被忽视的部分。

在乡村旅游过程中,视觉感官对应的是乡村旅游视觉景观,而听觉感官对应的则是乡村旅游声景观(soundscape)。声景观是芬兰地理学家拉诺在1929年首次提出的概念,指代以听者为中心的声音环境和场域。[①]1993年,在联合国教科文组织支持和领导下,世界声音生态学研究会(WFAE)成立,成为研究声景观的世界级平台,乡村旅游声景观的研究也成为该研究会主要的工作内容之一。声景观的研究是以受众、环境、声音之间不可分割的互动关系为切入点,从受众的感知角度来描述和评价目的地的声音要素,及其对环境的影响,而不是将声景观视为单纯的可测量声波。因此以旅游者的感知为核心,兼顾乡村旅游的地域性特点,探讨乡村旅游声景观的打造和优化,可以为改善农村生态环境,提升乡村旅游景观质量,增强地区乡村旅游目的地吸引力提供新的思考路径。旅游者对目的地声景观的感知可以分为形式感知和内容体验两个方面,声景观的形式主要是指声音要素的物理属性,而声景观的内容则传达的是旅游目的地的文化内涵和生态特征,可将其归纳为声景观的环境属性。[②]本研究正是从声景观的这两大属性入手的。

---

① 康健,杨威.城市公共开放空间中的声景[J].世界建筑,2002(6):76-79.
② 仇梦嫄,王芳,沙润,等.游客对旅游景区声景观属性的感知和满意度研究[J].旅游学刊,2013(1):54-61.

(一)乡村旅游声景观物理属性研究

1. 物理属性构成

声音能够成为乡村旅游景观,首先因为其具有客观存在性,声音是由物体振动产生的,以声波形式加以传播。虽然不像视觉景观一样可以为旅游者看到和触摸到,但声景观能被旅游者的听觉所直接感知到,且能够被分贝仪、声波测量仪等设备精准地加以测量。声景观的物理属性对旅游体验的影响本质上就是指旅游目的地的声音作为客观存在,在形式上对旅游者听觉的影响以及由此带来的旅游认知和情感的变化。其次声音要素的物理属性可以归纳为响度、音调和音色三种类型。音调由发声体的振动频率决定,人耳的辨别区间在 20~20000 赫兹(Hz);音色由发声体的物理材质决定,不同材质的物体所发出的声音波形不同,音色也因此具有差别。

对旅游声景观的感知而言,响度显得最为重要。响度是用来描述听觉感受幅值的心理学词汇,也是人们对声音感知影响最大的一个参量。[1] 响度的高低由发声体的振幅和声源与受众的距离决定。当声音的响度低于人耳的闻阈时,旅游者就无法感知到声景观的存在,当声音响度超过痛阈时,就会使得人体产生不适,甚至对听觉产生暂时性或永久性的伤害[2],因此旅游声景观的响度必须控制在闻阈和痛阈之间。基于此,本文对乡村旅游声景观物理属性的研究主要从声音响度要素的角度切入。

国标《声环境质量标准》(GB 3096—2008)指出声音的响度可以用"等效声级值"表明,并依据等效声级值的高低将乡村声环境噪声限值划分为0~4共五种类别,且在"乡村声环境功能的确定"一章中明确指出了乡村不同功能区域所属的类别。结合《旅游区环境噪声控制标准(建议值)适用区划分技术规范》[3]的具体要求,可以将乡村旅游目的地不同功能区域的环境噪声限值归纳为表 5-1 所示标准,以与实证研究结果展开对比。

表 5-1 乡村旅游区域环境噪声控制标准(LAeq:dB)

类别	昼间	夜间	适用区域
0 类	40	30	乡村旅游住宿区
1 类	45	40	乡村旅游自然风光区
2 类	50	45	乡村旅游历史文化区
3 类	60	50	乡村旅游民俗活动区
4 类	65	55	乡村旅游集市区

---

[1] Fleteher H, Munson W A. Loudness, its definition, measurement and calculation [J]. Journal of Acoustical Society of American, 1933 (5): 82-93.
[2] 孙广荣,吴启学. 环境声学基础 [M]. 南京:南京大学出版社,1995:60.
[3] 巩劼,晋秀龙,南伟,等. 黄山风景区旅游开发的声环境影响分析 [J]. 安徽师范大学学报(自然科学版),2008 (5): 493-497.

2. 实证研究

此次实证研究的调查地选择江南地区,江浙一带较为知名的四处乡村旅游目的地,分别是具有乡村旅游自然风光型目的地特征的 A 村,具有乡村旅游历史文化型目的地特征的 B 村,具有乡村旅游民俗活动型目的地特征的 C 村,具有乡村旅游集市型目的地特征的 D 村,开展声级测量并发放问卷开展旅游者声级感知度调查。在测量方法方面,2006 年赞尼(Zannin)等提出了具有影响力的城市公园噪声污染测量法[①],本研究结合乡村旅游特质,对该方法进行了修正。

等效声级只能说明乡村旅游目的地声音的物理响度,而声景观研究更重视旅游者的感知和体验。因此,本研究还利用问卷的方法调查游客对不同声景观声级的感知和评价程度,以期探寻声景观物理属性与游客心理认知水平之间的关系。问卷采用李克特表的 5 分制来表示被调查者对于所回答问题的同意或赞同程度,以形成问卷的初始测评题集项,其中对于声级的主观感知题项中 1 分代表声音太小,2 分代表声音偏小,3 分代表声音适中,4 分代表声音偏大,5 分代表声音太大。此外,问卷中其他的题项是关于乡村旅游目的地声景观环境属性的调研,调研结果将在下文中具体阐释。本研究分别在样本地发放问卷用于数据分析。

四处典型的乡村旅游目的地声景观等效声级计算结果及旅游者对其的感知水平如表 5-2 所示。

表 5-2 江南乡村旅游声景观声级值及游客感知度汇总

乡村旅游目的地	A 村	B 村	C 村	D 村
等效声级值(dB)	54.2	48.7	56.3	66.4
游客感知度	4.3	3.2	2.8	3.1

由实证研究结果可知,乡村旅游声景观物理声级值与旅游者的感知度并非呈现一一对应关系。A 村作为自然风光型乡村旅游目的地声级值远高于"环境噪声控制标准"中相对应区域的要求,值得指出的是其物理声级值比"C 村"和"D 村"均要低,但是旅游者对其声级值的感知度却是最高的。这是因为自然风光型的乡村旅游目的地更需要较为安静的环境供旅游者开展审美体验,因此游客对于这类目的地物理声级值的高低更为敏感。可见,以 A 村为代表的乡村旅游自然风光型目的地需严格控制声景观的声级。B 村是具有数百年历史的古村落,明清建筑林立,而且与当代原住民的生活相互交融,是典型的乡村旅游历史文化型目的地。经统计,B 村的物理声级值符合环境噪声控制的相关标准,旅游者对其的感知也较为适中。C 村所代表的乡村旅游民俗活动型目的地情况就比较特殊,虽然从物理声级值的角度而言,与表 5-2 对照,56.3 分贝在此类型目的

---

① Szeremeta B, Henrique P, Zannin T. Analysis and evaluation of soundscape in public parks through interview and measurement of noise [J]. Science of the Total Environment, 2009(9): 6143-6152.

地正常区间内,但旅游者对其的感知度则偏小。结合现场访谈,可知这是因为旅游者对民俗活动类乡村旅游目的地更期待有热闹欢乐的环境,声级值略高,更容易营造旅游体验的氛围,而C村总体声景观打造还有提升的空间。D村设有豆腐坊、粉丝坊、面坊、酱坊、油坊、糕坊、茶坊等传统作坊和销售集市,可以归类为"乡村旅游集市类旅游目的地",其声景观物理声级值在四处目的地中属最高,且高于"乡村旅游区域环境噪声控制标准"的要求,但旅游者对其的评价却较为适中,可见此类乡村旅游目的地也需要略高声级值的声景观烘托场域氛围,营造繁荣热闹的市集环境,相反,声级过低,反而会给旅游者带来萧条、冷清的环境感受,从而影响旅游体验的生成。

(二)乡村旅游声景观环境属性研究

1. 环境属性构成

声景观的物理属性并不是孤立存在的,在声音响度等物理形式下蕴含着指征旅游环境的内容,这就是声景观的环境属性。旅游者通过听觉获得声音信息,再结合旅游环境的特点与自身的情感、认知水平对声音的环境属性信息展开"解码",从而产生感受、理解、体验、评价等一系列高等级的心理活动,使得旅游声景观凸显出价值性和意义性。声音的环境属性一旦与旅游地特点相互契合,就能够与视觉景观一样与旅游者的心理形成"异质同构",达成"同情共感",强化旅游者的审美体验。声景观理论创始人谢弗认为,从声景观的环境属性角度,其由背景音、信号音和标志音三大要素构成。[1] 背景音起到"舞台背景"的作用,是综合性声景观中的基质声音,往往成为其他声音的基调和衬托,比如交通噪声、风雨声等。而信号音是声要素利用高亢的音调或较大的响度等特征,刺激受众的听觉,从而引起人们的注意,发挥警告的作用,如号角声、汽笛声、广播告知声、防空警报声等[2]。标志音则最为关键,它是某一地域中最具有特色的声音,往往对旅游环境起到了标识的作用,比如在自然景观中瀑布的流水声、森林树叶的摇曳声、鸟叫虫鸣声,人文景观中的寺庙撞钟声、商品叫卖声等。当然,需要指出的是在不同的环境下,三种类型的声景观要素有相互转换的可能性,而且可掌控的程度和辨识度也有较为明显的区别。一般而言,信号音是人为音,旅游目的地最易把握,而背景音和标志音则影响要素复杂,甚至受到目的地区域范围外的影响,因此在乡村旅游目的地建设中需尤为关注。

2. 实证研究

本研究开展的问卷调查除了了解旅游者对旅游节点声级的主观感知以外,主要对声景观的环境属性进行了调查,调查题项选择题与开放性问答题相结合,现将问卷调查结果总结归纳如表5-3所示,表格中罗列的各种声景观构成要素选择率或填写率皆达到此

---

[1] 吴颖娇,张邦俊.环境声学的新领域[J].科技通报,2004(6):565-568.
[2] 郭宏峰,李辉.声景观设计及其在景观规划中的应用[J].华中建筑,2007(3):148-151.

处节点有效问卷总量的45%，其余要素省略。

表5-3 乡村旅游声景观环境属性感知表

乡村旅游目的地	背景音	标志音	信号音	期望增加的声景观要素
A村	游人嬉戏声	流水声	景区广播声	农业耕作声
A村	车辆行驶声	家禽、家畜鸣叫声	汽车鸣笛声	虫鸣声
A村	原住民交谈声	商铺、餐饮店铺叫卖声		
B村	游人说话声	导游讲解扩音器声	景区广播声	原住民生活声
B村	行人脚步声	商铺、餐饮店铺叫卖声		
B村	手机铃声			
C村	建筑施工声	商铺宣传叫卖声	景区广播声	喜庆的特色民乐声
C村	游客喧闹声	民俗表演声	人力车摇铃声	
C村		锣鼓声		
D村	店铺背景音乐声	商铺、餐饮店铺叫卖声	景区广播声	手工作坊生产声
D村	建筑施工声	水车运转声		
D村	游人喧闹声	家禽、家畜鸣叫声		

由表5-3可知，不同类型乡村旅游目的地的声景观在环境属性方面各有特点。总体而言差别主要体现在背景音和标志音上，而旅游节点自身易控的信号音相差不大，主要以景区广播和景区内交通工具的提示音为主。

以A村为代表的乡村旅游自然风光类景区标志音多为自然山水或者动植物发出的声音，以彰显自然类乡村旅游目的地的特点。由于A村临近长江，因此，流水声较为明显，成为标志性的声景观要素，促进了旅游者的审美体验。但由于其临近交通干道，且临界点植被稀疏，隔音效果不佳，因此在背景音中掺杂进了较为明显的周边道路车辆行驶声。目的地的核心区域，也并没有实行机动车管制，因此，车辆鸣笛声较为嘈杂，从而影响了旅游者的体验过程。结合上文A村声景观物理声级较高，游客声级感知程度也偏高的结论，可见，减少乃至规避交通噪声的污染成为其旅游发展的核心。作为乡村旅游目的地，声景观应该充分彰显目的地的个性特征，农业耕作声是最能够营造"场域氛围"，带给旅游者乡村旅游资源审美体验的声景观要素，偏重自然类乡村旅游目的地的节点更应重视这一点。因此，近半数的旅游者对A村提出了增加"农业耕作声"声景观要素的期望。

以B村为代表的乡村旅游历史文化类景区，大多历史厚重，文化内涵丰富，因此导游讲解音成为其主要的标志音之一。近年来，伴随着乡村旅游的开发，各类商铺和农家乐式的餐饮场所如雨后春笋层出不穷，因此"商铺、餐饮店铺叫卖声"几乎在所有类型的乡村旅游目的地声景观中都有所体现，但经过现场实证调查与访谈，可以发现尤其在乡村旅游历史文化类景区，绝大多数的旅游者对这一类的标志音要素较为反感。而旅游者期待在这一类景区中能够更多感知到"原住民生活声"，这也就意味着，历史文化类乡村旅游目的地不应该成为静态的文物性的陈列，而应该与当下原住民的生活密切结合起来，以"原住民生活声"营造浓郁的生活氛围，体现古与今的交融，展现鲜活生动的生活场域。

C村以模拟和展现明朝年间南京地区的地域性民俗风貌为主要特点，属于江南乡村旅游民俗活动类景区，因此，民俗表演声和锣鼓声是其主要的标志音。此外，由于C村内有人力车的活动项目，因此人力车摇铃声成了具有代表性的信号音。由于C村周边地块还在建设过程中，建筑施工声成为主要的噪声融入了背景音中，影响了旅游者的审美体验。

D村作为乡村旅游集市类旅游目的地的代表，背景声中的店铺音乐声和标志音中的商铺、餐饮店铺叫卖声突出了"集市"特点，而水车运转声、家禽、家畜鸣叫声则体现了乡村旅游目的地的性质。由于D村的旅游基础设施还在进一步的建设过程中，而且由于施工地块与游客游览区域间几乎没有任何的隔音设施，所以建筑施工的声音成为较为明显的背景音之一。D村以传统手工作坊为特点，从旅游者体验的角度而言，更多地体验到传统作坊的生产经营方式是旅游者重要的旅游期许，而作坊生产的声音，如石磨声、舂米声等则是彰显这一生产方式特征的重要构成要素，因此，旅游者更期望增加此类声音景观要素。

此外，通过实证分析，还可以发现旅游者的嬉闹声、说话声乃至脚步声都能够为受众所感知，形成乡村旅游声景观的构成要素。可见，旅游者不仅仅是声景观单纯的解码者，按照声生态学代表人物沙弗尔的观点，每一个社会生活中的个体都既是声音的接受者，也是声音的制造者，因此，旅游者还是旅游环境声景观的"编码者"之一，在不自觉中成为声景观打造的共同参与者。因此，乡村旅游声景观打造与优化过程还需要充分重视旅游者自身的要素。

（三）乡村旅游声景观打造与优化建议

结合乡村旅游资源分类的相关标准，可以将乡村旅游声景观大体分为自然类声景观、人文类声景观两种类型，并结合上文结论对不同类型乡村旅游声景观的打造与优化，以及声景观旅游资源的开发提出以下建议。

1. 自然类声景观打造

"柴门犬吠，鸟鸣山幽"是旅游者对乡村旅游自然类声景观的期许。乡村旅游自然类声景观是广义的概念，其不仅包括自然形成的山水、树林、风雨等发出的声音，而且还包括农田、茶园、果林、家禽、家畜等人化自然的声音要素。因此，对于乡村旅游自然类声景观的打造可以从两个方面入手。其一，乡村自然生态环境的保护与优化。随着农业现代化水平的加速，很多乡村的自然生态环境受到了破坏，清脆的鸟鸣，欢快的蛙鸣，似乎只能在记忆中去追寻。这种现状严重影响了乡村旅游声景观的优化，因此，首先需系统修复生态环境，如兴建污水处理设施，淘汰污染严重的乡镇企业，有计划地提升绿化率，增强景观板块之间的连接度，优化动物的栖息、觅食、迁徙、繁衍环境，依据生态学的规律对村落的铺地材料和具体设计进行重新规范等。其二，乡村人化自然的规划与建设。在优秀的乡村旅游目的地，原生态自然的声音与人化自然的声音应该是彼此交融，和谐统一的。农田不但有风吹麦浪的声音，也会有虫鸣蛙叫；果林之中，树叶在风中沙沙作响，鸟鸣声也会不绝于耳。因此，农田、茶园、果林等位置的选择与布局便显得十分重要。家禽、家畜的饲养也同样如此。虽然家禽、家畜的叫声往往能迅速融入乡村旅游声景观，彰显乡村旅游的特点，但如果家禽、家畜品种选择不当，饲养密度与方法不科学，却又会损害乡村旅游目的地的自然生态环境，从而破坏乡村旅游自然声景观。因此，乡村人化自然的规划需慎重考虑，恰当处理。

2. 人文类声景观打造

人文类声景观的打造首先要从噪声污染治理的角度切入。实证研究的结果显示四处样本乡村旅游目的地都存在一定程度的噪声污染问题，而对于乡村而言，噪声污染主要来自人为因素。因此，噪声的防治是乡村旅游目的地当前的要务。噪声防治的途径是综合性的。比如，乡村与主干道的临界点需种植高大的灌木，以起到"掩蔽"效应，防止公路噪声对目的地的声污染。乡村旅游目的地的核心区则建议实行机动车限行或禁鸣政策；对于旅游节点内的建筑工程要进行精细化管理，在对其提出噪声上线要求的同时，进行有效的围挡，减少视觉和听觉污染。对乡村旅游目的地内的商铺和餐饮场所也应制定宣传广播音量的上限等，多方位减少噪声污染带来的损害。除此之外，沙弗尔认为"噪声污染的结果是我们不再仔细聆听。我们通过减少噪声来抵制其污染，这其实是一种消极的手段，我们应当寻求另一种方式使环境声学成为一项积极的研究"。[1] 优化乡村旅游目的地人文声景观正是一种积极的行动。以符合乡村旅游场域特点的人文声景观来遮蔽噪声，同时烘托目的地的氛围是有效之举。如在乡村旅游民俗型节点适度播放欢快的民族音乐，利用与周边场域特征一致的声景观强化民俗活动的氛围等。实证研究就表明，C村民俗表演声和锣鼓声的融合对旅游者体验而言就起到了正态的影响

---

[1] Wrightson K. An introduction ti acoustic ecology[J]. Soundscape: The Journal of Acoustic Ecology, 2000(1): 25–32.

作用。可见，营造与场域相契合的人文声景观不但能够在一定程度上有效降低外界噪声对旅游者生理和心理上的影响，而且还能够提升旅游者对乡村旅游目的地的旅游体验水平。

3.声景观旅游产品的开发

旅游资源是广义的概念，国家旅游局颁发的《旅游规划通则》指出"自然界和人类社会凡能对旅游者产生吸引力，可以为旅游业开发利用，并可产生经济效益、社会效益和环境效益的各种事物现象和因素，均称为旅游资源"。可见，声景观也是旅游资源的重要类型，它不但与其他旅游要素共同架构起目的地的旅游吸引力，而且自身也可以被打造成旅游产品。早在1996年日本就在全国范围内开展了"日本声音风景100选"的活动，并积极鼓励旅游者前往入选的目的地体验声景观。1997年日本福冈市制定的"环境基本规划"中指出要进行声景观打造，开展地域特色的声景观保护、声音探险等活动。我国台湾地区的雄狮旅行社还推出了"聆听乡间睡莲盛开的声音"专题声景观旅游线路，并大受好评。因此，乡村旅游目的地可以因地制宜，设计声景观旅游产品，或结合专家和旅游者的多方建议筛选出乡村最具有特点的旅游声景观，绘制成空间、时间明确的声景观地图，引导旅游者开展乡村旅游声景观审美，促进旅游目的地吸引力的提升。

乡村客观形态文化资本是广义的概念，游客对此类文化资本的感知也涉及视觉、听觉等多个维度。提升乡村旅游目的地的吸引力，不能只从视觉景观角度入手。声景观是旅游者全方位感知旅游目的地的重要途径。声景观的物理属性特别是声级高低直接影响了旅游者的体验水平，而其环境属性则更加彰显了地域性的特点，影响了旅游者对目的地的评价。也正因为声景观的环境属性具有典型的地域性，因此不同区域的声景观具体构成要素会有明显的区别，不同类型乡村旅游目的地声景观的打造需要根据自身文化资本的特点，进行深入分析，针对性开发。

四、创新性发展：文化资本视角下的乡村型"慢城"旅游建设研究

与紧张忙碌、快节奏的都市生活正相反，乡村倡导"慢生活"，这里的"慢"是悠闲自得，是身心愉悦，是摆脱烦躁情绪以后的"享受生命""享受生活"。因此，"慢"本质上也是一种文化，对于旅游者而言，乡村旅游的过程也是体验乡村慢文化的过程。文化资本视角下乡村旅游"慢城"的建设，是从乡村旅游目的地创新建设的角度，探索乡村旅游优化发展的新趋势、新途径。

速度至上、效率第一的理念在促进现代城市迅速发展的同时，也带来了一系列弊端。严重的环境污染和生态破坏、急功近利的经济增长模式、疲于奔命的生活状态使得人们对于过速的生活方式产生了质疑。越来越多的人希望通过旅游这一空间的转化行为，"以前往异地寻求愉悦为主要目的，度过一种具有社会、休闲和消费属性的短暂

经历"，①实现对惯常环境的叛离，达成对自身从属的高速运转日常生活状态的否定，寻找一种放慢脚步的"慢生活"体验。"慢城市运动（slow city movement）"正是在这一时代背景下应运而生。1999年，第一届"慢城"大会在意大利奥维多召开，提出建立一种"人与居住地和谐相处"的新的建设模式。全球已有23个国家的数百座城市成为被国际慢城组织认证的"慢城"，南京高淳桠溪镇更是于2010年底成为我国首座慢城。仔细分析国际慢城的现实状况，不难发现，慢城几乎无一例外成为具有一定辐射面，享有高知名度和美誉度的旅游目的地。因此，晚近以来，慢城的建设和发展成为城市旅游目的地践行的新热点，我国浙江舟山、四川乐山等城市也已经从政府层面明确提出建设慢城，促进旅游业发展的目标②。

  慢城是新兴事物，对其系统的研究尚未得到深入开展，但早在道萨迪亚斯的"人类聚居学"和吴良镛先生的"人居环境科学"③中就早已树立起了以人为本的建设观，指出发展"不能只着眼于它的部分的建设，而且要实现整体的完满，既要面向生物的人，达到生态环境的满足，还要面向社会的人，达到人文环境的满足"④，这与慢城达成人诗意生活的追求，在本质上是共通的。

  从旅游目的地吸引力研究的角度而言，意大利经济学家维弗雷多·帕累托提出的对目的地自然环境、社会环境与旅游吸引力关系进行量化思考的"重要的少数与轻微的多数原理"⑤。国内学者张凌云从地理学的角度⑥，保继刚从游客预测的角度⑦等给出的各类旅游吸引力模型，都具有人与目的地和谐相处的基本理念，但是由于此类研究时代背景的约束，其成果并没有直接提出慢城旅游建设的相关要求。而国际慢城组织建立以后，迫于资料等多方面的限制，国内对其系统的研究也并不充分，中国旅游报对"慢城旅游，调整好速度"的报道⑧、文汇报对慢城与慢享受之间的思考⑨、中国经济时报对于我国首个慢城——高淳桠溪镇沸沸扬扬的"解密"等⑩，都还侧重于现象的分析，理论的探讨并不深入。旅游体验的过程是一种"集自然美、艺术美和社会生活美之大成的综合性审美实践活动"⑪，而面对同质化竞争激烈的乡村旅游目的地现状，从文化资本视角出发构建起慢城旅游吸引力系统，不仅可以促进国内刚刚起步的慢城研究工作，

---

① 谢彦君. 基础旅游学 [M]. 北京：中国旅游出版社，2004：23.
② 军歌. 打造乐山休闲古都禅韵慢城城市名片 [N]. 乐山日报，2010，10（8）：3.
③ 吴良镛. 人居环境科学导论 [M]. 北京：中国建筑工业出版社，2001：23.
④ 吴良镛. 人居环境科学的探索 [J]. 规划师，2001（6）：5.
⑤ CHACKOH E. Positioning a tourism destination to gain a competitive edge [J]. Asia Pacific Journal of Tourism Research，1997（2）：69-75.
⑥ 张凌云. 旅游地引力模型研究的回顾与前瞻 [J]. 地理研究，1989（1）：78-87.
⑦ 保继刚. 引力模型在游客预测中的应用 [J]. 中山大学学报（自然科学版），1992（04）：133-136.
⑧ 沈仲亮. 慢城旅游，调整好加速度 [N]. 中国旅游报，2010，11（19）：9.
⑨ 沈湫莎. 慢城还需慢享受 [N]. 文汇报，2010，12（26）：1.
⑩ 段树军. 慢城来了 [N]. 中国经济时报，2010，10（29）：3.
⑪ 王柯平. 旅游美学纲要 [M]. 北京：旅游教育出版社，1997：84.

并从实践角度帮助乡村旅游目的地探寻出一条发挥自身特色、建立比较性差异的新的旅游发展之路。

（一）乡村型慢城文化旅游吸引力研究思路

旅游资源是旅游目的地借以吸引旅游者的最重要因素，是一个综合性的概念，指代一切能引发旅游者的旅游兴趣并构成旅游业的生产要素以满足旅游者需求的客观事物与现象[①]。针对整个城市的旅游资源展开平均施力的均衡式打造并不是明智之举，对城市旅游吸引力关键性因素进行重点剖析及建设显得尤为必要，正如埃克尔斯（Eccles）和怀特（Wight）所指出的"一些相对优势因素对于旅游目的地的可持续发展是非常重要的"[②]。"慢城"之"慢"无疑是慢城旅游资源中的核心吸引力所在，也是慢城区别于其他旅游目的地的关键。基于此，本文将暂时搁置"价格""交通"等旅游普适性问题，从慢城旅游核心资源的维度出发，力图建构起乡村旅游目的地慢城旅游吸引力系统。

慢城的定义是把握慢城特质的关键，本研究将首先从定义的剖析入手，梳理慢城旅游吸引力系统分析的基本维度，接着使用实证研究的方式结合国际慢城组织的相关规定建构起乡村旅游目的地慢城旅游吸引力系统模型。慢城之"慢"从语义学的角度而言是相对性的概念，缺乏明确的界定，因此《慢城宪章》中便使用了外延界定的方式对其进行了定义，"慢城是这样一种城市：它们实施重视修复环境、倡导再循环技术的环境政策；实施旨在实现城市土地增值，而非过量占有的土地政策；力图提高城市环境质量，优化城市结构；通过有机种植获取食物；支持植根于本土历史文化和传统的产品生产；促进市民好客度，消除阻挠旅游者与市民及旅游从业者交流的物质、精神障碍；加强青少年慢城审美教育，增强全体居民的慢城生活意识"。需要说明的是，《慢城宪章》里所指的"城市"，其实是指广义的居住环境，乡村慢城建设也同样遵循这一宪章的要求。事实上，大多数国际慢城都是具有乡村色彩的乡镇。高淳桠溪镇作为中国第一慢城，其核心区就是乡村旅游目的地。

通过这七条表述，国际慢城组织将"慢"具体化、可操作化。由于慢城分布在全球数十个国家，不同目的地的具体情况千差万别，因此慢城的定义是具有张力的宽泛性要求，但其精髓仍然是具有普适性的，指明了慢城必须具备的三个基本要素"一是优美的自然环境，一是深厚的历史文化，一是整体的城市精神"[③]。可见，慢城的"慢文化"不仅关乎生活节奏，更是一种综合性、多维度的要求，其本质是在优美的自然环境中，浓郁的文化氛围里，彰显一种闲适的生活哲学，营造一种和谐的人居环境。从旅游者的角

---

① 保继刚. 城市旅游原理、案例［M］. 天津：南开大学出版社，2005：83.
② Eccles G. Marketing Sustainable Development and International Tourism［J］. International Journal of Contemporary Hospitality Management，1995（7）：20.
③ 沈仲亮. 慢城旅游，调整好加速度［N］. 中国旅游报，2010，11（19）：9.

度出发，结合慢城定义的剖析，本研究认为这种慢城的"和谐"主要体现在三个方面："和谐"是一种氛围，展现给游客的是自然复归后的慢城生态文化；"和谐"是一种对"文脉"的尊重，展现给游客的是历史文化与现代文明水乳相融的慢城人文文化；"和谐"是一种生活和交往的态度，展现给游客的是人与人之间融洽相处、闲适生活、热情好客的慢城社会文化。

1. 人与自然的和谐——慢城的生态文化

慢城的"慢文化"首先体现在目的地建设对自然环境侵蚀的脚步放慢、减缓、停止，使得自然得以"复归"。现代社会，自然在与人类的交战里"节节败退"，而慢城建设的重要一环就是"自然的复归"，"慢城"定义七条说明中有"实施重视修复环境、倡导再循环技术的环境政策"等四条从资源循环、土地利用、农业生产等方面提出了保护自然环境，约束目的地发展对于自然无情破坏的相关规定，慢城从良好自然环境的营建中彰显了人与自然的和谐相处，这对于旅游者而言，无疑是极具吸引力的。

2. 人与文化的和谐——慢城的人文文化

"慢城"人与人文文化的和谐主要体现在两个方面，一是对待传统文化无情摒弃和破坏的进程放慢，直至停止，二是慢城现代文明建设的持续和健康发展。斯宾格勒认为"世界史就是人类的城市时代历史"[①]。如何对待历史文化，其实就是如何对待人类自身，令人尴尬的是，目前我国部分城乡却丢失了"文脉"，变成了无根的浮萍，旅游者在这里探寻不到异于其他目的地的文化内涵。在旅游业蓬勃发展的今天，历史文化的传承和发展程度是一座城市软实力的重要组成部分，其对于旅游业发展的重要性已经得到了广泛的认同。国际慢城联盟深谙地域文化、传统文化、民族文化对于一个目的地的重要性所在，明确提出了"支持植根于本土历史文化和传统的产品生产"等要求，从而使得慢城的地域文脉变得鲜活、灵动。当然，慢城的"慢"并不等于城乡发展的缓慢，目的地的欣欣向荣、高科技的日新月异等既是旅游者目的地选择的考量要素，也是慢城建设的题中之义。因此，慢城向旅游者展现出的文化美应该是传统文化与现代文明和谐统一的美，从而疏通过去、现在和未来的河流，使旅游者真正找寻到城市的"来龙"和"去脉"，在古今交融中享受到独特的旅游审美体验。

3. 人与人的和谐——慢城的社会文化

慢城的"慢文化"还体现在人与人的和谐相处之上，社会是生产关系的总和，社会的构成因子是人本身，所以，人与人的和谐体现的也正是人与社会的和谐。慢城的社会文化体现在城市原住民放慢脚步，享受生活以及对旅游者热情好客的日常生活状态上。苏联美学家车尔尼雪夫斯基认为"美就是生活"，如果说生态文化营造了慢城的目的地环境，人文文化奠定了慢城的城市底蕴，那么社会文化则是慢城的城市肌理所在。慢城

---

① 斯宾格勒.西方的没落［M］.哈尔滨：黑龙江教育出版社，1988：353.

的旅游吸引力很大程度上不是物化的,而是一种氛围和意蕴,慢城带给旅游者的是一种闲适生活的韵味,因此"加强青少年慢城审美教育,增强全体居民的慢城生活意识"是慢城建设的重点,而放慢脚步,享受生活也正是旅游者赴慢城旅游重要的心理期许。此外,由于某种程度上,慢城是一种氛围,一种对待生活的态度,一种关于生活状态的文化,而生活的文化是可以交流、共享的,因此,慢城也应该是乐于分享、善于交流的"好客之城",慢城的社会文化还体现在热情周到的旅游接待上。它不仅指代旅游从业者对于旅游者的周到服务,也表征着其他的城市原住民对于旅游者的友好态度,"促进市民好客度,消除阻挠旅游者与市民及旅游从业者交流的物质、精神障碍"这一慢城定义中的要求也正说明了这一点。

(二)乡村型慢城文化旅游吸引力实证分析

从文化资本视角出发,旅游者旅游体验中美感、愉悦感的获得水平与自身对旅游目的地的感知水平最为密切,旅游者感知到的目的地产品和服务的价值就是"旅游者感知价值",它直接体现着目的地的旅游吸引力水平。学者们已经认识到了这一点,提出顾客感知价值是旅游目的地竞争优势的新源泉,对消费者行为倾向、顾客满意度和忠诚度都具有重要的影响[1]。可见,旅游者对目的地的感知水平直接表征着目的地的旅游吸引力水平,其构成状况自然体现了目的地旅游吸引力系统的构成。鉴于此,可以基于文化资本视角从旅游者感知价值的调研入手,开展实证研究。

《慢城宪章》除了对"慢城"进行外延式定义以外,其主体内容是提出了具体的 7 项 54 条要求,国际慢城组织的系列文件也着重对这些要求进行了充分阐释,它们既是检验一座城市是否能够被认证为"国际慢城"的标准,也是慢城旅游目的地与其他目的地的根本区别所在。可对这些要求使用德尔菲法加以总结,如将环境政策中的"控制并减少噪声污染""控制并减少光污染""控制并减少水污染,建立污水处理厂"等合并为"控制并减少城市污染"等,从而归纳出 18 条指标以表征研究自变量与潜变量(慢城旅游者感知价值)之间的相互关系,然后对指标进行通俗化、形象化改写,采用李克特表的 7 分制来表示被调查者对于所回答问题的同意或赞同程度,以形成问卷的初始测评题项集。由于南京高淳桠溪镇是我国第一个获得国际慢城称号的中国城镇,因此,本研究以高淳桠溪为样本调研地,对当地旅游者开展了问卷调查,有效问卷可用于数据分析。

开展探索性因子分析,采用主成分分析法提取因子,对照因子题项内容,结合前文论述,可以从生态文化、人文文化、社会文化维度出发将分析所得的三个因子分别命名为文化资本视域下的旅游者感知价值维度:自然生态文化感知价值、乡村人文文化感知价值和社会生活文化感知价值。慢城旅游吸引力系统探索性因子分析见表5-4。

---

[1] 黄颖华,黄福才.旅游者感知价值模型、测度与实证研究[J].旅游学刊,2007(8):43.

表 5-4 慢城旅游吸引力系统探索性因子分析

因子名称及题项
F1 自然生态文化感知价值
1. 到此地旅游，我可以感觉到环境未受污染
2. 到此地旅游，我可以感觉到绿化水平较高
3. 到此地旅游，我可以感觉到当地的自然景观特色
4. 到此地旅游，我可以体验到高品质绿色产品
F2 乡村人文文化感知价值
1. 到此地旅游，我可以游览到高品质历史古迹
2. 到此地旅游，我可以体验到本土地域文化
3. 到此地旅游，我容易获得所需的旅游信息
4. 到此地旅游，我感觉到历史文化与现代文明相互融合
F3 社会生活文化感知价值
1. 到此地旅游，我可以感受到原住民闲适的生活状态
2. 到此地旅游，我可以感受到原住民之间相处的融洽
3. 到此地旅游，我可以感受到原住民热情好客的态度
4. 到此地旅游，我可以享受到旅游从业者的高水平服务

经过上文的因子分析，可见基于文化资本视角，旅游者对于慢城旅游目的地的感知水平，也就是慢城的旅游吸引力水平主要取决于旅游者对慢城目的地自然生态文化、乡村人文文化以及社会生活文化的感知价值水平。据此，可推断出乡村型慢城旅游吸引力系统由自然生态文化、乡村人文文化以及社会生活文化三个维度构成，每个维度分别有四个影响因子，至此，可以构建起基于文化资本视角的乡村型慢城旅游吸引力系统模型，如图5-6所示。

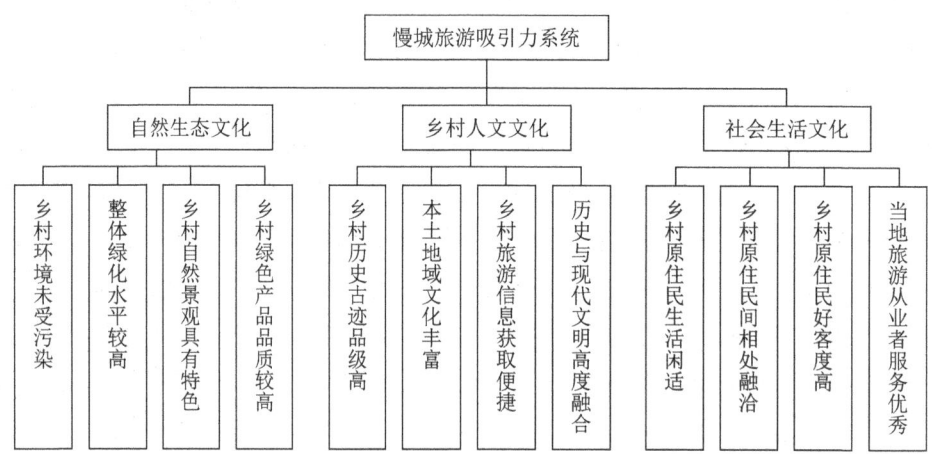

图 5-6 基于文化资本视角的乡村型慢城旅游吸引力系统模型

（三）乡村型慢城旅游发展策略

根据以上实证分析的结果，可以就乡村旅游目的地如何从文化资本视角出发打造和提升慢城旅游吸引力的问题，从美化自然环境、提升乡村人文以及优化社会生活三个方面提出以下建议。

1. 美化自然环境

高淳桠溪之所以能够成为中国第一座慢城，主要原因之一是世界慢城联盟副主席、意大利波利卡市市长安杰罗·瓦萨罗被高淳油菜花节的自然风光所深深吸引[1]，可见，自然环境的美化是慢城旅游发展的前提。

（1）治理污染，提高绿化水平

污染严重的地区无论如何是称不上具有自然美的，《慢城宪章》54条规定中有8条涉及城市污染的问题。作为旅游目的地，环境污染的治理是最基本的条件。对于旅游目的地而言，环境污染的治理也是综合性的要求，除了污水、二氧化碳等传统污染物的治理以外，《慢城宪章》还提出了"对城市电磁辐射污染进行系统调控""对嘈杂地区实施音量控制"等多元化、体系化的规定。此外，《慢城宪章》中还明确提出了"保证城市绿地品质""统计城市树木并加强对古树名木的保护"等提升城市绿化水平的要求。绿化水平表征着自然环境的优劣，往往直接影响着旅游者的旅游满意度。尊重美学规律，将整个目的地打造成为优美的"花园"，让"人与自然的和谐"彰显在整座城市之中，是慢城旅游发展的题中之义。

（2）彰显自然景观特色

乡村旅游自然景观是目的地的资源本底，在城市化进程中不应以破坏乡村自然风光为代价，相反慢城旅游目的地的发展还需要进一步彰显自然景观特色，尽可能"显山露水"，保持和张扬自身的"地脉"，以帮助游客构建起鲜明的目的地意象，从而区别于其他目的地。值得强调的是慢城自然景观特色的彰显需要建立在固有的地形地貌、景物特点的基础之上，不能为一味张扬特色，任意改变乡村自然肌理，打造出不伦不类的景观风貌，破坏整体乡村风格。

（3）推广绿色产品

自然环境的保护不仅仅体现在景观的建设上，同时也应该落实在慢城工农业产品的生产过程中，体现出慢城自然环境美化的多维度、多层面性。因此，绿色产品的推广也是美化慢城自然环境的重要途径。绿色产品是从环保角度对产品生产提出的综合性要求，随着生态旅游的兴起，旅游者无论是从自身健康还是社会时尚的角度出发，对绿色产品的热爱方兴未艾。因此能够提供高品质绿色产品的旅游目的地会更具有旅游吸引力，《慢城宪章》中也明确提出"推广绿色产品销售点，支持绿色产品生产"的规

---

[1] 李芳，张璐.桠溪生态之旅成为我国首个国际慢城[N].南京日报，2010，7（2）：2.

定。值得强调的是，绿色食品作为绿色产品的一部分，尤其需要关注，"慢城运动"源自"慢食运动"，秉持了其对绿色食品的重视，提出了诸如"慢城区域内严禁农药使用""推广有机种植"等系列要求。据研究，旅游者离开城市开展乡村旅游的主要目的之一就是绿色食品的享用与购买①，做好绿色产品开发与销售工作，必然能进一步提升自身的旅游竞争力。

2. 提升乡村文化

（1）促进历史文化与地域文化保护开发

"促进和维护地方传统文化事业""保护濒临灭绝的技能和工艺"等《慢城宪章》的要求说明从慢城建设的角度而言，旅游目的地城市应充分发挥历史文化优势，以旅游业的发展作为保护与开发历史文化的契机，在现代化发展的道路中绝不能摒弃珍贵的历史文化，也不能将其束之高阁，使之丧失现实存在的意义。慢城旅游目的地需要对历史文化进行展现方式上的进一步思考，摆脱单纯的"博物馆"式静态展览，综合利用声光电的高科技手段或者结合节庆、民俗等其他旅游资源动态加以表现，以深厚的底蕴和多元的形式吸引旅游者。同时，差异性发展是避免同质竞争的绝好途径，而各有千秋的地域性文化正是慢城旅游目的地差异性发展的根基。不同的旅游目的地应展现给游客的是丰富多彩的特色，而绝不是千人一面的产品。因此，在文化打造的过程中，慢城旅游目的地应特别注重自身地域文化的深度挖掘和恰当的旅游性开发，在促进当地旅游业发展的同时，也是一种地域传统文化保护的好方法。

（2）加快乡村现代化发展步伐

讲求慢城历史文化与地域文化的保护，并不意味着故步自封，满足于"鸡犬相闻"的生活状态。"慢城"并不等于"原始"和"落后"，慢城旅游目的地也需要进一步加快现代化的步伐。乡村型慢城旅游目的地在现代化的发展过程中尤其需要注意信息化的提升，这不仅是因为《慢城宪章》中提出了"推进城市信息工程"的目标，更是因为据本研究以高淳桠溪为例的调查发现，慢城旅游目的地的自由行旅游者众多，为个体旅游者提供更便捷的旅游信息查询便显得十分重要，街头旅游信息查询机的设立、网络的全方位覆盖、旅游信息平台的架构等使得慢城旅游能够更加舒适、便捷。

（3）维护历史文化与现代文明融合

历史文化与现代文明本就不是水火难容的矛盾体，在旅游业的发展过程中，如何正确处理历史文化的传承与现代化建设之间的关系也是慢城旅游目的地发展的一个重要课题。高淳桠溪现代化的城镇建设和古朴的民居相得益彰，具有慢城潜质的杭州等地老城的保护与新城的开发所取得的成就举世瞩目等，正说明了这一点。从慢城发展的角度而言，一座优秀的慢城旅游目的地应该是历史文化与现代文明和谐共处的区域，让旅游者

---

① 郭焕成，宋金平.北京市山区生态环境建设与生态经济发展研究[J].北京联合大学学报，2001(3)：126.

在旅游的过程中感受到历史文化与现代文明的水乳相融，无疑是提高目的地美誉度，增加目的地旅游吸引力的重要方法。

3. 优化乡村社会生活

乡村的文化归根结底要表征为人的生活文化，慢城旅游目的地社会生活的优化是其提升旅游吸引力的关键。

（1）完善乡村管理机制

科学的管理是乡村正常运转的前提，对于慢城旅游目的地而言，目的地管理不但需要具备科学性也必须充满"人文关怀"，因为慢城的发展不单单需要目的地的正常运转，更需要彰显出乡村的"闲适之美""人性之美"，承载居民及旅游者对于社会美的心理期盼。因此《慢城宪章》中"保证绿地等休闲区的品质""内部自行车道的广泛建设"等要求就是在制度层面上为居民和旅游者放慢脚步、享受生活提供物质条件上的可能性；而"建立协助困难居民的友好型商业区""保证残障人士的出行权利"等规定也不仅仅是出于科学管理的需要，同样是通过完善管理机制，提升社会生活美，从而加强旅游吸引力的重要途径。

（2）推广乡村民众教育

慢城旅游目的地的民众教育有两层目的，其一，是通过《慢城宪章》中指出的"加强全体居民慢城生活意识，特别是青少年慢城审美教育使得"慢生活""慢享受"的理念深入人心，从意识层面上培养民众慢城生活的方式，从而向旅游者展现"闲适"之美，并带动旅游者融入此氛围之中，在"慢城"中"慢游"，体味慢城旅游目的地的社会美；其二，是当地民众与游客之间乃至当地民众之间的和谐相处，这也是从慢城发展角度考量目的地旅游吸引力的重要因素。各行各业的从业人员和社会民众虽然也许并不直接为游客提供旅游服务，但是，他们待客的态度和自身的生活状态往往影响着游客的游览兴致和对目的地的综合评价。为此，需要实施行之有效的"友好教育"，以促进民众友好度的提升，正如《慢城宪章》所要求的"通过培训学习，提升居民的好客程度"。另外，在慢城原住民中还有一支特殊的旅游服务人员队伍，他们直面旅游者，直接影响旅游体验的层级和旅游市场开拓的成效，通过培养服务意识、训练服务技能、提升知识储备，切实提高旅游服务质量，也是提升慢城旅游目的地吸引力的重要途径。

在旅游目的地个性缺失、特征模糊的大背景下，基于文化资本视角构建起乡村型慢城旅游吸引力系统，可以为乡村目的地旅游吸引力的提升提供一种新的思路。而从美化自然环境、提升乡村人文以及优化社会生活三个方面入手，打造慢城的生态文化、人文文化和社会文化则既是慢城型乡村旅游目的地特征彰显，提升旅游吸引力的重要途径，也是张扬慢城精神，对过速的现代生活发挥纠偏作用的题中之义。

五、文化再生产：文化资本视角下乡村旅游生态价值观内化研究

布尔迪厄在其著作《文化再生产理论》中提到，文化最根本的特点就是它的自我创造性，也就是文化生命有其自我超越、自我生产与自我创造的特征，显示出文化的自我更新能力。文化资本的再生产指的是文化资本的后天习得以及增值的过程，文化资本的再生产必须要具备相应的社会历史条件和文化资源，文化再生产活动的形式会因为具体生产条件的差异而有所不同[1]。

文化资本的再生产主要受到两个因素的影响，即内在因素和外在因素的影响。内在因素即行动者的个人条件，首先必须以人的生命的存在为前提，"人直接地是自然存在物。人作为自然存在物，而且作为有生命的自然存在物，一方面具有自然力、生命力，是能动的自然存在物这些力量作为天赋和才能，作为欲望存在于人身上。""文化资本的积累是有一定限度的，它无法超越个体及其表现能力，随着它的拥有者生物的能力、记忆等的衰落和消亡，它也一道衰落和消亡。"因此，有生命的人的存在和人的主观力量和能动性是文化资本再生产首要的物质条件，文化资本行动主体的能力如持有者的精力、记忆力、理解力、想象力等，构成了文化资本积累的主体性条件，这些条件是因人而异的，"文化资本的差别隐含在能力的差别之中，因为获取资本需要一个过程，而能力就是这一延长过程所需要的特别的文化上的要求"。因此，文化资本的再生产需要个体心智的成熟以及各类文化能力的成长。另一影响文化资本再生产的因素是外在因素，主要是指文化资本习得者获得的家庭或学校的有利条件和各类支持，这些外部因素会对行动者文化资本生产产生积极的或是消极的影响。良好的家庭环境和优质的学校教育将为个人文化资本的生产和积累起到"加速器"的作用。[2]

乡村旅游的开展，就是为乡村文化的再生产提供了外部因素，这种外部的促进力主要体现在文化的互动与交流的过程中。乡村原住民、旅游者、旅游业经营者、旅游管理者等不同主体间的文化交流，甚至是同一主体不同个体之间的交流都由于旅游业的开发而更为普遍和频繁。虽然这种互动未必都会带来正向的影响，但对于乡村文化的嬗变意义重大。尤其是对价值观的影响，更是文化资本再生产的核心。价值观的变化会直接影响文化嬗变的走向，很大程度上决定了文化资本再生产的优劣。

以乡村旅游对旅游者生态价值观内化的分析为例，可以了解乡村旅游对利益相关者价值观影响的过程与路径，了解文化资本再生产的过程，从而为正确引导乡村文化资本再生产提供借鉴。

优良的生态环境无疑是其旅游吸引力主要的来源，也是乡村之所以能够在环境污染

---

[1] 陈治国. 布尔迪厄文化资本理论研究 [D]. 北京：首都师范大学，2011.
[2] 李佳. 乡土社会变局与乡村文化再生产 [J]. 中国农村观察，2012（04）：70-75+91+95.

日益严重的今天成为人们"心灵家园"的重要原因。和谐旅游阶段，需要进一步关注旅游活动的社会和环境方面的价值，注重人的旅游需求的全面满足和旅游与社会、经济、环境的共生、和谐发展，达成旅游价值的最大化[①]。党的十八大提出"把生态文明建设放在突出地位，融入经济建设、政治建设、文化建设、社会建设的各方面和全过程"。因此，在这一背景下，乡村旅游目的地的建设，凸显生态优势，关注对旅游者"负责任的旅游"（Responsible Tourism）行为的引导，通过旅游活动的实施，促进生态文明建设的发展，是发挥乡村旅游价值、实现价值观优化、促进文化再生产开展的重要举措。乡村旅游生态文明建设功能的最大化体现，是最终促进旅游者生态价值观的内化。生态价值观的内化实质上就是指旅游者在相信和遵循生态文明要求的基础上，自愿将其作为自身的价值准则与行为依据，使外在影响转变为内在认同和自律行为的变化发展过程。从而使得旅游者不仅仅在乡村旅游的过程中，将自身对乡村生态环境的影响降到最低，而且能够在以后的日常生活中主动遵循生态文明的理念，优化生活行为[②]。

生态价值观的内化，需要旅游者与乡村旅游目的地产生信息的交流和互动，在互联网时代，旅游者与目的地最为密切和频繁的互动即是网络互动[③]。旅游者对目的地的体验感受与反馈往往通过网络文本以游记、体会、攻略等形式加以表现。因此，可采用网络文本收集与分析的方式，剖析旅游者在乡村旅游活动开展后，是否实现，以及如何实现生态旅游价值观的内化。并在此基础上，对乡村旅游目的地的优化发展提出具有针对性的建议。

（一）乡村旅游生态价值观内化研究假设

学者们对乡村旅游的生态教育功能予以充分重视。联合国世界自然基金会（WWF）研究员伊丽莎白（Elizabeth）指出乡村旅游活动的开展可以结合生态教育的开展，甚至能够改变游客与当地居民的行为，并且缓解游客不规范行为给景区带来的环境压力，从而达到间接管理的目的[④]。特别是近年来，乡村旅游的研究重心逐步转移到可持续发展上以后，乡村旅游的生态作用尤其受到关注。布鲁克（Swar Brooke）提出乡村旅游可持续发展涉及乡村旅游地区自然和人文生态，旅游企业及乡村旅游地区的经济、乡村旅游参与者之间的社会关系等方面，尤其是生态问题需要从单纯的旅游管理者关注引渡到旅游者关注之中来[⑤]。国内学者王锐等探究了中国生态农业的特征，提出了农业旅游生

---

① 曹新向.和谐社会中的旅游价值观及其实现[J].生态经济，2006（4）：102.
② 杨阿莉.游客KAP认知视角的生态旅游景区环境解说评价研究[J].兰州学刊，2016（4）：194-200.
③ 滕茜，杨勇，布倩楠，等.基于网络文本的景区感知及互动研究：以上海为例[J].旅游学刊，2015（2）：33-41.
④ ELIZABETH BOO.The ecotourism boom：Planning for development and management[R]. Washington：World Wide Fund for Nature or World Wildlife Fund，1992.
⑤ SWAR BROOKE J.The development and management of visitor attractions[M].Oxford：Reed Educational and Professional Publishing Ltd，2002：327.

态建设在规划和实施中的具体原则①，肖朝霞等以香格里拉为案例地对乡村旅游者的生态意识进行了访谈式研究②等。此外，自黑策（Hetzer）提出负责任旅游的基本原则后，阐述旅游如何从大众旅游向更加负责任的模式发展的文献逐渐增多③。关于"负责任的旅游"的研究也逐渐延展了乡村旅游领域。格雷厄姆（Grahams）指出负责任旅游要在实践中学习，要求游客以开放的头脑进行旅游，主要是接纳而不是破坏，尤其在乡土旅行中更是如此④等。总体而言，中外学者对乡村旅游需要关注旅游者生态价值观的树立和生态旅游行为的实施，已经形成了一定的共识，且对旅游者通过乡村旅游在环保意识和旅游行为上的改变开展了一定的研究。

生态价值观的内化，不仅仅是内化主体、客体和载体的相互作用过程，同时也受到各种环境因素的影响。这些环境因素构建起了宏观环境（社会的政治、经济、文化和大众传播媒介等）、微观环境（社区环境、家庭环境、学校环境、社区组织、同辈群体等因素）以及具体环境（内化发生的具体时间、地点、情境）。乡村旅游开展过程中重视环保，开展负责任的旅游行为，已经成为全社会积极倡导的旅游方式，从而形成了价值观内化的宏观环境。而乡村旅游目的地通常是生态环境良好的区域，这里的生态环境既包括自然生态环境，也包括人文生态环境，优美的田园风光、淳朴的民风等构成了实现旅游者生态旅游价值观内化的微观环境和具体环境。从旅游者个体角度而言，可以在乡村旅游目的地的微观和具体环境中通过乡村旅游资源的体验，形成生态价值判断，再经由宏观环境的群体性认同，最终实现价值观的定格和完型。因此，可推断，乡村旅游目的地在旅游者生态价值观内化的过程中起到一定的促进作用。据此，可提出以下假设。

H1：乡村旅游目的地在一定程度上可以促进旅游者实现生态价值观的内化。

对旅游者生态价值观内化过程的具体分析，可以借鉴KAP研究范式开展。KAP（Knowledge—Attitude—Practice）是20世纪70年代源于医学领域的研究方式，其原理是认为知识是基础，行为是目标，态度是实现行为的动力，良好的行为和情感生成是由一定的知识和积极的态度转变而来的。20世纪90年代，KAP被泛化为公众素养的形成模式⑤，其中K（knowledge）指对某种观点的基本知识和感性层面的了解；A（attitude）指对某观点以及其社会效应的态度；P（practice）指如何在某观点的指引下，以特定的

---

① 王锐，王仰麟，景娟.农业景观生态规划原则及其应用研究：中国生态农业景观分析[J].中国生态农业学报，2004（12）：1-4.

② 肖朝霞，杨桂华.国内生态旅游者的生态意识调查研究：以香格里拉碧塔海生态旅游景区为例[J].旅游学刊，2004（1）：67-71.

③ COOPER C P, OZDIL I. From mass to responsible tourism：the Turkish experience[J]. Tourism Management, 1992（12）：377-388.

④ FEDERATION OF TOUR OPERATORS（FTO）. Responsible tourism committee[Z/OL]. http：//www.fto.co.uk, 2004.

⑤ JUNE STEVENS, CAROL E CORNELL, MARY STORY, et al. Development of a question naire to assess knowledge, attitudes and behaviors in American Indian children[J]. Am J Clin Nutr, 1999（4）：773.

方式和精神面貌开展生活和工作。本研究认为 KAP 范式在生态价值观的生成上同样适用，对于旅游者而言，首先通过对乡村旅游目的地的游览性体验，树立起对生态文明的"感性层面认知"（K），进而促进"态度与意识的生成"（A），产生较为明确的价值判断，最终反馈于行为活动，通过群体认同，强化价值观，实现"情感与行动的转化"（P），产生"负责任的旅游行为"，并最终实现价值观的内化。这一价值观内化过程通过事实关系（K）、价值关系（A）和行为关系（P）的逐层递进，达成从知觉到理性，直至情感和行为的系统性完型。基于此，提出以下假设。

H2：旅游者通过乡村旅游目的地的游览，遵循感性认知、意识生成、情感与行为转化的基本逻辑，实现生态价值观的内化。

根据 KAP 范式研究专家史蒂文森（June Stevens）的研究，意识生成的过程在素养形成的过程中，起着关键性的作用。现代认知心理学也认为个体的态度与意识对社会信息加工和行为处理有重大的影响。个人对重要的社会信息的加工往往具有情绪唤醒的功能。正向的态度使得认知层面向行为层面转化，并产生坚定执行的意志，反之，则会在认知层面裹足不前，难以在生活中以实践的形式落地，更难以产生情感的维系，从而阻碍价值观的完型。因此，本研究对生态价值观内化的"态度与意识生成"阶段尤为关注。情境特征的意识反应可以是在意识之外自动产生的，但一般而言，它是逐渐强化的过程，且会反过来影响着相关的认知和行为。从个体角度而言，这些因素反映着稳定的个体差异，这些差异与个体气质和生物因素有关，但从宏观叙事的角度而言，大数据的分析，往往能找寻到态度与意识变化的阶段性特征和共性规律。本研究认为，生态价值观内化过程中，"态度与意识生成"的过程本身是渐进性的，在自我调整的过程中，态度与意识在不断实现正向或反向的强化，而乡村旅游目的地在旅游者态度与意识的生成过程中，应该起到正向强化的作用。基于此，提出以下假设。

H3：旅游者"生态价值观"的态度与意识，在乡村旅游过程中逐渐生成并得以正向强化。

（二）生态价值观内化实证研究

江苏省是乡村旅游建设大省，具有一定的代表性。因此，本研究以 2017 年公布的四星级江苏省乡村旅游点为研究对象，通过网络信息采集，以各乡村旅游点网站中旅游者的留言部分为主要分析数据，对于留言量较少的乡村旅游点使用八爪鱼数据采集器在同程、携程和马蜂窝三大网站上抓取感受性文本。通过收集、整理获得游客网络留言和评论文本。

将原始数据通过整理，形成 TXT 文本，输入 ROST—CM6.0 软件，将点评性文本转化为向量空间模型，得到稀疏性矩阵，在此基础上进行分词操作，将输出阈值设定为 50，再进行文档频率（DF）分析，过滤掉非实质性词语（比如：此次、我们、大家等），同时由于本研究针对乡村旅游的生态性开展，因此，排除与研究范畴完全重合的高频词语三个，即"生态""乡村""旅游"。经过降噪过程，将高度相近的词加以整合和归类，形成高频词汇。

1. 标志性高频词汇分析

根据旅游类网络词汇抓取与分析的相关理论，取排名前20位的高频词汇，形成标志性高频词汇表，如表5-5所示。

表5-5 生态价值观内化标志性高频词汇汇总表

排序 NO.	词条 Word	词频 Frequency	排序 NO.	词条 Word	词频 Frequency
1	田园	183	11	陶醉	128
2	美丽	172	12	农家菜	116
3	花海	164	13	回忆	116
4	空气	153	14	迷人	112
5	心动	153	15	水面	106
6	珍惜	149	16	喜爱	102
7	村落	144	17	工艺	98
8	土地	141	18	发展	94
9	保护	138	19	表演	85
10	生活	135	20	回归	83

通过表5-5可见，"田园"是乡村旅游最能够吸引旅游者关注的自然类资源，乡村是乡土的和具有农业属性的，"乡野风光"是其与其他类型的旅游区域最大的区别所在。其次是"花海""空气"和"土地""水面"等，可见从感官和基本认知的角度，视觉可见的植被、水域和土地，以及嗅觉可感知的空气质量是旅游者感知某乡村旅游目的地的最表层，也是最直接的因素。而词频排在第7位的"村落"以及其后的"生活""农家菜""工艺""表演"等则表征着旅游者对原住民的生活状态、村落的构成、农家菜的纯正、传统工艺和各类民俗性表演的开展等乡村旅游目的地人文性旅游资源的关注。

"美丽""心动""喜爱"等词汇的出现，表明旅游者的体验已经由感知层面，逐渐深入到态度与意识层面，这是价值观生成的重要标志，在心理认同的信息解码与编码的过程中，表征着价值观的逐渐完型。

"珍惜"和"保护"分别排在高频词汇的第6位和第9位，体现出保护乡村生态环境的意识已经逐渐深入人心且有可能转化为实践性行为。"发展"一词尤为独特，其进入高频词汇，体现出当代旅游者认知水平的提升，表明旅游者对于乡村目的地并非秉持保守的封闭式保护思想，而是开始在保护和发展之间如何达成平衡的问题上有所思考。而"回忆"和"回归"分别排在第13位和第20位，属于情感生成范畴，旅游者通过乡村旅游回忆当年的淳朴生活，希望得到精神上的回归，属于价值观进入高级阶段的表征。

2. 高频词汇内在机理分析

使用 ROST 的"语义网络分析"功能，构建共词矩阵，对高频词汇内在机理进行分析，经后期整理，形成语义网络关联可视图，图5-7中连接线的疏密程度直观表征了词汇共现频率的高低，线条越密集，表明旅游者感知中词组间的关联程度愈加紧密。

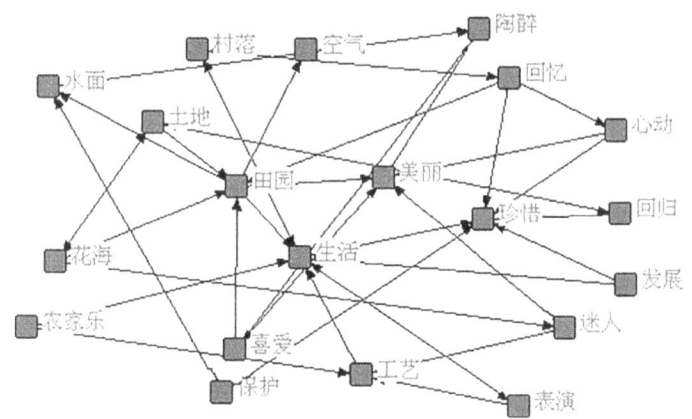

图 5-7　乡村旅游生态价值观生成语义网络关联结构图

通过语义网络图分析，可见：①研究样本主要以"田园""生活""美丽""珍惜"四个词汇为中心而簇布，并且不同高频词条间具有较为紧密的联动性。②"田园"一词辐射出的语义网络偏向乡村自然类环境与景观，与"土地""空气""花海""水面"等词条关系密切，主要词性都为名词，形成"乡村自然生态感性认知词丛"，说明旅游者对于乡村旅游目的地环境知觉层面的了解，主要从土地、空气、花海、水面等维度出发，关注乡村旅游点的自然生态属性。③"生活"一词辐射出的语义网络偏向乡村人文类环境与景观，与"村落""农家乐""工艺""表演"等词条关系密切，形成"乡村人文生态感性认知词丛"。此词丛与"乡村自然生态感性认知词丛"一起凸显出了旅游者对于乡村旅游目的地感性认知和直观体验的主要维度。④"美丽"一词辐射出的语义网络偏向于态度与意识生成层面，带有主观评价性的特点，主要有"心动""陶醉""迷人""喜爱"等词条，形成"态度认同词丛"，说明乡村旅游目的地能够"打动人心"，构建起旅游者的集体心理基础，并逐渐将感性认知转化为认同感，为乡村旅游价值观的内化创造条件。⑤"珍惜"一词辐射出的语义网络偏向于情感性和实践性，与其相衔接的词条有"回忆""回归""保护""开发"等，形成"情感与行为转化词丛"，体现出通过乡村旅游目的地的游览，可以将其外化成情感认同和现实行为或指导行为开展的基本准则，为"旅游目的"的达成和"负责任旅游行为"的生成奠定基础，以实现乡村旅游价值观真正的内化。

3.高频词汇情绪倾向分析

为了更好地了解不同高频词汇所传达出的情绪属性，本研究继续利用 ROST 开展 Emotion Analysis 分析（情绪倾向分析），分析结果与大连理工大学信息检索实验室提供的中文情感词典资源库进行比对，得到结论：高频词汇中正面情绪占比 43.37%，负面情绪为 0%，且高度积极情绪（情感强度大于等于 4）所占比重为 25%，比重较高。可见，旅游者对乡村旅游目的地给予了积极的正面评价，体现出了较高的价值认同感。尤其是"态度认同"类高频词汇按照"中文情感词典"的定义，呈现出一定的强度递进的特点。本研究将"网络关联可视图"中出现的"态度认同词丛"放置到"中文情感词典资源库"中进行比对，可以探寻情绪强度与词条出现频率间的关系。取情绪分类都为 PB（喜爱）的词汇总结如表 5-6 所示。

表 5-6 情绪性高频词汇级性、强度分析表

词条 Word	情感分类 Emotion classification	级性 Attribute	强度 Intensity	词频 Frequency
心动	PB（喜爱）	0	3	153
陶醉	PB（喜爱）	0	7	128
迷人	PB（喜爱）	1	3	112
喜爱	PB（喜爱）	1	5	102

由表 5-6 可见，高频词条由级性为 0（中性词）过渡到级性为 1（褒义词），情绪等级愈加深入，同一级性的"心动"与"陶醉"、"迷人"与"喜爱"两组词条的情绪强度也逐渐加强，而四个词汇在网络文本中出现的频率呈现逐渐减少的趋势。由此可推断，强度越强，生成此种情绪和意识的旅游者个体越少。

4.研究结论

通过对江苏省四星级乡村旅游点旅游评论网络文本的抓取和分析，采用 ROST CM 大数据处理技术，使用高频词汇分析、语义网络关联可视图分析、情绪倾向分析等方法，可以得出以下结论。

第一，乡村旅游目的地一定程度上可以实现生态文明的教育功能。高频词汇的抓取和情感分析表明，样本中旅游者对乡村旅游目的地的评价、旅游后的情绪生成和行为性评述皆为正向，说明乡村旅游目的地作为"具体环境"和"微观环境"，在旅游者资源体验的过程中促进旅游者的价值观生成，并通过群体认同促成旅游者价值观的内化。虽然高频词汇的分析并不能涵盖所有的评述，但是可以表征网络文本的总体趋势和基本的价值观倾向，因此，可以验证假设 H1 成立。

第二，乡村旅游者依循感性认知、态度与意识生成、情感与行为转化的逻辑逐渐实现生态价值观的内化。语义网络图的实证分析表明，高频词汇可汇集为"认知层面""态度与意识层面""情感与行为层面"三大集丛，其主要内容与感知、态度、情感和行为等也密切相关。结合 KAP 范式和认知心理学的基本理论，可以验证假设 H2 成立。

第三，乡村旅游者对生态文明的认同逐渐实现正向强化。情绪倾向的实证分析证明"态度与意识层面"集丛中的高频词汇正向情绪强度越高，频率出现得越少，据此推断，旅游者的认同是逐层递进的，正向的认同强度也是逐渐加强，并非一蹴而就的。据此，可以验证假设 H3 成立。

通过上文的分析，可以厘清旅游者通过对乡村旅游目的地的游览，达成生态价值观内化的过程，构建乡村旅游者生态价值观内化模型如图 5-8 所示。

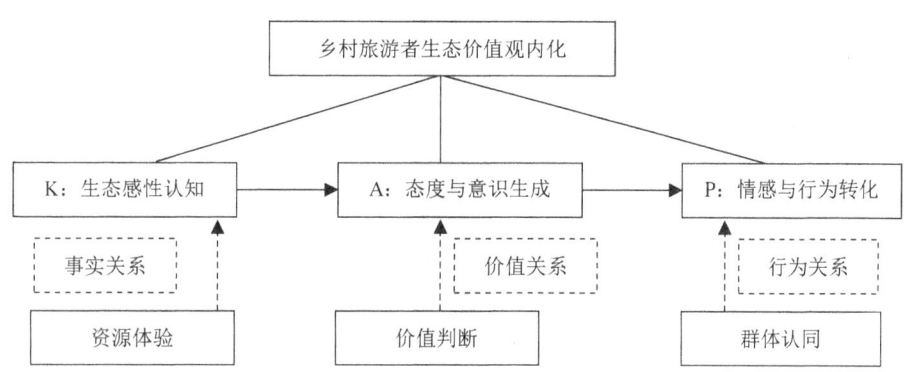

图 5-8　乡村旅游者生态价值观内化模型

（三）乡村旅游生态价值观内化促进策略

乡村旅游目的地的优化建设不仅可以实现旅游者休闲游憩的旅游需求，而且可以引导旅游者开展"负责任的旅游"，增强旅游者的环境认知、培养旅游者的生态态度认同和情感归属，并形成恰当的环境实践，从而实现生态价值观的内化。旅游者生态价值观的内化，本质上也是乡村促进文化再生产的过程。为促进文化再生产的发展，进一步提升旅游者的生态价值观，从乡村旅游目的地优化的角度可提出以下策略。

第一，乡村旅游目的地自然环境凸显生态特征。乡村旅游者生态价值观的内化首先是从感性认知开始的，乡村旅游目的地良好的自然生态环境是触发旅游者知觉的基础。其中，土地的无污染、空气和水域的纯净、植被的高覆盖率等是旅游者关注，也较容易对感性认知产生影响的自然生态构成要素。尤其需要强调的是，田园风貌是最能体现"乡村旅游"特色，对旅游者最具有吸引力的自然环境性、景观性要素。因此，保护自然环境，优化田园风貌，彰显乡土风光，是乡村旅游目的地促进生态文明建设并得以优化发展的第一要务。

第二，乡村旅游目的地人文环境体现生态属性。乡村旅游目的地的生态环境可分为自然生态环境和人文生态环境两大类。上文研究显示，乡村人文性生态环境偏重历史遗存和现实生活两个方面。村落、古建、传统工艺等历史文明的保留与修复，原住民的生活状态，对客态度等都是促进旅游者生态价值观的感性认知层面生成的重要因素。因此，美化生活环境、保护历史遗存、体现民风民俗是促进目的地发展和旅游者生态价值观生成的重要途径。

第三，乡村旅游目的地建设注重情感性和参与性。生态价值观内化需要经历"态度与意识的生成"以及"情感与行为的转化"。在这一过程中，引导旅游者正向认知乡村旅游目的地的生态建设，并主动参与目的地的生态活动就显得尤为重要。比如，乡村旅游点可以构建生态农业体验区、打造传统农事活动参与项目等，引导旅游者珍惜田园生活，回忆美好时光。此外，招募乡村旅游生态志愿者，开展科普和环保亲子活动等多元的旅游项目，也可以鼓励旅游者投入情感，付诸行动，从而促进旅游者生态价值观的内化，同时也是提升旅游目的地的吸引力的重要途径。

旅游者通过乡村旅游活动可以遵循感性认知、态度生成、情感与行为转化的基本逻辑，达成生态价值观的内化，从而实施"负责任的旅游"，并对日常生活中的生态意识与行为产生正向影响。因此，乡村旅游目的地理应成为生态环境的示范区和生态文明的教育区，通过自然和人文生态环境的打造，以及情感性、参与性旅游项目与活动的实施，营造起"田园即家园"的氛围，促进生态文明的发展，内化旅游者的生态价值观，并以此促进乡村文化的再生产，为文化资本的进一步提升创造有利条件。

六、人才新培养：文化资本视角下乡村旅游职教课程改革模式与路径

民族要复兴，乡村必振兴。发展乡村旅游能够有力地契合和服务新时代国家发展战略，促进农业提质增效、农民增收致富、农村繁荣稳定，加快统筹城乡融合发展步伐，是实现乡村振兴的重要途径。[1] 近年来乡村旅游产业发展迅速，人才需求旺盛，但目前在旅游职业教育领域，乡村旅游职教课程建设明显滞后，与行业的人才需求及职业教育提质培优的发展趋势均不相契合，影响了旅游职业教育的适应性。

从文化资本视角出发，厘清乡村旅游发展的趋势及人才需求的特点，并从促进乡村旅游发展、助力乡村振兴实施的角度，探寻乡村旅游职教课程改革模式的构建与实施策略，是提升旅游职业教育服务乡村振兴国家战略的能力，促进乡村旅游人才高质量发展的必由之路。

---

[1] 陆林，任以胜，朱道才，等．乡村旅游引导乡村振兴的研究框架与展望［J］．地理研究，2019，38（01）：102．

(一) 文化资本视角下乡村旅游人才需求与乡村旅游职教课程改革方向

专业核心课程在整个课程体系中占有重要地位。① 乡村旅游职教课程的建设与改革发展归根结底需要为乡村旅游人才的培养服务。因此，厘清乡村旅游人才的内涵及需求特点，是明确乡村旅游职教课程改革方向的关键。

党的十八大以来，一系列新理念新战略新举措的提出推动了我国人才工作不断深入发展，并且取得了历史性成就，人才队伍快速壮大，人才效能持续增强，人才比较优势稳步增强，我国已经拥有一支规模宏大、素质优良、结构不断优化、作用日益突出的人才队伍，人才工作站在新的历史起点上。新时代对人才工作提出了新要求。党的二十大报告中指出，要深入实施人才强国战略，"培养造就大批德才兼备的高素质人才，是国家和民族长远发展大计。功以才成，业由才广。坚持党管人才原则，坚持尊重劳动、尊重知识、尊重人才、尊重创造，实施更加积极、更加开放、更加有效的人才政策，引导广大人才爱党报国、敬业奉献、服务人民"②。

旅游业的发展离不开旅游人才的保障和支持。《"十三五"旅游人才发展规划纲要》中将旅游人才定义为：旅游人才是指旅游人力资源中能力和素质较高，具有一定旅游专业知识、专门技能，能够进行创造性劳动，提供高质量服务，并对旅游业发展做出一定贡献的人。③ 旅游人才的具体分类虽尚未形成定论，但对乡村旅游人才是旅游人才重要的组成部分已经形成了共识。在全国层面上，为推进旅游人才队伍的建设与发展，文化和旅游部在《"十四五"期间文化和旅游人才发展规划》中明确提出要推动文化和旅游人才队伍建设的全面发展，并按照从事领域将旅游人才的类型划分为：乡村振兴人才、科技创新人才、高技能人才、产业发展人才、公共服务人才、市场运营和管理人才、文化交流和旅游推广人才等类型。④ 这一分类是从文旅行业重点领域进行的划分，其中，针对"乡村振兴人才"，明确指出要"培养一批爱乡村、有文化、懂经营、善管理的乡村文化和旅游人才队伍"，并从职业教育的角度提出"鼓励支持涉农院校开设旅游管理、民宿管理、旅游营销等贴合乡村旅游发展需求的专业，吸纳乡村旅游人才入校深造"。在各地区层面上，江苏、浙江、贵州、内蒙古等多个省和自治区根据文化和旅游部下发的"文化和旅游人才发展规划"也积极提出省级文化和旅游发展规划，其中均重点突出了乡村文旅人才的培养。

---

① 王建锋，吴新燕.高职院校专业核心课程建设和改革研究［J］.教育与职业，2010，657（17）：58.
② 习近平.高举中国特色社会主义伟大旗帜 为全面建设社会主义现代化国家而团结奋斗：在中国共产党第二十次全国代表大会上的报告［EB/OL］.（2022-10-25）［2024-03-27］.https://www.12371.cn/2022/10/25/ARTI1666705047474465.shtml.
③ 国家旅游局办公室.国家旅游局办公室关于印发"十三五"旅游人才发展规划纲要的通知［R］.北京：国家旅游局办公室，2017.
④ 中华人民共和国文化和旅游部.文化和旅游部关于印发"十四五"期间文化和旅游人才发展规划的通知［R］.北京：文化和旅游部，2022.

乡村旅游人才建设目标的达成，需要对当前和未来乡村旅游业人才需求的趋势进行研判，并以契合发展、适度超前的理念，加强人才培养，以乡村旅游人才发展促进乡村旅游业的健康、持续发展。正如上文所分析，文化资本视角下乡村旅游的发展与乡村旅游活态产品的创新、乡村旅游物态产品的提升以及乡村旅游的优化管理均密切相关。因此，从文化资本视角审视乡村旅游人才的培养，也需要具备将身体形态文化资本、客观形态文化资本和制度形态文化资本转化为优质旅游产品，并提升目的地管理水平的能力。因此，结合对我国乡村旅游业发展现状与趋势的分析，从文化资本视角出发，可推测具有"三农情怀"的高素质创新型、高质量复合型、高水平科技型乡村旅游人才的需求会愈加凸显，这也为乡村旅游课程改革的方向提供了指引。

1. 高素质创新型乡村旅游人才的需求

旅游业国内大循环为主体、国内国际双循环相互促进的新发展格局已经逐步形成，国内供给侧结构性改革和全域旅游发展得如火如荼等都导致了乡村旅游市场的深刻变化，在"黑天鹅"事件发生频率不断提高的当代社会，需要谙熟乡村旅游市场规律、懂得乡村旅游产业运作、能够灵活应对环境变化的高素质创新型乡村旅游人才。随着我国进入中国特色社会主义新时代，人民对美好生活有了新的期待，进入了从"有没有"到"好不好"过渡的新阶段，对乡村旅游的消费需求也呈现了多样化、多层次、多方面的特点，传统的"农家乐"式的大众旅游产品已经不能满足旅游者的多元化需求，产品创新的需要也越发凸显。尤其是在文化资本视角下，通过对乡村文化资本的合理运用，开发具有吸引力的乡村旅游产品是乡村旅游人才的核心能力。此外，合理开发利用乡村文化资本，尤其是制度形态文化资本，规避乡村目的地管理的风险，降低"黑天鹅"事件发生的可能性，也是对高水平乡村旅游人才培养的期望。

目前，乡村旅游发展策划、运维、营销、设计等领域兼具领导力、执行力，具有开创精神，能够进一步讲好中国乡村的故事，创设新业态、新产品的乡村旅游创新型人才较为缺乏，限制了乡村旅游业的新发展，同时也不利于乡村旅游增强应对市场风险能力的提升。传统乡村旅游课程建设对学生灵活应对环境变化、市场风险、多元需求等的创新教育明显不足，墨守成规的教育方式也不利于创新型人才的培养。行业新发展对乡村旅游职教课程的建设提出了新的要求与挑战，将乡村旅游产业转型升级的特点、创新创业教育、行业风险应对教育等内容有机融入课程建设，是乡村旅游职教课程改革的方向。

2. 高质量复合型乡村旅游人才的需求

复合型技能人才，也称技能复合型人才。① 无论是文旅融合发展的特征，还是科技与旅游业更加密切结合的趋势，以及疫情防控常态化的要求，都需要具有跨界融合能力

---

① 朱广其.复合型技能人才跨专业协同培养模式：理论、现状与建议[J].河南科技学院学报，2019，39（04）：36.

的高质量复合型人才。乡村旅游作为农业、休闲业、餐饮业、康养业等多业态融合的旅游业范畴，对于复合型人才的需求特征更加明显。从文化资本的视角而言，复合型乡村旅游人才包括知识复合、能力复合、思维复合等多方面的要求，能够敏锐地发现和挖掘乡村文化，并将其转化为文化资本，再基于文化资本的开发促进乡村旅游目的地的发展，必然需要拥有多元的专业知识和广泛的技术能力，且具有一定的发展潜能。比如，乡村研学旅行就需要从业者不仅要了解乡村旅游资源的特质、乡村旅游产品的特点，还需要具有一定的教育教学能力、心理疏导能力和组织管理能力；而乡村民宿管家不仅是客房、餐饮的管理者，同时也应该是乡土性参与体验活动的策划者、主客人际关系的维护者等。

乡村旅游人才的需求具有知识类型丰富、跨专业、多技能的特点。目前，乡村旅游课程的体系设置欠科学、内容架构复合型和时代性仍有欠缺，不利于乡村旅游人才多元技能、跨界融合能力的培养。与时俱进，从"乡村旅游+"的行业特征出发，通过跨界性知识的融入和时代性、复合性技能的培育，促进乡村旅游多元化人才的培养，是乡村旅游职教课程改革的重要方向。

3. 高水平科技型乡村旅游人才的需求

大数据、云计算、人工智能等新技术的迅猛发展，改变了传统的管理、生产和消费方式。[①] 科技的发展激发了旅游产业的新活力，以"智慧旅游"为代表的新业态促进旅游产业发展由人力密集型向科技化转型。目前，乡村旅游发展的"智慧化"水平虽还有待继续提升，但云计算、物联网等新科技已使旅游物理资源和信息资源得到较强的系统化整合，"直播带货""智慧导览""智能餐饮"等智慧旅游新方式也在乡村旅游的发展中逐渐普及。从文化资本的角度而言，科技型转型升级也对乡村文化产生了深刻的影响，比如熟悉乡村智慧旅游运营的工作人员也具有了身体形态文化资本的特质，虚拟现实式的旅游场景的出现也对客观形态文化资本的内涵与外延的界定产生了冲击，智慧旅游模式下的乡村目的地管理体系对制度形态文化资本的形成也产生了新的影响。乡村旅游呈现出了越来越明显的科技化、智能化转型趋势，对高水平科技型旅游人才的需求也将愈加旺盛。

能够熟练地运用科技手段，同时谙熟乡村旅游业的发展规律，掌握乡村旅游管理与服务的基本技能，从而运用科技手段提升旅游服务、改善旅游体验、创新旅游管理、优化旅游资源利用的新型乡村旅游人才的培养是旅游职业教育发展的方向。目前乡村旅游职教课程的改革相对滞后，无论是课程内容还是教学方式都还不能很好地适应科技化发展的需求。通过课程改革，促进高水平科技型乡村旅游人才的培养，是乡村旅游职教课程改革的题中之义。

---

① 曾红武.高职院校专业群复合型人才培养模式的构建与实践：以工商企业管理专业群为例[J].人才资源开发，2023（06）：14.

此外，情感、态度、价值观的塑造也是激发干事创业热情，促进高质量乡村旅游人才培养的关键。真正的乡村旅游人才必然是爱农业、爱农村、爱农民，具有"大国三农情怀"，愿意为乡村事业发展贡献力量，乐于、敢于肩负起"乡村振兴使命"责任担当的社会主义建设者和接班人。因此，乡村旅游职教课程的课程思政建设也是课程改革的重中之重。

（二）文化资本视角下乡村旅游职教课程改革模式构建与实施策略

旅游职业教育是为乡村旅游发展直接培养人才的主渠道，也是为乡村振兴战略提供人才支持的重要类型教育。乡村旅游职教课程的改革发展是旅游职业教育接轨乡村旅游发展趋势，服务乡村振兴战略推进的必要举措。从发展乡村旅游，促进乡村振兴战略实施的角度，结合文化资本的相关理论，可以构建起"12345"乡村旅游职教课程改革模式，并提出具体实施的策略。

1. 乡村旅游职教课程改革模式构建

"12345"乡村旅游职教课程改革模式即一个理念：以"德技并修，产教融合"为理念；两个合作：与乡村旅游主管部门深度合作，与乡村旅游企业深度合作；三阶递进：以乡村旅游业态服务能力、乡村旅游项目策划能力、乡村旅游基层管理能力为递进式能力培养目标；四新融入：将新时代新思想、新文旅新业态、新乡村新文化、新科技新运用融入教学内容；五维路径：通过校企合作提升、课程体系重构、课程思政融入、教学资源更新、教学方法创新等路径实施，促进课程建设与发展。

（1）树立课程改革理念

乡村旅游职教课程的改革需要秉持"德技并修，产教融合"的理念，一方面，立德树人是职业教育的根本任务，而乡村旅游课程的"课程思政"更为突出，在课程建设的过程中要有意识地树立学生"大国三农"的情怀，秉持大思政理念，增强学生的"乡村振兴"担当[①]，另一方面，乡村旅游课程具有鲜明的行业特质和实践特征，不但以培养乡村旅游行业管理和服务实操能力为主要课程教学聚焦点，而且培养的过程与方法也必然需要与乡村旅游行业深度融合。

因此，乡村旅游职教课程的建设在人才培养的定位上需要更加凸显"德技并修"的特质，以"三农情怀"的培育激发乡村旅游技能提升的动力，以服务乡村旅游行业能力的发展更好建立起促进乡村振兴战略实施的担当与信心。而乡村旅游职教课程的建设在课程体系建构、内容设计、教学实施等诸多方面则要以"产教融合"为立足点，促进课程建设高质量发展。基于此，从人才培养的定位和课程实施的立足点角度出发，乡村旅游职教课程改革需树立和秉持"德技并修，产教融合"的理念。

---

① 张骏，卢凤萍. 新时代旅游职业教育大思政发展格局构建分析[J]. 旅游纵览，2023，389（08）：80-83.

(2)打造课程建设协作体

乡村旅游职教课程的建设需要组建课程建设的协作体，以保障课程建设的有效性、针对性，体现课程鲜明的行业特质。具体而言，旅游职业院校需要在课程建设过程中加强两个合作，即与乡村旅游主管部门密切合作，与乡村旅游企业深度合作。一方面，在乡村振兴背景下，乡村旅游发展具有更加鲜明的政府引导特质，乡村旅游人才既包括经营、服务人才，也包括基层管理型人才，由于乡村旅游还处于发展期，乡村文旅管理部门，尤其是基层政府职能部门，如乡镇、村落基层管理部门，往往缺乏相应的人才，制度形态文化资本的开发也并不到位，乡村旅游职业教育肩负"补短板，促发展"的重任，因此乡村旅游职教课程的建设需要与文旅管理部门，尤其是基层管理部门密切合作，构建课程建设的协作体，将管理部门的人才需求和所思所盼，有机融入课程建设的过程。

另一方面，乡村旅游企业是乡村旅游市场运营的主体，也是乡村旅游职业教育人才培养直接服务的对象。乡村旅游企业具有类型多样、构成方式多元的特征，人才需求呈现多样化的特点，因此，乡村旅游职教课程的建设，相较其他职业教育专业课程而言，更需要与不同类型的乡村旅游企业组建课程建设的协作体，促进课程高质量发展。

(3)锚定能力培养目标

乡村旅游文化资本类型多样，文化资本的开发利用涉及的相关能力复合性较强，而乡村旅游作为新兴旅游领域，涉及的人才岗位多样，职能多元，因此乡村旅游职教课程的开设在人才培养能力目标的确定过程中，需要兼顾不同类型人才的培养需求。由于不同职业院校的性质差异，乡村旅游职教课程既可以以课程群的形式呈现，也可能以单体课程的形式呈现。但无论是哪种开课方式，总体而言，在学生相关能力的培养上都需要兼顾乡村旅游业态服务能力、乡村旅游项目策划能力、乡村旅游基层管理能力的培养，这三类能力涉及乡村旅游一线经营与服务、产品与项目开发、目的地管理三类核心工作，与不同类型文化资本的开发利用也密切相关。这三类工作在不同的乡村目的地经营管理工作中具有普适性，三类工作的能力培养也存在着一定的阶梯性递进关系，因此是乡村旅游职教课程改革过程中人才能力培养的主要方向，也是课程教学目标具体制定时的重要切入点。

(4)优化课程内容体系

乡村旅游职教课程的建设过程中，课程内容的优化是关键。在乡村振兴战略全面推进的背景下，乡村文化资本也注入了新的内容，尤其是"四新"的融入，促进乡村旅游资本的新发展，也对乡村旅游的文化资本开发与利用提出了新要求。其一，是新时代新思想的引领。新时代以来，以习近平新时代中国特色社会主义思想为引领，我国乡村振兴战略全面推进，乡村旅游发展过程中也充分体现了新思想的引领性，比如生态良好是乡村振兴的重要基础条件，[①]在"绿水青山就是金山银山"的"两山理念"的引导下，乡村旅游生态化发展已经成为旅游目的地的发展常态；为了"赓续红色血脉，传承红色基因"，各地区还普遍依托红色文化资源大力发展"红色乡村旅游"，为乡村旅游发展注入了新的动能等。其二，是新文旅新业态的迭代特征。乡村旅游在"旅游+""+旅游"的文旅业态迭代升级过程中，也呈现出了很多新的特征，比如乡村旅游与剧本杀相结合的沉浸式旅游，与健康养老相结合的康养旅游，与田野探访相结合的研学旅行等都带来了乡村旅游业态的新发展。其三，是新乡村新文化的发展特点。文旅深度融合是乡村旅游业发展的趋势，乡村不仅蕴含着丰富的中华优秀传统文化资源，也在新农村的建设过程中，不断发展着中华民族现代文明，古今文化在乡村交融，也与乡村旅游密切结合，呈现出非遗旅游、民俗旅游等新面貌，呈现出乡村旅游发展新特点。其四，是新科技新运用的技术需求。新一轮科技革命推动我国旅游行业持续转型升级，尤其是近年来，在疫情防控常态化的背景下，乡村旅游智慧化、科技化水平不断提升。以旅游预约平台建设，分时段预约游览、流量监测监控、科学引导分流等为代表的智慧化乡村旅游管理；无接触预定、虚拟展示、智慧导览等为代表的科技化乡村旅游服务逐渐普及，推进乡村智慧旅游发展的"上云用数赋智"行动也取得了实效。

无论是思想指引、迭代特征，还是发展特点、技术需求都是乡村旅游行业发展的大势所趋，也大力促进了乡村旅游文化资本的新发展。作为服务行业发展的旅游职业教育，乡村旅游职教课程的建设必须将"四新"有机融入课程内容的建设过程中，以推动课程建设与行业发展的同频共振。

（5）明确课程改革路径

乡村旅游职教课程的改革需要在五个维度共同施力，实现助力课程优化发展的合力。其一，校企合作优化。乡村旅游职教课程由于实践性的凸显，所以建设过程需要乡村旅游行业、企业的全程和有效参与，而乡村旅游企业在现阶段往往呈现出体量较小、综合实力有待提升的特点，与这类企业合作的模式也需要优化，以实现校企共同成长。

其二，课程体系重构。如上文所述，乡村旅游职教课程的人才培养方向和课程内容在新时代都呈现出新特点，因此课程体系也需要实现重构。重构的过程可以乡村旅游主要管理和经营工作的开展为主线，既涉及乡村旅游的规划建设、业态设计、产品开发、一线运营的各个范畴，又需要根据不同课程的具体设置，明确各门课程教学的侧重点。对于仅开设乡村旅游概论类一门课程的旅游院校而言，则需要恰当界定课程目标，以此构建内容体系，既要防止课程教学由于面面俱到而不够深入，也要避免切入点过于细微而使得学生难以形成对乡村旅游业态的整体认知。

其三，课程思政融入。乡村旅游类课程由于通过助力乡村旅游发展，为促进乡村振

[①] 张香菊，张康旭，张红喜.乡村振兴背景下乡村旅游环境正义实现途径[J].中国农业资源与区划，2019，40（11）：298.

兴战略实施服务，因此具有天然的课程思政融入的必要性和优势，乡村旅游职教课程的建设需以"三农情怀"的培育和担负"乡村振兴"使命的责任感培养为中心，根据不同教学内容，有机融入社会主义生态文明思想、共同富裕目标、文化自信等相关课程思政元素，实现立德树人的新发展。

其四，教学资源更新。在职业教育科技化转型的背景下，乡村旅游职教课程的建设需要实现教学资源的全面更新升级，主要包括教学实训基地的科技化改造、教材的立体化建设、在线资源库的建设和在线课程的架构等。

其五，教学方法创新。乡村旅游课程教学方法上可以依循"行业导师与校内教师引导相结合""乡村实景体验与课堂教学相结合""理论性学习与乡村实践训练相结合"的"三结合"教学思路，进一步创新教法，突出行业参与性、学生主体性以及课程实践性，以提升学生的学习动机和学习效果。

2. 乡村旅游职教课程改革模式实施策略

（1）人才培养方案的统筹编制

乡村旅游职教课程的改革在具体实施的过程中，需要放置在专业人才培养方案的整体框架内统筹考虑，以形成育人的合力。在人才培养方案的编制过程中，首先要考虑专业定位的问题。以旅游管理专业为例，不同院校的旅游管理专业主要面向的旅游业态和岗位在定位时有较大的差异性，乡村旅游人才的培养是旅游管理专业人才培养的主要目标还是培养方向之一，决定了乡村旅游职教课程开设的门类、数量和学期分布情况，应根据不同类型专业定位而确定。

其次，乡村旅游专业课程与相关专业基础课程、专业课程之间的关系，也是需要重点统筹设计的方面。仅凭乡村旅游专业课程的开设是无法培养完备的乡村旅游管理与服务能力的，因此，在人才培养方案的设计中，应体现课程间的互促性。比如旅游目的地规划类、旅游市场营销类的课程是乡村旅游规划能力和市场营销能力培养的基础，应以前导课程的方式，在乡村旅游专业课程讲授前予以合理安排。以前导性课程培养学生旅游管理与服务的通用性、基础性能力，以乡村旅游专业课程的开设提升能力培养的针对性和进阶性，从而形成育人的合力。

（2）混编师资团队的建设

师资队伍是决定课程建设和实施水平的关键性因素。[①] 乡村旅游职教课程师资队伍的建设应尤其注重跨专业融合、政行校企结合的特点。从专业构成角度而言，由于乡村旅游是典型的"旅游+农业"的业态范畴，因此相关课程的建设势必涉及较多的"三农"方面的知识，建议在课程混编团队的建设中，以旅游类、休闲类相关专业教师为主的基础上，还需要有农林类专业教师的参与，以更好地体现课程的农业特质。此外，乡

---

① 张骏. 文旅融合背景下文旅职教人才培养模式与路径创新研究[J]. 知识文库, 2022, 522 (02): 181-183.

村旅游职教课程的思政育人特质十分突显，为更好地培育学生的"三农情怀"，需要有思政类教师参与课程建设与实施，以更好地实现课程思政与思政课程的同向同行。

从师资来源的多元构成角度而言，乡村旅游课程师资团队在以院校教师为主体的基础上，一方面，需要有行业专家的全程参与，以保障课程开设与行业需求的有效契合，另一方面，在乡村振兴战略全面实施背景下，乡村旅游的政策性强，涉及土地属性、政策补贴等一系列问题，且与当地的经济社会发展密切关联，往往需要文旅主管部门和基层政府部门综合考量、宏观布局。因此，乡村旅游职教课程的开设需要有政府相关部门负责人员的参与，以指导、顾问或特聘教师等多种形式，参与课程建设，以更好地为课程定向把脉，使得课程更具有时代性、科学性、实用性。

（3）校地合作关系的打造

乡村旅游目的地通常具有近郊性特征，职业院校乡村旅游职教课程建设应尤其关注课程的"在地性"，与所在及周边区域的乡村旅游目的地实现深度合作，加强校地联动，创新性建立起"成果共享、人才共育、技术共研、平台共建、资源共用、产业共创"的合作机制，既肩负起服务地方社会经济发展的使命担当，又促进课程改革的推进和人才培养质量的提升。

具体而言，在课程内容的重塑过程中可以针对当地具有代表性的乡村旅游目的地，以特征分析、案例融入等方式对在地旅游资源加以介绍。在实践教学的开展方面，可以充分利用周边乡村旅游目的地开展多频次、深入性的实地教学，以具体的工作任务为引领，带领学生在乡村的广阔舞台上将理论与实践有机融入。在教研互促与服务行业方面，乡村旅游职教课程改革要善于将周边乡村旅游目的地纳入服务对象范畴，通过师生智力服务、志愿工作等多种方式，助力乡村旅游目的地的发展，在此过程中可建立校地合作的教学团队和创新团队，以课程的改革和实施，带动乡村旅游目的地的同成长、共进步，实现校地良性互动，产教有机融合。

（4）与五育并举的有机结合

党的二十大报告中明确指出要"全面贯彻党的教育方针，落实立德树人根本任务，培养德智体美劳全面发展的社会主义建设者和接班人"。五育并举工作也是职业教育开展的重点，需要在课堂内外、专业课程与基础课程之间形成多维育人的合力。乡村旅游职教课程由于课程性质及所针对的行业领域的特殊性，对五育并举工作的开展具有更为突显的价值和意义。因此，在课程改革推进过程中，需有意识地促进乡村旅游职教课程建设与五育并举工作的有机结合。

德育是五育工作的思想基础，乡村旅游职教课程的课程思政建设就是直接为德育的开展服务的，建立"大国三农情怀"和"乡村振兴责任担当"为中心的课程思政体系是促进德育发展的有效途径。智育是五育的知识和智能基础，乡村旅游职教课程通过乡村旅游知识的传授和行业经营管理技能的提升，促进知识和技能发展，提升学生智能水平，是课程教学的题中之义。体育和劳育均能够起到强健体魄、磨砺毅力、养成良好习惯的作用，乡村旅游职教课程具有鲜明的实践性，与"三农"密切结合，在乡村广阔的大舞台上开展实践教学，在农业研学项目、户外拓展活动等乡村旅游产品设计与试运营的教学过程中，在乡村旅游场景设计和实操的学习实践中，均能够有效地融入体育和劳育的目标与内容。美育是培养健全人格的必要方法，也是弘扬中华优秀传统文化的有效途径。乡村旅游职教课程教学的重要内容之一就是引导学生掌握通过旅游设计、运营和服务工作带领旅游者领略乡村的自然风光美、人文民俗美、传统文化美的能力，因此乡村旅游职教课程的教授过程也应该是乡村美育的过程。

鉴于乡村旅游职教课程与五育并举工作的密切关系，课程改革的实施过程中，就应该有意识地将五育并举工作的要求有机融入课程改革与实施的全过程，通过课程目标的优化设计、课程内容的有效渗透、教学方法的科学实施，实现课程教学工作与五育并举工作的互促互进，为培育德智体美劳全面发展的乡村旅游高质量技术技能型人才贡献力量。

乡村旅游职教课程的改革是在全面实施乡村振兴战略背景下，提升乡村旅游人才培养质量，促进旅游职业教育社会贡献度的重要举措。从文化资本视角出发，明确乡村旅游人才需求与发展的趋势，以"德技并修，产教融合"为理念构建起科学的课程改革发展模式，才能够有的放矢地推进乡村旅游职教课程优化建设，并在改革过程中，以课程为着力点，带动专业整体发展，推进师资队伍建设，促进校企、校地合作，助力五育并举工作，为培育具有三农情怀的高素质乡村旅游人才贡献力量。

（三）乡村旅游职教课程改革实践探索

根据文化资本视角下乡村旅游职教课程改革模式与路径的研究，以南京旅游职业学院的乡村旅游职教专业课程"乡村旅游开发与经营管理"课程为例，开展了一系列实践探索工作。截至目前，该课程的改革建设已取得较为明显的成效。课程入选了2022年职业教育国家在线精品课程，配套教材入选首批"十四五"职业教育国家规划教材，还入选了江苏省职业教育课程思政示范课程等。现将在线课程建设、规划教材建设、课程思政体系建设情况的实践探索总结分析如下，以期进一步促进乡村旅游职教课程的改革，推动乡村旅游人才培养，促进文化资本视角下乡村旅游的新发展。

1. 乡村旅游职教在线课程建设实践分析

（1）课程定位与目标

乡村旅游开发与经营管理课程定位为高职旅游管理等专业核心课，以在线课程和线上线下混合教学方式呈现，立足乡村旅游目的地开发与运营基础性综合管理岗位，与前后课程有机衔接，促进德技并修。

主要知识目标：掌握乡村旅游开发与经营管理概念、现状、趋势、模式；掌握乡村旅游目的地规划、产品开发、营销工作原则、路径；理解乡村旅游发展意义和典范经验等。

主要能力目标：能够进行乡村旅游目的地开发前资源和目标研判；能够配合开展目的地基本规划工作；能够开展主要乡村旅游产品的开发及基础运营；能够开展提升培训及利益相关者引导等。

主要素养与课程思政目标：树立"大国三农"情怀和"乡村振兴"担当，坚定"四个自信"；培育社会主义核心价值观，增强职业道德、工匠精神；形成实事求是、团结协作的工作态度等。

（2）课程结构与内容

课程结构聚焦"乡村旅游开发与经营管理全过程"，以工作任务为主线，构建四大模块、十二个项目、三十个任务系统开展乡村旅游目的地建设前准备、资源与环境、规划与建设、产品开发、市场营销、日常管理等全过程教学。

课程内容全面关注"新时代行业新发展"，体现"生态环保"要求等"新规范"；重点分析乡村民宿等"新产品"；关注利益相关者协调等"新模式"；阐释智慧旅游等"新技术"。还从"了解农情""立足农本""体现农质""坚守农品""促进农兴"维度首创乡村旅游课程思政小红星体系，全程融入"大国三农情怀""乡村振兴担当"等课程思政"新要求"。

（3）资源建设应用

教学视频资源建设。教学视频资源在各项目"学习课堂"板块中呈现达30个，一半以上在江苏、浙江、山西、宁夏4个省份6个城市的38处乡村旅游点实地拍摄。视频与各项目、任务契合度高，涉及乡村旅游开发与经营管理全过程，均融入课程思政要素，设计学习目标和课程总结，教学过程具有完整性。采用教师授课、专家访谈、行业经验分享等多种形式，湖汶镇镇长、咀子上村支书、金陵水乡负责人、篱笆园民宿主等25位乡村旅游管理经营者出镜课程拍摄，实现产教深度融合，资源质量优异。

配套学习资源建设。课程各项目均建设"思维导图"板块，梳理主要学习内容；首创"课程思政小红星"板块，对重点课程思政点进行总结和提升；设计"乡村振兴故事"板块，以具体案例探析促进乡村振兴的路径；建设"拓展学习"板块，对重点内容进行延展补充，各板块从思路梳理、课程思政、案例分析、拓展探究等维度入手，形成教学合力。

巩固提升资源建设。课程原创动画人物"田田""园园"，引导分析各项目"关键词"，生动有趣地进行巩固提升。各教学视频均配套"随堂测试"，各项目还建有"头脑风暴""学习反馈""单元测试"板块，以讨论分析题、主客观题、优秀作业展示等多种方式激发参与性，巩固和运用所学。"课程考试"板块则以多种题型进行终期检验。

（4）教学组织安排

教学项目与任务：围绕"乡村旅游开发与经营管理"核心工作，以工作逻辑组织内容，以防疫新常态化背景下乡村旅游发展为引入，以促进乡村振兴等新思考为延展，体现行业特点、岗位需求和职教规律。细化为四个模块、十二个项目、三十个任务，配套相应教学视频和资源。进度合理，节奏科学。

教学模式：教学中构建起"感知、引入、探究、提升、运用、巩固、拓展"的"七步"教学模式，并将评价工作融入各步骤中。各步骤与在线课程各项目板块形成呼应关系，促进混合式教学开展。

教学方法：线上线下教学皆合理导入课程，明确学习目标，融入访谈式、案例式、探究式等方法，形成了"行业访谈与教师引导结合""实境体验与课堂教学结合""理论学习与实践训练结合"的"三结合"教学法。

（5）教学活动过程

在线课程学习过程：在线课程每个项目均设计九大板块，"学习课堂"开展教学，"思维导图"厘清思路、"课程思政小红星"强化思政、"乡村振兴故事"分析案例、"拓展学习"开阔眼界、"关键词动画"巩固提升、"头脑风暴"关注运用、"单元测试"检验成效、"学习反馈"展示成果。并通过"综合讨论区"等保持交流，建设课程管理制度和常态交流群，互动及时有效。

混合式教学过程：通过"职教云"等平台，课前布置在线课程学习任务，使用平台检验自学成效；课中通过在线课程大数据，分析学习难点，开展针对教学，运用在线课程资源和板块，加强学习效果，鼓励小组合作，引入专家线上互动；课后利用平台信息化工具高效完成作业批改，及时反馈讨论，在"学习反馈"板块及时展示优秀作业，激发兴趣潜能。

（6）考核评价情况

评价方式不断完善，在线教学中构建"随堂测试""头脑风暴""单元测试""课程考试"环节，基于大数据，对学生进行参与度、过程考核、结题考核综合评价。混合式教学过程中，要求学生完成线上学习，开展过程评价，与线下学习状况综合，开展平台打分，教师、行业、同学等多元评价。探索出客观反映学生增值情况的评价体系。

（7）教学效果

学习成效及满意度。各平台在线学习人员互动踊跃，课程综合评价为4.7分（满分5分），满意度高。以课程为依托，学生入选文旅部实践扶持项目、省创新创业训练项目，获省优秀毕业论文等奖项数十项。

教学改革成效。团队教研能力全面提升，负责人作为专业带头人，以本课程为样板，带动二十余门课程改革，促进旅游管理专业转型，入选省首批高水平骨干专业，成果获省教学成果二等奖。

行业服务成效。以课程为依托，与多处课程实地拍摄地、使用单位等开展规划、咨询、人才培养等合作，加强产教融合。并以本课程服务驻村辅导、挂职锻炼乡村的人才培养。

图 5-9　"乡村旅游开发与经营管理"国家精品在线课程

2.乡村旅游职教课程教材建设实践分析

（1）教材简介

习近平总书记指出：民族要复兴，乡村必振兴。乡村旅游是乡村振兴战略实施的重要引擎。在这一背景之下，"乡村旅游开发与经营管理"课程的配套教材《乡村旅游创新开发与经营实务》在建设中坚持立德树人根本任务，培育学生"大国三农"情怀，聚焦乡村旅游目的地开发、管理、经营全过程，结合高职学生特点，通过信息化资源建设，落脚人才培养，助力乡村振兴战略。

《乡村旅游创新开发与经营实务》教材采用分册式、立体化方式编撰，四本分册对应"乡村旅游开发与建设""乡村旅游业态与产品""乡村旅游管理与服务""乡村旅游发展趋势与案例解读"四个模块，通过项目、任务的系统架构，形成完备的知识系统和能力体系。教材编撰构建了"课程思政"体系，融入课程思政的同时，首创"课程思政小红星"板块，对各项目课程思政重点进行深入分析。乡村旅游是创业的"蓝海"，教材首创"创新创业加油站"板块，有助于拓展创新思路，激发创业热情。为进一步提高教与学的有效性，教材大力建设信息资源，通过视频、音频、在线文档、互动答题等信息化方式构建了微课学习、知识拓展、同步案例、关键词点击、在线练习等板块。

（2）教材编写理念与内容设计

关注实践运用，体现职业教育特点：着眼实际运用，构建"乡村旅游开发与建设""乡村旅游业态与产品""乡村旅游管理与服务""乡村旅游发展趋势与案例解读"四大模块，以分册教材的新形态呈现，为学习提供便利。教材前三分册为基础模块，以13个项目37个任务涵盖乡村旅游目的地策划、开发、营销、运营的全过程和主要工作。第四分册作为必要补充，以2个项目8个任务分析了乡村旅游发展趋势，并按乡村旅游类型剖析系列经典案例，此分册可配合前三分册使用，引导学生拓宽视野，提升思维，提高工作发展潜力。

注重环节设计，形成完整结构体系：教材形成了模块、项目、任务的完整教学内容体系，在每一项目中均设计有"课程思政小红星""创新创业加油站"板块，结合课程特点，全力推进课程思政教育，贯彻创新创业要求。每一项目中建设"微课学习""关键词点击"内容，引导学生理解教材重点内容，提升学习效果。每一项目还设置有"知识拓展""同步案例""在线练习""创新实践"等环节，有效促进学习者开阔视野，加深理解，检验学习成果，形成教学项目的闭环设计。

着眼行业发展，反映新思路新理念：教材建设契合社会需求，不但在全书中融入新理念、新内容，而且还专门设立"乡村旅游发展趋势新思考"的项目，从"乡村振兴与乡村旅游发展""疫情防控措施优化调整后乡村旅游发展""乡村旅游田园综合体建设""信息时代乡村旅游智慧化发展"等维度重点分析目前行业发展、社会需求最关注、最重要的核心问题，引导学习者将乡村振兴、智慧乡村建设、乡村创业和全域旅游工作等真正付诸乡村旅游工作实践。

聚焦资源建设，形成立体教材空间：教材建设注重打造立体化教材空间，已经形成融纸质教材、微课、音频、在线文档、线上题库、开放课程、职教云课堂、国家教学资源库等为一体的教材平台和资源体系，构建了以教材为中心的完整的立体化教材空间，形成了课程教学的合力，为线上线下混合式教学的开展、翻转课堂的实施等创造了有利条件。

（3）教材特色与创新

融入课程思政，立德树人：《乡村旅游创新开发与经营实务》教材通过乡村旅游的介绍引领学生了解党领导下的乡村巨大发展，培育爱国爱党精神，增强"四个意识"、坚定"四个自信"、做到"两个维护"；通过乡村旅游开发与经营具体任务的开展，培育学生的职业道德、工匠精神、生态意识等，树立"大国三农"情怀，担负"乡村振兴"使命。教材课程思政点与教材内容水乳相融，同时每个项目后还首创了"课程思政小红星"板块，对课程思政重点内容进行深入分析，做到点面结合，全面渗透。

重视创新创业，优化发展：乡村旅游目的地是创新创业的"主阵地"，教材着重融入了创新创业的理念，介绍了不同类型乡村旅游业态、产品创设的方法和路径，以及创造性思维的实际运用。尤其在每个项目中首创了"创新创业加油站"板块，对创新创业的重点内容加以介绍，并结合案例进行分析说明，有利于学习者增强创新能力，实现乡村旅游创业梦想。

运用信息手段，资源丰富：教材建设了丰富的课程资源。其一，以乡村旅游点实地授课、行业管理者访谈等多种形式，拍摄制作高质量微课视频资源，关键词分析音频资源，知识拓展和同步案例的在线文档资源，并以二维码形式附在教材相应内容中。其二，建设完成配套的在线开放课程，含视频资源、案例资源、图片等其他各类资源，在中国大学 MOOC 等平台上线。其三，主持的国家级职业教育资源库子项目已建设了教学标准、课件、视频、题库等系列资源，均与本教材成配套关系，在教学平台共享，为学习效果的加强奠定了基础。

政行校企合作，协同建设：教材建设秉持政行校企合作的理念，邀请乡村旅游主管部门、地方政府、旅游企业的人员集思广益，参与教材体例的设计、案例的收集、内容的制订等，在微课等教材资源建设中，拍摄地点涉及南京、无锡、太原、银川等城市知名乡村旅游点，邀请了乡村旅游学者、行业管理者和一线工作人员 20 余人参与微课拍摄，通过现身说法、现场讲授，增强资源的生动性、有效性。

（4）教材实践应用及效果

长期积淀，推进课改：教材自 2017 年 9 月起以校本讲义形式在南京旅游职业学院休闲服务与管理、旅游管理等专业中广泛使用，经过教学实践，结合师生意见和行业变革发展，持续修正、提升。教材配套资源自 2017 年起开始进行建设，经长期教学实践，并听取行业专家意见，不断积淀、完善。教材在使用中推进了课程的改革，促进了线上线下混合教学的开展，实现了翻转课堂的转型，加强了课程思政教育，激发了乡村创新创业的热情，培育了学生的"大国三农"情怀和助力"乡村振兴"使命感。

使用广泛，受众多元：本教材及教材讲义被诸多院校的相关专业选用，还被阳羡国家旅游度假区等乡村旅游企业选用为培训教材，提升从业人员的综合能力。教材配套在线课程已在中国大学 MOOC 等平台开课。教材部分微课被江苏省文旅厅网上课堂选用，有效服务行业，《中国旅游报》、江苏教育频道等媒体予以报道。作为国家级教学资源库子项目"乡村旅游开发与管理"配套教材，教材相关内容被资源库引用，众多学习者参与资源库学习。

成绩丰硕，效果显著：在学生培养方面，根据教材内容编写乡村旅游导游词，并指导学生参赛获得职业院校技能大赛导游赛项国赛、省赛一等奖；学生根据教材指引获得江苏省优秀毕业设计三等奖；按教材指引，学生获批并结项"南京乡村旅游产品设计"等江苏省大学生创新项目 2 项。在教师发展方面，教材中微课获得全省微课程大赛、微课大赛一等奖，全省旅游培训微课大赛二等奖等；以本教材的立体化建设为研究案例，获批"高职教师数据智慧发展研究"等省教育规划重点课题，发表相关论文多篇。在服务行业方面，以教材思路为指引，编写团队主持了乡村旅游横向课题多项，承担各类乡村旅游培训讲座百余场，为乡村旅游健康发展提供智力支持。

第五章　文化资本视角下乡村旅游发展新趋势

图 5-10　《乡村旅游创新开发与经营实务》"十四五"首批职业教育国家规划教材

3. 乡村旅游职教课程的课程思政体系建设实践分析

（1）课程思政建设总体设计情况

"乡村旅游开发与经营管理"课程锚定"乡村旅游"促进"乡村振兴"定位，以"立德树人，德技并修"为理念，以树立"大国三农"情怀、增强"乡村振兴"担当为课程思政方向、重点。

课程思政目标主要为：感悟党领导下新时代乡村伟大变革；践行社会主义核心价值观；培育职业道德和工匠精神；增强生态文明、创新发展等意识；养成马克思主义思维方式等。

"乡村旅游开发与经营管理"课程首创"课程思政小红星"体系，结合专业内容，架构五大课程思政主题。

其一，调研分析：了解"农"情。感悟党领导下乡村伟大变革，增强"四个意识"、坚定"四个自信"、做到"两个维护"。

其二，规划开发：立足"农"本。科学开展乡村旅游规划开发，理解"三农"根本,维护"生态宜居",贯彻"依法治国"。

其三,产品打造:体现"农"质。从"三农"本质出发开发旅游产品,树立"人民至上"的马克思主义唯物史观,践行"职业道德",助力"产业兴旺"。

其四,管理服务:坚守"农"品。心怀"三农",坚守品质,提高经营管理成效。践行"社会主义核心价值观",通过"乡风文明"推动"治理有效"。

其五,契合发展:促进"农"兴。了解乡村旅游发展趋势,融入抗疫精神、五大发展理念等,促进"生活富裕",服务中国式乡村发展。

各主题围绕"大国三农情怀,乡村振兴担当"课程思政中心,水乳相融,分合相济。

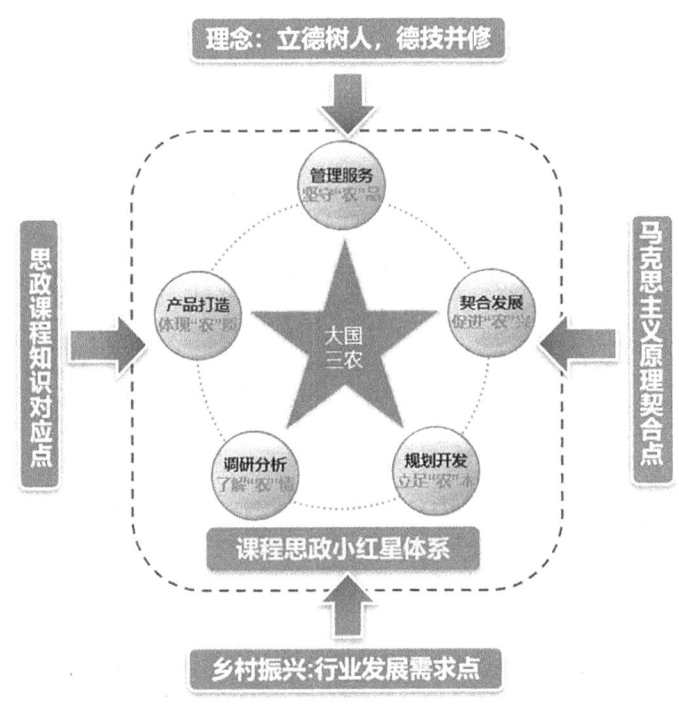

图 5-11 "乡村旅游开发与经营管理"课程思政体系架构

(2)课程思政教学实践情况

"乡村旅游开发与经营管理"课程依托江苏省唯一"省高水平高职院校培育单位"旅游类高职院校,依托省首批高水平骨干专业旅游管理专业,从为中国式旅游行业发展培养德技并修的高素质技术技能型人才的办学定位出发,通过调研乡村旅游行业对人才道德品质需求、对接高职思政课程教学点、分析马克思主义基本原理契合点,挖掘出课程思政要素一百余个,与课程各模块、项目、任务相融合,围绕"大国三农情怀,乡村振兴担当"课程思政中心,以课程思政"五大主题"串联,形成"课程思政小红星"体系。

课程首创"同向同行"课程思政建设实施模式，发挥混合式教学团队和跨学科优势，实现课程思政有出处、有根基、有依托，具体而言如下：

其一，与思政课程教学同向同行，有出处。将本课程的专业知识点、技能点与高职各门思政课程的思政教学点对接，开展"双向研究"，本课程的思政要素均与思政课程国家统一教材和内容的具体出处有对应关系，以思政课程点为论点，以课程思政点为论据，解决课程思政与思政课程同向同行的机理、逻辑、途径问题，使得思政课程要素具有丰富的来源、可靠的出处、坚实的基础。

其二，与马克思主义原理学习同向同行，有根基。本课程的课程思政点与马克思主义哲学的基本原理点成契合关系，将乡村旅游经营管理的知识技能学习与人生观、价值观、世界观的塑造，根植于马克思主义的观点、立场、方法，从认知架构、思维方式的底层逻辑角度促进学生的"德技并修"，解决课程思政易浮于表面的问题，更深层次地通过课程思政促进人的全面发展。

其三，与行业发展同向同行，有依托。课程思政建设服务于中国式乡村旅游发展的人才培养需要，融德育于专业技能养成，满足乡村旅游人才对道德品质的要求。课程思政依托行业，引入行业专家参与，关注行业需求，并与中国乡村旅游发展的具体实际相结合，同乡村蕴含的中华优秀传统文化相结合，且随着乡村旅游新业态、新技术、新工艺、新规范的发展而完善，解决了课程思政易与行业需求脱节的问题，彰显了职业教育的特点。

在教学方法上，采用"线上与线下结合""课堂与实境结合""探究与实践结合"的"三结合"教学方法，通过在课程负责人主持的在线课程和教材中开设相对应的"课程思政小红星"板块；引入乡村旅游行业楷模现身说法；引导学生走入乡村旅游点切身体验；在探究性、实践性任务中融入生态文明、乡风建设等课程思政内容的探寻与感悟等方式，强化课程思政教学效果，做到课课有思政元素，时时有思政意识，将知识体系、能力体系与思政体系融合。

（3）课程评价与成效

"乡村旅游开发与经营管理"课程形成了完善课程评价体系，客观反映增值情况，课程思政在各部分评价均有体现。

自开展课程思政改革以来，学生评教满意度均在98%以上，各级督导评价均为优秀。学生座谈会及评教结果显示，学生认为课程有利于培育"三农"情怀，增强乡村振兴担当，提升思政素养。同行专家予以高度肯定。

（4）课程特色与创新

课程思政体系创新构建：首创"课程思政小红星"体系，以"大国三农情怀，乡村振兴担当"为课程思政中心，聚集五大课程思政主题，形成重点突出、内容全面、逻辑清晰的课程思政体系。

同向同行模式创新实施：首创"同向同行"三维课程思政建设与实施模式。实现课程思政与思政课程，与马克思主义基本原理相对应；通过行业参与、四新融入、持续完善与行业发展"同向同行"。

多元化教学创新开展：课程团队实现跨学科、校企混编，以混合式师资通过"三结合"教学法，促进课程思政入心、践行，并以此为抓手推进"三教改革"。

文化资本视角下乡村旅游职教课程的建设在课程体系设计、在线课程打造、课程教材等资源建设、课程思政体系建构等多方面具有密切的相关性和联动性，课程建设的理念和思路需要贯穿始终，全面落实，才能够形成育人的合力，促进课程建设，更好地培育优秀的乡村旅游人才，助力乡村文化资本的创造性转化和创新性再生产，激发乡村旅游发展活力，为乡村振兴战略的全面实施贡献力量。

主要参考文献

[1] 柏林特. 生活在景观中：走向一种环境美学［M］. 陈盼，译. 长沙：湖南科学技术出版社，2006.

[2] 古德纳. 知识分子的未来和新阶级的兴起［M］. 顾晓辉，蔡峨，译. 南京：江苏人民出版社，2002.

[3] 白露. 体验视角下的乡村旅游产品开发研究［J］. 农业经济，2021（03）.

[4] 白娜. 参与型乡村民俗旅游产品开发思路［J］. 思茅师范高等专科学校学报，2009，25（04）.

[5] 包亚明. 文化资本与社会炼金术：布尔迪厄访谈录［M］. 上海：上海人民出版社，1997.

[6] 蔡笑岳，苏静. 智力心理学研究的人性审视［J］. 华南师范大学学报（社会科学版），2005（6）.

[7] 蔡永海，孙垚. 基于生态文明视角的乡村生态旅游对策：以四川省达州市为例［J］. 农村经济，2014（03）.

[8] 岑怡. 乡村旅游发展中的文化资本研究：以贵州西江千户苗寨、花溪镇山村为个案［D］. 贵阳：贵州民族学院，2010.

[9] 曾红武. 高职院校专业群复合型人才培养模式的构建与实践：以工商企业管理专业群为例［J］. 人才资源开发，2023（06）.

[10] 陈国宏，刘竹. 东北振兴背景下乡村旅游产业发展路径［J］. 沈阳师范大学学报（社会科学版），2019，43（01）.

[11] 陈卫微. 文化资本视角下昆曲的保护和传承［D］. 南京：南京大学，2018.

[12] 陈依娅. 萍乡市红色旅游发展中政府职能履行研究［D］. 长沙：湖南大学，2015.

[13] 陈治国. 布尔迪厄文化资本理论研究［D］. 北京：首都师范大学，2011.

[14] 思罗斯比，潘飞. 什么是文化资本？［J］. 马克思主义与现实，2004（01）.

［15］思罗斯比.经济学与文化［M］.王志标，译.北京：中国人民大学出版社，2011.

［16］丁元.乡村振兴战略下构建田园综合体模式的探索与思考［J］.农业经济，2019（11）.

［17］方汪凡，王家宏.体育旅游助力乡村振兴战略的价值及实现路径［J］.体育文化导刊，2019（04）.

［18］费孝通.乡土中国［M］.上海：上海人民出版社，2013.

［19］古风.意境探微［M］.南昌：百花洲文艺出版社，2001.

［20］谷更有.中国古代乡村社会的权力体系论略［J］.中国史研究动态，2021（2）.

［21］韩博然.乡村旅游经济产业优化升级策略［J］.社会科学家，2021（04）.

［22］姜玉辉.乡村旅游发展模式研究：以长沙市乡村旅游发展为例［D］.湛江：广东海洋大学，2014.

［23］金川.上海乡村旅游业市场结构及优化配置研究［D］.上海：华东师范大学，2019.

［24］李爱兰.乡村旅游与文化创意产业融合机制研究［J］.济宁学院学报，2016（03）.

［25］李丹.布尔迪厄文化资本理论与文艺社会学意义［D］.西安：陕西理工大学，2020.

［26］李红波，张小林.乡村性研究综述与展望［J］.人文地理，2015，30（1）.

［27］李玲瑶.活态保护视角下长沙铜官窑遗址的旅游利用研究［D］.湘潭：湘潭大学，2019.

［28］李巧玲.基于自然景观背景的乡村旅游发展模式、问题及对策探析［J］.中国农业资源与区划，2016（09）.

［29］李政，胡中锋.WICS领导力模型：缘起、特征与启示［J］.高教探索，2016（08）.

［30］林晓娜，王浩，李华忠.乡村振兴战略视角下乡村休闲旅游研究：村民参与、影响感知及社区归属感［J］.东南学术，2019（02）.

［31］刘伯初，罗小龙.古村落遗产可持续开发利用模式探研：以南京江宁区杨柳村为例［J］.中国农史，2014（04）.

［32］刘琛.基于研学旅行背景下的乡村旅游规划设计研究［D］.长沙：湖南农业大学，2019.

［33］刘国良，杨洪泽，王魏.农村基层三元治理模式之建构与法律监督研究［J］.理论月刊，2011（4）.

［34］刘洋.乡村振兴战略下合江县乡村旅游发展路径研究［D］.成都：成都理工

大学，2020.

［35］卢凤萍，张骏．基于网络文本的乡村旅游生态价值观内化及目的地发展研究［J］．商业经济，2017（08）．

［36］卢素文，艾斌．资源依赖与精英权威：农村社会组织与基层政府的双向依赖和监督［J］．中国农村观察，2021（4）．

［37］卢泰宏．中国消费者行为报告［M］．北京：中国社会科学出版社，2004．

［38］陆林，任以胜，朱道才，等．乡村旅游引导乡村振兴的研究框架与展望［J］．地理研究，2019，38（01）．

［39］罗舒月，佟晓彤，宋薇．女性城镇居民的乡村旅游推力动机分类研究［J］．现代经济信息，2016（9）．

［40］马成乾．礼治与法治：中国农村权力结构之二型［J］．新远见，2010（7）．

［41］马晓楠，刘珺．江苏乡村文化旅游高质量发展探析［J］．市场周刊，2020，33（09）．

［42］马彦琳．环境旅游与文化旅游紧密结合：贵州省乡村旅游发展的前景和方向［J］．旅游学刊，2005（01）．

［43］马勇．非物质文化遗产视阈下的乡村振兴：基于传统工艺的发展［J］．黔南民族师范学院学报，2019（02）．

［44］马振．文化资本视角下宏村旅游可持续发展研究［D］．厦门：厦门大学，2018．

［45］莫志明．旅游引导的乡村新型城镇化模式及其效应研究［J］．农业经济，2019（05）．

［46］潘玲．体验价值视角下乡村旅游产品开发模式——以广东省为例［J］．农村经济与科技，2020，31（23）．

［47］庞筑丹．如何破解乡村旅游同质化难题［J］．人民论坛，2020（04）．

［48］裴元元．费孝通乡村权力结构分析及其现代启示［J］．当代经济，2018（9）．

［49］彭顺生．中国乡村旅游现状与发展对策［J］．扬州大学学报（人文社会科学版），2016（01）．

［50］布尔迪厄．文化资本与社会炼金术［M］．包亚明，编译．上海：上海人民出版社，1997．

［51］蒲实，孙文营．实施乡村振兴战略背景下乡村人才建设政策研究［J］．中国行政管理，2018（11）．

［52］秦惠民，李娜．农村背景大学生文化资本的弱势地位［J］．北京大学教育评论，2014（10）．

［53］沁乔，刘娜．苏南地区乡村文化旅游资源开发现状研究［J］．农村经济与科技，

2020,31(11).

[54]冉燕.从人文主义角度解析农家乐生态旅游的可持续发展[J].农业经济,2018(03).

[55]宋振春,李秋.城市文化资本与文化旅游发展研究[J].旅游科学,2011.

[56]唐存莲,王德芳,汤久杨.试论都市型农业科普旅游的开发：以北京农业职业学院农事教育体验基地为例[J].北京农业职业学院学报,2014,28(06).

[57]桃琳.云南省普洱市思茅区养生旅游开发研究[D].昆明：云南大学,2019.

[58]汪倩倩.乡村振兴中发挥农民主体作用研究[D].杭州：浙江农林大学,2021.

[59]王建锋,吴新燕.高职院校专业核心课程建设和改革研究[J].教育与职业,2010,657(17).

[60]王健,杨艳.乡村振兴与乡村旅游有效衔接路径探究[J].旅游与摄影,2022(7).

[61]王昆欣,张苗荧.乡村旅游新业态研究[M].杭州：浙江大学出版社,2019.

[62]王乐.山东省乡村旅游发展模式研究[D].青岛：中国海洋大学,2014.

[63]王璐,李好,杜虹景.乡村旅游民宿的发展困境与对策研究[J].农业经济,2017(03).

[64]王秋爽.河南省永城市芒山镇文化旅游发展研究[D].武汉：华中师范大学,2021.

[65]王晓军.文化认同视角下中国文化软实力建设研究[D].石家庄：河北师范大学,2020.

[66]王亚雄.中华优秀传统文化视域下文化自信研究[D].延安：延安大学,2020.

[67]王雨昕.乡村旅游的负面效应及对策研究[J].商场现代化,2007(17).

[68]韦银艳,邓爱民,喻春艳.试论乡村旅游可持续发展的动力机制：基于利益相关者理论视角[J].湖北理工学院学报（人文社会科学版）,2020(5).

[69]沙尔赛开.共生模式下乡村旅游发展优化策略[J].社会科学家,2020(8).

[70]吴杰.以"文化+旅游"推进我国乡村旅游创新发展的思考[J].农业经济,2019(03).

[71]吴俊杰,刘洪忆.浅析卢卡奇的物化概念[J].社会科学家,2005(5).

[72]吴贤贤.基于民俗表演活动的非物质文化遗产嬗变研究[D].南昌：南昌大学,2014.

[73]夏小华,雷志佳.乡村文化振兴：现实困境与实践超越[J].中州学刊,2021(02).

［74］谢彦君.基础旅游学［M］.北京：中国旅游出版社，2004.

［75］徐福英，刘涛.产业融合视域下乡村旅游产品创新路径：价值链的解构与重构［J］.社会科学家，2018（04）.

［76］徐佳.WICS领导力系统模型初步探索与简评［J］.科学决策，2008（12）.

［77］薛晓源，曹荣湘.文化资本、文化产品与文化制度：布尔迪厄之后的文化资本理论［J］.马克思主义与现实，2004（01）.

［78］颜佳，陈永吉.乡村旅游集聚化开发模式研究［J］.住宅与房地产，2017（03）.

［79］杨帆，黄国群.协同治理视域下推进乡村文化旅游生态系统建设探讨［J］.边疆经济与文化，2020（12）.

［80］杨劲松，王葵.原住民对发展当地旅游业态度的研究综述［J］.旅游科学，2013（4）.

［81］杨玉梅.旅游企业与原住民的关系治理：基于关系契约理论的解释［J］.经济问题探索，2011（4）.

［82］叶朗.中国美学史大纲［M］.上海：上海人民出版社，1985.

［83］余汝艺，梁留科，朱国兴，等.从宗教景区上市透视宗教文化资本化［J］.旅游学刊，2014（05）.

［84］张东强，李海燕，王国强.释论边疆民族地区乡村旅游商品文化内涵［J］.安徽农学通报，2014，20（20）.

［85］张俊.成都市女性休闲消费研究［D］.成都：西南财经大学，2007.

［86］张骏，方法林，卢凤萍，等.基于生态美学视角的乡村自然旅游资源开发研究［J］.安徽农业科学，2011，39（13）.

［87］张骏，古风，卢凤萍.基于人居环境资源视角的城市旅游吸引力要素研究［J］.资源科学，2011，33（03）.

［88］张骏，侯兵.基于美食旅游视角的乡村旅游者类型及特点研究［J］.美食研究，2018，35（02）.

［89］张骏，卢凤萍，古风.慢城旅游吸引力系统的内涵与构建［J］.城市问题，2011（09）.

［90］张骏，卢凤萍.新时代旅游职业教育大思政发展格局构建分析［J］.旅游纵览，2023，389（08）.

［91］张骏，卢凤萍.职业教育乡村旅游核心课程改革模式构建与实施［J］.职业技术，2023，22（12）.

［92］张骏，张红梅.文化资本视域下宁夏全域旅游吸引力体系构建研究［J］.北方民族大学学报（哲学社会科学版），2019（03）.

［93］张骏.基于WICS模型的行业管理领导力体系研究：以旅游管理部门为例［J］.领导科学，2019（10）.

［94］张骏.审美意境视角下乡村旅游景观设计探析：以南京钱家渡村为例［J］.美术大观，2020（11）.

［95］张骏.文旅融合背景下文旅职教人才培养模式与路径创新研究［J］.知识文库，2022，522（02）.

［96］张玲.乡村文化旅游发展策略研究［D］.舟山：浙江海洋大学，2020.

［97］张佩慧.基于游客体验的乡村旅游产品开发［D］.舟山：浙江海洋大学，2019.

［98］张香菊，张康旭，张红喜.乡村振兴背景下乡村旅游环境正义实现途径［J］.中国农业资源与区划，2019，40（11）.

［99］赵蜜.社会表征论：发展脉络及其启示［J］.社会学研究，2017，32（4）.

［100］赵送琴，冯怡，彭迪云.乡村振兴背景下中部地区乡村人力资本的问题与对策研究［J］.南昌大学学报（人文社会科学版），2019（06）.

［101］赵艳.从"乡土中国"到"后乡土中国"：民俗文化在乡村振兴战略中的资源价值［J］.青海社会科学，2021（02）.

［102］郑自立.人文地理学视域下乡村文化旅游开发的问题与对策［J］.现代经济探讨，2019（06）.

［103］钟家雨.乡村文化复兴促进乡村旅游可持续发展的策略探讨［J］.江西科技师范大学学报，2018（05）.

［104］朱广其.复合型技能人才跨专业协同培养模式：理论、现状与建议［J］.河南科技学院学报，2019，39（04）.

［105］朱珂.山东省美食旅游开发研究［D］.济南：山东师范大学，2013.

［106］朱伟珏."资本"的一种非经济学解读：布尔迪厄"文化资本"概念［J］.社会科学，2005（5）.

［107］朱伟珏.文化资本与人力资本：布尔迪厄文化资本理论的经济学意义［J］.天津社会科学，2007（3）.

［108］朱晓华.文化资本视域下非物质文化遗产的文化创意产品开发模式研究［D］.南京：南京师范大学，2019.

［109］ERIC AMUQUANDOH, ASAFO—ADJEI. Traditional food preferences of tourists in Ghana［J］. British Food Journal, 2013, 115（7）.

［110］HJALAGER A M. What do tourists eat and why? Towards a sociology of gastronomy and tourism［J］. Tourism, 2004, 52（2）.

［111］MARTIN-IBANEZ. Human nutrition: Readings from scientific American［M］.

New York: John Wiley & Sons, 1978.

［112］MITCHELL R, Hall C M. Consuming tourists: food tourism consumer behavior [M]. Oxford: Butterworth-Heinemann, 2003.

［113］RANDALLE, SANJURD. Food preferences: their conceptualization and relationship to consumption [J]. Ecology of Food and Nutrition, 1981, 11 (3).

［114］STERNBERG R J. A Model of Educational Leadership: Wisdom, Intelligence, and Creativity, Synthesized [J]. International Journal of Leadership in Education: Theory and Practice, 2005, 8 (4).

［115］STERNBERG R J. WICS: Wisdom, Intelligence, and Creativity Synthesized [M]. New York: Cambridge University Press, 2003.